3.11 原発事故後の公共メディアの言説を考える

名嶋義直・神田靖子 編

3月12日に発生した福島原発3号機の爆発の模様
提供　福島中央テレビ

東日本大震災　テレビを見る家族／
福島の家族7人、避難先は三宅島
提供　朝日新聞社

目　次

巻頭言 …………………………………………………… ミランダ・シュラーズ　v

まえがき ………………………………………………………………………… xvii

序章　背景となる諸事象の説明
　………………………………………………………………… 名嶋義直　1

第 1 部　民と官のことば

電力会社の広報にみる理念と関係性
　── 電力需給と節電に関するプレスリリースの一考察 ──
　……………………………………………………………… 高木佐知子　15

「環境・エネルギー・原子力・放射線教育」から
見えてくるもの
　………………………………………………………………… 野呂香代子　53

官の立場のディスコース
　── 原発事故後記者会見、収束宣言そしてクールジャパン政策 ──
　…………………………………………………………………… 大橋純　101

第 2 部　新聞のことば

新聞における原発関連語の使用頻度
　…………………………………………………………………… 庵功雄　139

新聞投稿と新聞社の姿勢
　── 新聞社は意図的に投稿を選んでいるか ──
　………………………………………………………………… 神田靖子　157

福島第一原子力発電所事故に関する新聞記事報道が
社会にもたらす効果について
　― 見出しが誘発する読者の解釈 ―
.... 名嶋義直　199

終章　吉田調書をめぐるできごとを読み解く
.... 名嶋義直　241

原発事故をめぐる年表 273

あとがき 277

巻頭言

　日本は原子力容量に関して世界第三位です。過去数十年にわたり、日本の政府は、原子力を安全でクリーンな、そして基本的に無限のエネルギー源であるとして推進してきました。2011年3月11日までは、原子力は社会で広く受け入れられていて、さらに多くの原発を増設する計画もありました。日本の企業は原子力発電施設を製造し、海外へも輸出していました。

　日本社会において、原子力は安全で近代的、かつクリーンなエネルギー源であり、また化石燃料への依存を軽減できることから地球温暖化対策ともなるといわれてきたため、原発は日本社会で広く受け入れられてきました。原発の建設に同意した立地自治体には多額の補償が交付され、プールや公共図書館、道路、橋などがつくられました。世界的にも、日本は高度に発達した技術と安全管理において世界をリードする数少ない国の一つであるとみなされてきました。

　原子力に反対し、原発建設を止めようと闘う反原発派の人たちも確かに存在してはいましたが少数派であり、その活動はあまり成果を上げず、目につくこともあまりありませんでした。メディアは、原子力を国の経済競争力にとっても、人々の生活のためにも不可欠なものであると報じ、近代的、安全、かつ基本的に限りない可能性をもったテクノロジーであると描くことによって、こうした原発のイメージを広める中心的役割を担ってきました。チェルノブイリ原発事故も日本ではほとんど注目されることがありませんでした。茨城県東海村のウラン加工工場の臨界事故のような数件の事故についても議論はされましたが、単なる人為的ミスとして片づけられてしまいました。

　ただこうしたことは日本だけの問題ではなく、世界のどこにでもよくあることでした。チェルノブイリ原発事故から四半世紀が経った今では、この大

惨事の記憶は風化しつつあり、原子力エネルギー推進の動きが再びゆっくりと地歩を固めつつありました。

しかし福島第一原子力発電所で起きた爆発とメルトダウンは、政府や原子力関連産業によって入念に進められ、ほとんどが推進派であるメディアによって広く国民に行きわたっていた「安全な原子力」というイメージを完全に打ち砕くものでした。福島の美しい風景は広い範囲にわたって見捨てられた荒地となり、10万人以上の人々が自宅からの避難を余儀なくされたことによって、日本国民の大部分が原子力エネルギーの安全性について疑問を抱き始め、再生可能エネルギーをもっと活用するよう、強く求めるようになりました。

福島原発事故を知って不安を覚えた世界の人々は、自国の政府に対して政策転換を要求し始めました。もっともよく知られているのがドイツで、政府は国民からの強い圧力によって脱原発へと政策転換することを決定しました。現在ドイツは、再生可能エネルギーの利用と省エネを基本とした低炭素エネルギーへのシフトを大々的に推し進めています。他の国々も同じような道を歩み始めています。スイスは2034年までに脱原発することを計画しており、イタリアも、国民投票の結果、原発建設に反対するという意志を明らかにしました。オーストリアとデンマークは福島原発事故が起こるよりずっと以前にすでに原子力エネルギーの放棄を選択しています。

日本の政府は福島原発事故をふまえて、新しい安全体制を強化し、組織改革をするという対応をとりました。それには政府から独立した原子力規制委員会も含まれています。政府はまた福島地域の除染に巨費を投じてきました。それは多くの一時的雇用を生み出しましたが、同時に莫大な経費がかかることでもあり、現場で働く作業員を危険にさらすことでもあります。

こうした努力にもかかわらず、多くの地域はまだ汚染されており、いまだに人が住めない状態です。今なお何万もの人々が仮設住宅に住んでおり、多くの人は、いつかは住んでいた村や町に戻れるという希望を失いつつあります。実際にはたとえ帰還できたとしても、そこにかつての地域共同体の姿を見出すことはほとんどできないでしょう。非常に多くの人が故郷を去り、特

に小さな子どもがいる家族は帰還することを拒否しています。また多くの公共施設はもはや機能してはいません。

　福島原発事故の後、政府は国民の強い圧力によって原発依存度を高めるエネルギー計画を断念し、東京電力は福島第一および第二原子力発電所の6つの原子炉を廃炉にすることに同意しました。損壊した原子炉の廃炉作業は数十年かかることが予想され、現在地球上で行われる仕事のなかで最も危険なものの1つです。

　それにもかかわらず、原子力産業とその活動に資金援助をしてきた銀行は、依然として日本の原発再稼働を強く望んでおり、政府に圧力をかけています。彼らは、国内での再稼働決定を待つ間も、原子力技術を輸出する取引を海外で行っています。

　今や国民の大多数が反原発に転じたことに対応して、原発の推進者たちは、またもや、日本経済は原子力なしでは競争力を維持することができないだろうという言説を繰り返すようになっています。さらには、新しい安全体制によって日本の原発は世界でも最も安全性の高いものになったと主張しています。このように、安全点検のために停止中である日本の原発の再稼働に向け大きな圧力がかけられています。彼らが言いたいのは、再生可能エネルギーにはもう少し注目すべきであろうが、そう容易にはこれまで依存してきた原子力エネルギーを代替するものにはなりえないということです。

　言葉は力を持っています。ある問題をどのように捉え、どのように議論するかが、人の考え方を大きく左右します。

　しかし同じ事態でも別の捉え方が必ずあります。日本がこのまま原発なしにやっていけるかを問うことよりも、原発を再稼働するなどと言っていられるかを問うこともできます。世界でも最も地震活動が活発な国の1つであり、人口密度も高い国において安全は本当に確保できるのでしょうか。

　また別の倫理的な疑問を挙げることもできます。日本の原発において生み出され続ける核のゴミはどのように処理されるのでしょうか。商業用の原子力エネルギー生産が始まって半世紀以上が経っているのに、高レベル放射性廃棄物の長期的処理施設が機能している国はいまだに世界で1つとしてな

いということは注目すべきことです。フィンランドとスウェーデンは現在、地中深くに処理施設を建設中ですが、ほとんどの国において、地質学上適合し、国民からも受け入れられる場所を求めるのが非常に困難であることが証明されています。

　もっと大きな問題もあるでしょう。安全は、将来の世代に対してどのように担保されるのでしょうか。高レベル放射性廃棄物は、その種類によっては一万年から数百万年にもわたって放射能を出し続けます。未来の世代をこの放射能から守り、放射能に対する扱いを教えなければならないのです。このことは来るべき世代に残す遺産の中でも最大の倫理的課題であります。

　さらに、ドイツの例は、主に工業を中心とする経済でも、エネルギーミックスにおいて再生可能エネルギーの割合を急速に高めることができることを示しています。そうすることによって多くの新たな経済的チャンスや雇用の機会が生まれ、創造的な、新たな動きが期待できるようになります。

　福島原発事故から4年目を迎える今、何万人もの避難者がいまだに仮設住宅に住んでいます。福島県は、水俣市と同様、事故が残したネガティブイメージを払拭するために努力しなければなりません。福島県は原子力エネルギーを放棄し、再生可能エネルギーにおける先駆者にならんとする決定をして新たな第一歩を踏み出しました。

　現在、日本には以前より多くの反原発市民団体が活動しています。実際、福島原発事故後2、3年の間に起きた大規模な抗議活動は、数十年前に起こった抗議活動以来のことです[1]。また、立地場所の地質安定性と原発の安全性が疑わしいとして、大飯原発の再稼働を阻止するために裁判を起こした市民団体もあります。さらに非核代替エネルギーも大きく注目されています。市民が節電キャンペーンに協力したことによって、首都圏だけではなく全国的にも電力需要が大きく低減しました。最も印象的なのは、日本はすべての原発を、しかも1年半以上にもわたって停止し、なおかつ安定した電力供給を実現するという、どの国も平時においてなし得なかったことが可能であることを示したことです。

　日本のような民主的社会において、公開討論や議論は重要な意味を持って

います。とりわけ原子力エネルギーに関しては、メルトダウンが日本で起こったことを考えれば、当然のことです。福島原発事故以降、原発問題が以前より活発に議論されてきた一方、報道の自由が脅かされるような憂慮すべき事件もいくつか起きています。安倍晋三首相は、漫画『美味しんぼ』を、福島原発を訪ねた後に鼻血症状が出るようになった主人公を描いたことで、公然と批判しています。

本書は福島原発事故について国際的な理解を深めるために大きく寄与するものです。執筆者たちは言語の専門家であり、話された言葉や書かれた言葉が、さまざまな問題に対する人々の理解の仕方を方向づけたり、考え方に影響を与えたりすることを認識しています。より多くの声が非核エネルギーの将来というビジョンを提案するなら、そうしたアイデアは政治的に、経済的、そして社会的に現実となることでしょう。

2015年2月18日
ミランダ・シュラーズ

*ミランダ・シュラーズ博士は、ベルリン自由大学教授、環境政策研究所所長。2011年にドイツ連邦政府により設置された「安全なエネルギー供給に関する倫理委員会」委員を務めた。著書に『ドイツは脱原発を選んだ』(2011) 岩波書店、『ドイツ脱原発倫理委員会報告』(2013) 大月書店など多数。(経歴は『ドイツ脱原発倫理委員会報告』より引用)

訳注

1　1954年の第五福竜丸事件を契機に起こった原水爆禁止運動を初めとした核廃絶を訴える抗議活動を指す。

Foreword

Japan ranks number three in the world in terms of its nuclear power capacity. For decades, the Japanese government promoted nuclear power as a safe, clean, and basically limitless energy source. Prior to March 11, 2011 nuclear energy was widely accepted in society and there were plans to build many more nuclear power plants. Japanese firms became manufacturers of nuclear power facilities which they also exported abroad.

There was generally high support in Japanese society for nuclear power as the main message people heard about nuclear power is that it was safe, modern, clean, and could help combat global warming by decreasing dependency on fossil fuels. Communities that agreed to host nuclear power plants, moreover, received lavish compensation in the form of swimming pools, public libraries, roads, bridges, and the like. Globally, Japan was looked at as one of a handful of leaders in terms of its nuclear technological sophistication and management safety.

Opponents of nuclear power certainly existed and challenged nuclear power plant construction, but they were a minority that had limited success and limited visibility. The media played a central role in helping to spread this image describing nuclear energy as necessary for the country's economic competitiveness and existence and portraying it as a modern, safe, and essentially limitless technology. The Chernobyl nuclear accident received relatively little attention in Japan. Accidents like the criticality accident at the uranium reprocessing plant in Tokaimura, Ibaraki were discussed but swept aside as simple human error.

To be fair, this was a common phenomena in many parts of the world. A quarter of a century after the Chernobyl nuclear accident, memories of that disaster were fading and support for nuclear energy was slowly gaining ground again.

The explosions and meltdowns at the Fukushima Dai-ichi nuclear power plant shattered this image of nuclear safety that had been carefully fostered by the government and the nuclear industry and communicated to the public through a largely supportive media. With large areas of Fukushima's beautiful landscape turned into a deserted wasteland and over one hundred thousand people forced to flee their homes, large segments of the Japanese population began to question the safety of nuclear energy and to push for greater use of renewable energies.

Elsewhere in the world, the Fukushima nuclear disaster led worried citizens to demand policy changes of their governments. Best known is the case of Germany, where the government under strong public pressure decided to return to a policy of nuclear phase out. Germany is now pursuing a low carbon energy transition based largely on renewable energy and energy efficiency. Other countries have followed a similar path. Switzerland plans to phase out its nuclear energy by 2034 and Italian voters made clear in a national referendum that they were opposed to the building of nuclear power plants. Austria and Denmark made choices to abandon nuclear energy already long before the Fukushima nuclear accident.

Japan's national policy makers have responded to the Fukushima nuclear accident with the development of a new safety regime and changes in institutional structures, including the establishment of an independent Nuclear Regulation Authority.

They also have poured money into decontamination efforts in the

Fukushima region—efforts that have created many temporary jobs, but at tremendously high costs and with risks to workers. Despite these efforts, many regions remain contaminated and still uninhabitable. There are still tens of thousands of evacuees living in temporary housing, many losing hope that they will ever be able to return to their former communities. Indeed, even if they were to be able to return today, they would find little of their former communities back—too many people have permanently left, families with young children are often unwilling to return, and many public facilities are no longer operating.

Under strong public pressure, after the Fukushima nuclear accident, the government abandoned plans to expand reliance on nuclear power, and the Tokyo Electric Power Company (TEPCO) agreed to permanently shut down the six reactors at the Fukushima Dai-ichi and Dai-ni nuclear power plants. Decommissioning work at the damaged nuclear reactors is expected to take decades and is among the most dangerous jobs being undertaken anywhere on the planet today.

The nuclear industry and the banks which have financed their activities are remain nevertheless eager to restart Japan's nuclear power plants and are pressuring the government to support them. While waiting for decisions domestically, they have been pursuing deals to export their nuclear technology abroad.

In response to the population, a large proportion of which is now anti-nuclear, supporters of nuclear power have returned to the refrain that Japan's economy will not be able to remain competitive without nuclear power. Moreover, they argue that the new safety regime makes Japanese nuclear power plants among the safest in the world. There is thus great pressure to restart Japan's nuclear power plants, which have been laying idle as they undergo safety checks. Renewable energy, they suggest, should be given more attention, but can not be expected to easily replace Japan's nuclear power dependency.

Words are powerful. How an issue is framed and discussed can determine how others think about it.

There are certainly important counter-frames. Rather than asking the question of whether Japan can afford to continue without its nuclear power plants, one can ask if Japan really can afford to restart its nuclear power plants? In a country that is one of the most seismically active in the world and with a high population density, can safety really be assured?

Other ethical questions can be raised as well. What is to be done with the nuclear waste that is being generated in Japan's nuclear power plants? It is quite remarkable that more than a half-a-century after commercial nuclear energy production began, there is still no country in the world with an operating long-term, high level radioactive waste facility. Finland and Sweden are now in the process of building deep geological disposal facilities, but in most countries, it has proven extremely challenging to find locations that are both geologically suitable and acceptable to the public.

Deeper questions can be raised as well. How is safety to be assured to future generations? High level radioactive waste can remain radioactive for ten thousand to millions of years depending on the material in question. Generations to come must be protected from this radioactivity and trained to deal with it. This raises major ethical questions about the legacies being left to future generations.

The example of Germany, moreover, suggests that it is possible for a major manufacturing based economy to rapidly increase the share of renewable energy in the energy mix. Doing this can also provide many new economic and job opportunities and lead to creative innovation.

With the fourth year anniversary of the Fukushima nuclear disaster upon us, tens of thousands of evacuees are still in temporary housing. Much like Minamata city, Fukushima prefecture must now struggle to deal with the negative image it inherited from the disaster. Fukushima prefecture has taken an important step in this direction with its decision to abandon nuclear energy and become a leader in renewable energy.

There are now many more anti-nuclear civil society groups active in Japan. Indeed, it has been decades since Japan has seen protests as large as those that occurred in the first years after the Fukushima nuclear accident. Citizens' groups have also turned to the courts to block the restart of the Oi nuclear facility questioning the geological stability of the area and the safety of the plant. There is also greater attention to non-nuclear energy alternatives. Due to public involvement in a campaign to reduce electricity demand, there was a substantial drop in electricity demand in the Tokyo region as well as nationally. Most impressively, Japan has shown that it is possible to do what no other country has done before in a time of peace—to shut down all of its nuclear facilities—and that for more than year and a half years—and still provide a stable electricity supply.

In a democracy like Japan's, open debate and discussion is critical. This is especially true in relation to nuclear energy given that the meltdowns occurred in Japan. While there has been far greater debate on nuclear questions in the period since the Fukushima nuclear accident, there have also been troubling incidents that question whether press freedom is as strong a right as it needs to be. Prime Minister Shinzo Abe publically criticized the comic book, *Oishinbo*, for depicting a character with developed chronic nose bleeds after visiting the Fukushima nuclear power plant.

This volume is an important contribution to the international understanding of the Fukushima nuclear accident. It is written by literature experts who understand how the written and spoken word can shape how people understand issues and can influence what they think about. If more voices propose visions of a non-nuclear energy future, such an idea can become a political, economic, and social reality.

Miranda Schreurs
February 18, 2015

まえがき

　この本は原発問題をテーマに言語学の立場からメディアを分析した本である。東京電力福島第一原子力発電所事故以後、ジャーナリストや批評家等がメディア批判を加えた書籍は少なからず存在する。しかし、同時期の新聞・テレビ・インターネットメディア・政府刊行物・書籍などの「メディア言語」の裏に潜む「誰かの意図」を、「言語学的な論証」を通して多角的に「可視化」した書籍はなかなか他には見当たらない。

　4年を経過しても原発事故は今も続いている。事故の全容すら明らかにされず、原因究明も不充分であり、責任の所在も明らかにされていない。被災者への補償や震災復興対策も遅れている。にもかかわらず事故の風化が進んでいる。そして今また原発回帰への動きが急速に勢いを増している。政府は、2014年4月に閣議決定された「エネルギー基本計画」において、原発を「重要なベースロード電源」と位置づけ、引き続き積極的に活用する方針を打ち出した。電力会社は原発の再稼働を目指し、規制基準に合致しているかどうかを判断する審査を申請中である。また政府や原発メーカーは各国に原発プラントの輸出攻勢をかけている。

　一方、ドイツは、福島第一原発事故をきっかけにして、脱原発政策に舵を切った。ドイツと比較すると、日本には、社会現象の経済的な面だけでなく倫理面をも徹底的に議論しその結果を政策に反映させるという風土が充分に根付いていないように思われる。それが事故を経ても原発推進を許容している要因の1つであることは否定できない。それに加え、メディアが原発容

認の世論形成において果たした情報操作の役割も大きいものがある。

　虚偽情報を流すというあからさまな情報操作は、当初の影響力は大きくても、それが虚偽のものであると多くの「知」によって批判された瞬間に効力を失ってしまう。それに対し、事実の一部だけを提示して誤った印象を与えたり、事実を提示しながらも特定の語彙や表現を使って巧みに読者をある方向の解釈に誘導したりするような、一見すると自然に見える巧妙に仕組まれた情報操作は、その本質を可視化することが難しく、批判の声も上がりにくい。また、心の深層に及ぼす影響の大きさを考えると、あからさまな情報操作よりも巧妙な情報操作の方がより重大で深刻であり、決して看過できるものではない。実際、多くの人々はそうした情報操作によって、知らず知らずのうちに特定の方向に誘導されてしまう。

　本書は、以上のような問題意識のもと、それらの情報操作の実態を、言語分析のツールを活用して丹念に記述し、今まで見えていなかった実像を浮かび上がらせ、客観的に論じることで、社会に向けて、感情論ではなく「論理的な説得力を持った一石」を投じたいと考えた研究者有志が企画したものである。私たちは国内外の大学という知の世界に身を置く、ことばの研究者であり教育の実践者である。語彙論・文法論・語用論・談話分析・日本語教育などを専門としている。そこで、多様なテクストとそこに観察される種々の言語事象に着目し、多角的な手法を用いて、3.11原発事故後のメディア言語における情報操作の構造を言語科学的に解き明かし、原発問題から目を逸らそうとする「誰かの意図や誘導」の実態を論じ、それらから身を守るスキルを読者に提供したいと考えた。

　読者は、批判的な読みの実践を読み込むことによって、最終的には「情報を自分の生きている社会と関連づけて読み解き、考え、判断する」という「批判的読解力」を獲得する。これこそが本当の意味での、文部科学省が学習指導要綱に掲げる「生きる力」であり、読者自身に身につけてほしいと願うものである。その手助けをする書籍を世に送りだすこと。これが私たちの考える「研究成果の社会への還元」であり、本書の目標でもある。

本書の構成は序章、第1部、第2部、終章、資料となっている。

　序章には「背景となる諸事象の説明」を収録している。第1部・第2部を読む前に「原発事故とその後」について理解を深めることを目的としている。まずこの序章にざっと目を通していただきたい。

　続く第1部は「民と官のことば」を分析した3編の論文からなる。最初の高木論文は批判的談話分析の手法を用いて電力会社の「節電依頼」の広報テクストを分析し、暗示される企業の理念やアイデンティティを浮かび上がらせている。次の野呂論文は「官」の言葉で書かれた文部科学省発行の小学生向け「原子力・放射線教育副読本」を批判的談話分析の手法を応用して分析したものである。3番目の大橋論文は官の立場をわきまえた政府高官から発信される国策としての原発推進と震災後のクールジャパン政策の関係性について考察している。

　第2部は「新聞のことば」を分析した論考である。この第2部は語彙調査報告1編と論文2編とで構成されている。あらかじめ計量的な語彙調査報告で新聞社の姿勢を概観した上で、続く論文の内容に踏み込んでほしい。最初の庵報告は福島第一原発事故が起こる前と後で新聞記事において原発に関連する語の使用にどのような変化があったかについて調査したものである。次の神田論文は新聞の読者投稿と社説とを「談話の歴史的アプローチ」を援用して比較し、投稿が社説を強化することを示している。最後の名嶋論文は新聞記事の見出しを日本語学的・語用論的観点から分析し、そこに組み込まれうる「権力の意図」を論じている。

　終章には本書のまとめにかわるものとして、そして、読者の皆さんへの応用問題として、「吉田調書をめぐるできごとを読み解く」という論文を収録している。できごとの経緯を追いながら、ぜひ自分なりの批判的な読みを試みてほしい。また、本書の最後には、原発事故に関するこれまでの主なできごとを「原発事故をめぐる年表」にまとめて掲載している。各章を読む前に、事態の推移を掴むために読むこともできるし、先にそれぞれの章を読んでから最後に目を通すという読み方もできるものである。ぜひ活用してほしい。

本書は一般の方々を読者として想定しているが、大学・大学院の授業で主・副教材としても活用が可能であり、一定の日本語力を前提にすれば、日本語教育においても読解や生の日本の姿を知るための教材になる。一人でも多くの人に手に取っていただき、批判的な読みを実践してほしい。もちろん、その批判的視点を本書を読む際に活用していただくことも大歓迎である。

　最後になったが、刊行にあたり、ドイツにおける脱原発の立役者「ドイツ脱原発倫理委員会」委員のお一人であるベルリン自由大学ミランダ・シュラーズ教授より巻頭言をいただいた。このことは執筆者にとって大きな励みとなった。記して御礼申し上げる。巻頭言はシュラーズ氏が英語で執筆したものを、神田・野呂が素訳し、全員で文言を検討した。

　私たちは、「論理的な説得力を持った一石」が、社会という水面に小さな波紋を起こし、それがやがて大きな円となって静かに広がっていくことを期待している。本書を読んで、一人でも多くの人が、自分でも石を投げてみようと思ってくれることを願って止まない。

2015 年 2 月 11 日
著者一同

序章　背景となる諸事象の説明

名嶋義直

1. はじめに

　本章では、分析や考察の背景知識となる東京電力福島第一原子力事故について、「福島第一原子力発電所の状況」・「放射性物質による汚染状況」・「原発再稼働をめぐる政治状況」にわけて、簡単に確認を行う。2014年5月現在、一般に公表されている政府・東京電力の発表や新聞報道などを総合的に踏まえるとそれぞれ以下のようになる。巻末の「原発事故をめぐる年表」とも合わせて、その背景を把握してほしい。

2. 福島第一原子力発電所の状況

　東日本大震災[1]により福島第一原子力発電所(以下、福島第一原発)では原子炉建屋が被害を受け、1号機から4号機において全電源喪失となり、原子炉に注水することができなくなり冷却不能となった[2]。そのため、核燃料が原子炉内で露出し温度を上げ続け、1号機から3号機においては核燃料の融解(メルトダウン)が起こって炉心が損傷した。それに伴い原子炉内部の圧力が異常に高まったので、緊急対策として、内部の気体を意図的に外部に放出する対策(ベント)を実施したが充分な効果は得られず、原子炉の一部が損傷し放射性物質が大気中に拡散した。さらに1・3号機においては核燃料融解によって生じた水素が建屋内に充満して原子炉建屋が爆発した。定期検査のため停止中であった4号機では核燃料の融解や原子炉損傷は生じなかった

が建屋が爆発した。3号機から水素が流れ込んだことが爆発の原因であるとされている。

　その結果、福島県に限らず東日本の広範囲に大量の放射性物質が飛散・降下し、大気・土壌・水・動植物、人や町を汚染した。この事故は、International Nuclear and Radiological Event Scale（INES）におけるスケールで最も深刻な事故と判定された[3]。それは1986年のチェルノブイリ原子力発電所事故と同レベルである。

　事故の深刻さは3年以上経過した2014年5月現在の状態からもよくわかる。1号機から3号機までの溶けた核燃料は未だにどこにどのような状態で存在しているのかわからない。東京電力でさえそれを把握していない。事故当時、4号機では核燃料計1,533本が地上4階の高さにあるプールに保管されていた[4]。4号機建屋も爆発で壊れたため、もしまた大きな地震が発生すると、最悪の場合、建屋が倒壊して使用済みの核燃料が冷却できない状態になり臨界に至る危険性も指摘されている。そこで東京電力は2013年11月18日より使用済燃料プール内に保管されている燃料集合体を取り出し、敷地内共用プールへ移送して集中的に保管する作業を始めた。作業は順調とは言えず、2014年2月25日には敷地内地下電源ケーブルを誤って切断し4時間半程冷却が停止する事故が、3月26日には燃料をつり上げるクレーンが故障する事故が起きているが、2014年4月30日時点で770本が移送済みである[5]。

　汚染水と地下水の問題も深刻である。1号機から3号機までは燃料の位置も状態も不明であるが冷却は欠かせないので水を送り込んでいる。東京電力は、その核燃料の冷却によって日々生じる汚染水を回収し、放射性物質を除去する装置で浄化処理をして巨大なタンクにて保管しているが、そのうち300棟程度のタンクはコストと納期を優先して設置したため構造上完全には密閉されていないという根本的な問題があり、それらのタンクのいくつかから汚染水が漏れ出していたことが明らかになった。その対策としてより密閉度が高く長期保存に適したタンクを建設し、そこで汚染水を保管する予定である。浄化装置はたびたび不具合が生じて運転を停止している。安定的な運

用にはほど遠い。

　回収されない汚染水も存在する。東京電力は2013年8月21日に、2011年5月から流出していると仮定して原発通常運転時の年間海洋放出基準(年間2,200億ベクレル)の100倍を超える汚染水が回収されないまま直接海に流れ出ているという推定を発表した。2014年3月19日には、機器の故障で充分に浄化処理されていない汚染水900トンが処理済みとしてタンクに送られ、浄化処理済みの汚染水と混ざり、12,000〜15,000トンの汚染水が再度浄化処理をしなければならなくなった。

　地下水は、山側から1日に約800〜1,000トン流れ込んでいるとされる。そのうちの400トンが建屋内に流れ込み、融解した核燃料や汚染された建屋に接触することで放射性物質に汚染された汚染水となる現象が起きている。建屋に流れ込んで汚染された地下水もタンクで保管しているが、400トンは海に流れ出ていると東京電力は述べている[6]。残りの数百トンは行方不明だという。2013年9月16日前後の台風18号時には、大量の降雨がありタンク周辺の堰に雨水が溜まりそこに汚染水も混じって溢れそうになったため1,130トンを海に排出した。

　今の状況を一言で言えば、「全くコントロールされていない」[7]となる。東京電力は4号機から核燃料の取り出しを始め、実質的な廃炉作業に着手しているが、技術的にも課題が山積しており[8]、当事者である国や東京電力でさえ廃炉には今後30〜40年の時間がかかると見積もっている。

3. 放射性物質による汚染状況

　政府は、原発事故後の2011年4月、福島県11市町村に、警戒区域(原発から20キロ圏)、その外側で放射線量が20ミリシーベルト／年を超える計画的避難区域などの避難指示区域を設定した。2011年末には、放射線量に応じて、(a) 2012年3月から数えて5年以上戻れない帰還困難区域(50ミリシーベルト超／年)、(b) 数年で帰還をめざす居住制限区域(20〜50ミリシーベルト／年)、(c) 早期帰還をめざす避難指示解除準備区域(20ミリシーベル

ト以下／年）への再編を決めた。この再編は 2013 年 8 月に完了し、避難指示解除準備区ではお盆や年末年始に伴う 2 週間程度の特別宿泊も認められた。

　しかしこの 20 ミリシーベルト／年という基準値は、法律で定められている各種の基準値、たとえば、放射線業務従事者の基準値が 50 ミリシーベルト／年であること、放射線管理区域の基準値が 5 ミリシーベルト／年であること、一般の人の「追加被曝」線量限度が 1 ミリシーベルト／年であることなどを考えると、かなり高い数値であることがわかる[9]。今後当然のごとく予測される健康被害を考えてか、政府は住民に積算被曝量を記録できる線量計を貸与し、住民が自身の被曝量を「後から」知ることができるような仕組みを導入する予定である[10]。合計でどれくらい被曝したかを継続的に管理する必要があるということは、確実に放射性物質汚染があることに他ならず、安心して健康な暮らしが送れる環境ではないということである。もはや基本的人権の侵害と言える状況である。

　放射性物質による環境への影響は大きく、汚染された地域では除染作業が行われている。このうち国が行う「除染特別区域」の直轄除染の進捗状況を見ると、ほとんど進んでいないことがわかる。2013 年 9 月 11 日付の東京新聞は「除染 7 市町村で延長　国の計画一部見直し」でその事実を報じてい

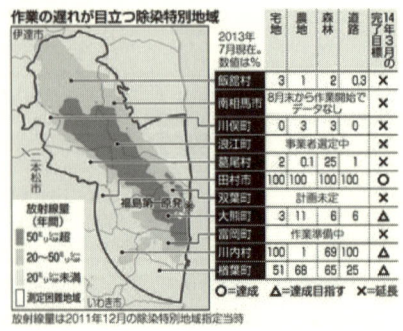

図 1　2013 年 9 月 11 日付の東京新聞「除染 7 市町村で延長　国の計画一部見直し」より
<http://www.tokyo-np.co.jp/article/national/news/CK2013091102000116.html> 2013.9.11

る[11]。除染特別地区における現時点での除染進捗状況は、環境省 HP の除染情報サイトで確認できる[12]。自治体ごとに具体的な進捗状況を示す数字が掲載されているが非常にばらつきがある。全て完了の田村市、100％の数字が部分的にせよ確認できる川内村・楢葉町・大熊町（一部）もあれば、ほとんどゼロのところも着手すらできていないところもある。状況は図1が報じられた 2013 年 9 月 11 日とあまり変わっていない[13]。なお田村市都路地区は 2014 年 4 月 1 日に避難指示区域の指定が解除された。同年 10 月 1 日には川内村も避難指示区域の指定が解除された。

　農作物や水産物における放射性物質汚染は、政府が定めた 100 ベクレル／kg（子供はこの半分の 50 ベクレル／kg）という基準値[14]にかかわらず、厳然とした事実として存在する。それは厚生労働省や水産庁の web サイトなどで公表される放射性物質検査の結果を見れば明らかである[15]。食べて安全かどうかとは別のレベルの話である。一定の食品が福島第一原発事故に由来する放射性物質によって汚染されているということはいわゆる「風評」ではなくまぎれもない「事実」である。

　ここで確認しておかなければならないのは、100 ベクレル／kg という政府の定めた基準値の意味である。これはあくまで「我慢値」であり、「安全を保障する値」ではない。なぜなら、福島第一原発事故を受けて緊急に設定された暫定的な基準値であり、事故前であれば許容されなかった数値だからである[16]。放射線による低線量被曝に関しては「ここまでは安全／ここからは危険」という明確な閾値はないという考え方があり、科学者の見解を見ても統一的な「絶対的な安全を保障する値」は存在しないということが通説になっている[17]。言い換えれば数値の大きい小さいにかかわらず放射線の影響はあるということである。

　以上から考えると、放射性物質に汚染された食品は確実に存在し、それらの食品を食べた場合「『絶対に安全』とは言えない」というのが科学的な判断であり態度である。「『絶対に安全』とは言えない」のであれば「安全ではないことも考えて行動する」というのがリスクを避けるための合理的な選択の1つであろう。しかし社会には「基準値以下イコール安全」という科学

的ではない主張が広く行き渡り[18]、リスクを回避する行動が時には非難の対象となるのが実情である。さらには「基準値」を緩和しようとする動きさえ出てきている。

4. 原発再稼働をめぐる政治状況

　2011年9月27日付の内閣府原子力政策担当室「新大綱策定会議(第6回)資料第3号　原子力委員会　原子力政策に対する国民の皆様からの意見募集結果について」は、原発をどうするかについてのいわゆるパブリックコメントの結果をまとめたものである。それによると、10,189件の意見のうち3,060件をランダムに抽出したところ、98％の意見が原発を「直ちに、または段階的に廃止し、再生可能エネルギー等に転換すべき」という意見であったという。また、2012年8月22日の毎日新聞報道によると、「政府は22日、新たなエネルギー政策の策定に向けて実施したパブリックコメント(意見公募)の意見の約9割が原発ゼロを支持しているとの分析結果を明らかにした」という。具体的には、「寄せられた89,124件のうち約7000件を分析したところ、『ただちに原発ゼロ』が81.0％、『段階的にゼロ』が8.6％だった。原発容認と支持は合わせて約4％にとどまった」と報道されている[19]。この時は、原発を再稼働し維持し推進したい人々の力は非常に弱かったと言ってよいであろう。

　一方、2013年6月10日の朝日新聞記事によると、経済成長のために原発を積極的に利用する方針の是非を聞いたところ、反対59％、賛成27％であり、停止中の原発の運転再開についても反対58％、賛成28％であったという[20]。その数ヶ月後の2014年1月25日と26日に行われた朝日新聞の世論調査でも、再稼働反対56％、賛成31％、という数字が報道されている[21]。2014年2月15日と16日実施の調査[22]では、原子力発電を利用することに、反対48％、賛成34％、という数字が出ている。これらの数字を単純には比較できないが、事故後3年の間に脱原発を志向する人の割合が徐々に低下している様子が見て取れる。

それと呼応するかのように、2012年6月には福井県の大飯原発3号機と4号機が再稼働し、2013年7月には、停止している他の原発においても再稼働に向けた「規制基準への適合性審査」の申請が始まった[23]。この時点で、4つの電力会社が保有する6つの原発のうち12の原子炉が手続きをとった。その後も審査の申請が相次ぎ、2014年6月10日の時点で、9電力会社の12原発、19基が申請中である。廃炉を決定した福島第一原発1～6号機を除くと現在日本には商用原子炉が48基存在する。その約40％が再稼働に向けた手続きを進めていることになる。

　2012年12月の衆議院選挙で勝利した自民党は、この再稼働に向けた「規制基準への適合性審査」の直後の参議院選挙でも勝利し、前民主党政権が明示していた脱原発エネルギー政策を転換し、原発推進のエネルギー政策を明確に標榜し始めた。それは国内に留まらず、トルコやベトナム、インドなどへの原発輸出も視野に入れてのものである。この段階で広く国民の意見を聞くパブリックコメントが実施された。一部報道によると、約19,000件の意見が集まり、後日、情報公開制度を利用して入手した一部のデータを根拠にして考えると、意見の9割超が脱原発であった可能性が高いが、経産省は2月に代表的な意見を発表したものの原発への賛否は集計しなかったという（2014.5.25朝日新聞 http://digital.asahi.com/articles/ASG5L0FYJG5KULFA00K.html）。2014年2月25日の各紙報道では、自民党政権による「エネルギー基本計画（案）」が、原発を「重要なベースロード電源」であるとし、安全が確認された原発は活用していく姿勢を改めて示し、将来の原発割合についても「確保していく規模を見極める」と述べていることが報じられている[24, 25]。そしてその基本方針は見直されることなく世論を無視する形で閣議決定され4月11日には経済産業省のHPにも資料がアップされた。

　その流れから推察すると、今後も原発再稼働を視野に入れて「規制基準への適合性審査」申請が進むであろうし、新しい原発の新設すら可能性を帯びてきていると言える。まさに、原発を再稼働し維持しようとする勢力が影響力を復活させ、その再生産と強化に向けて歩み出したと言えるのではないだろうか。

5. 今、そして未来へ

　放射性物質による汚染が、あたかも福島県もしくはその周辺一部に限定されているかのような理解が社会にはあるが[26]、直接的な汚染は、決して福島県に限ったものではなく、東北はもちろんのこと、関東など東日本の広範囲に渡っている。そしてなによりもまだ事故は全く終わっていない。廃炉作業は緒についたばかりである。

　今後も環境・健康・食品などへの影響が懸念される。

　関係者は日本の原発は絶対に安全だと言い続けてきたが、その結果がこの状態である。そして今、原発の再稼働が現実味を帯びてきている。地震・津波・火山噴火など、各地で自然災害が頻繁に起こる日本で新たな原発事故が起こらないと誰が断言できようか。これは国民全体の問題である。私たちは過去に学ばなければならない。本章で述べてきた「背景」は、私たちが未来を選び、未来を生きるための「前提」でもある。

注
1　その後に発生した津波も含む。
2　5号機と6号機においては立地条件の違いから電源喪失には至らなかったが海水の流入等によりその後も稼働しておらず、2014年1月31日をもって廃炉となった。朝日新聞の報道によると、1〜4号機の廃炉に向け、ロボット技術の開発などの実証試験施設として使う予定だという。
　　<http://digital.asahi.com/articles/ASG215FKTG21ULBJ005.html?iref=comkiji_redirect> 2014.2.19
3　レベル0からレベル7の8段階で表されるもので、福島第一原発事故もチェルノブイリ原発事故もレベル7とされている。
4　内訳は使用済み核燃料1,331本と未使用核燃料202本である。
5　東京電力HPより。内訳は使用済み748本、未使用22本である。
　　<http://www.tepco.co.jp/nu/fukushima-np/removal4u/index-j.html> 2014.5.1
　　2014年12月22日に全ての核燃料の取り出しと移送が終了したとのことである。東京電力HPより。
　　<http://www.tepco.co.jp/decommision/index-j.html> 2015.1.21

6　東京電力 HP より。
　　<http://www.tepco.co.jp/nu/fukushima-np/index-j.html> にて「汚染水」をキーワードにして検索しダウンロードした資料「福島第一原子力発電所　汚染水の状況　平成 25 年 8 月」・「福島第一原子力発電所における汚染水対策について 2013 年 9 月 27 日」による。なお、海に流れているとされる 400 トンの地下水について汚染の有無は当該資料では説明されていないが (2014.2.19 閲覧)、2013 年 8 月 9 日配信の毎日新聞記事によると「高濃度汚染水に触れて汚染され、海に流出している」とのことである。
　　<http://mainichi.jp/select/news/20130809k0000m040073000c.html> 2013.8.9

7　安倍首相は 2020 年開催予定のオリンピック開催地決定にかかるプレゼンテーション以降、国内外に対して「状況はコントロールされている」と述べているが、下の毎日新聞記事にもあるように全く事実とは異なる。
　　<http://mainichi.jp/select/news/20130920ddm001010036000c.html> 2013.9.2
　　汚染水の問題については、小出・高野 (2014) に詳しい記述がある。

8　新型汚染水浄化装置 ALPS は、2014 年 6 月現在、故障続きで頻繁に停止をしている。地下水の建屋への流入をブロックすることと海への流出をブロックすることを目指す凍土壁も地盤沈下やそれに伴う汚染水漏れの恐れが指摘されたり、地中の埋設物を避けて施行することで性能の低下が懸念されたりしている。実際、事前の想定に反して壁が充分に凍結しないという問題も生じ、東京電力は 2014 年 11 月 21 日に、凍結だけによる止水を断念することを明らかにした。今後は、地下トンネル内に溜まっている汚染水を徐々に抜きながら、コンクリートを流し込んで空間をなくす工法をとるという。
　　読売新聞より。
　　<http://www.yomiuri.co.jp/science/20141121-OYT1T50134.html> 2014.11.21
　　朝日新聞より。
　　<http://digital.asahi.com/articles/ASGCP5HSYGCPULBJ00Q.html> 2014.11.21
　　毎日新聞より。
　　<http://mainichi.jp/select/news/20141122k0000m040087000c.html> 2014.11.21
　　産経新聞より。
　　<http://www.sankei.com/affairs/news/141121/afr1411210019-n1.html> 2014.11.21
　　東京新聞より。
　　<http://www.tokyo-np.co.jp/article/national/news/CK2014112102000129.html> 2014.11.21

9　普通に生活していて受ける自然放射線量の世界平均が 2.4 ミリシーベルト／年であることを挙げて安全性を説明する例が見られる。しかしそこには大きなごまかしがある。「自然に受ける放射線」と「人工的に受ける放射線による追加被曝」

とを同一に扱い数字の大小だけで論じ、我々が受けている被曝が「余分なもの」であるという重大な事実を見えなくしているからである。ちなみに文部科学省HP「放射線による影響」によると、日本人の受ける自然放射線量は平均 1.5 ミリシーベルト／年とされている。一方、平成 26 年度からの使用を念頭に置いている小学生や中学・高校生向けの「放射線副読本(新版)」によると平均 2.1 ミリシーベルト／年と 0.6 ミリシーベルト／年の増加となっている。この「放射線副読本」については本書収録の野呂論文が詳しく分析・考察している。

<http://www.mext.go.jp/result.html?q=%E6%94%BE%E5%B0%84%E7%B7%9A%E3%81%AB%E3%82%88%E3%82%8B%E5%BD%B1%E9%9F%BF> 2014.2.19『放射線副読本(旧版)』。

<http://www.mext.go.jp/b_menu/shuppan/sonota/detail/1344732.htm> 2014.3.4『放射線副読本(新版)』。

　この自然と余分を同列に扱う詭弁は食品の汚染に関しても使われることが多い。「キュウリやバナナなどにはカリウムという放射性物質が○○ベクレル含まれている。つまり我々の体の中には最初から一定量の放射性物質が入っている(だから放射性物質は怖くない)」というような説明である。また放射性物質はその種類によって人体への影響が異なるので、原発事故に由来する食品汚染で懸念されているセシウムやストロンチウムという人工的な放射性物質とカリウムという自然に存在する放射性物質とを同一視している点も本質を見えなくさせる大きなごまかしである。

10　経済産業省 HP より。
<http://www.meti.go.jp/earthquake/nuclear/20130729_01.html> 2013.9.20
また、環境省 HP より「(新)住民の個人被ばく線量把握事業 669 百万円」の資料がダウンロード可能。
<http://www.env.go.jp/guide/budget/h26/h26-gaiyo/004.pdf> 2014.2.19

11　<http://www.tokyo-np.co.jp/article/national/news/CK2013091102000116.html> 2013.9.11

12　環境省 HP「除染情報サイト」より。
<http://josen.env.go.jp/area/> 2014.3.27

13　田村市は 2013 年 6 月に除染が完了したが、川内村・楢葉町・大熊町(一部)の「除染特別区域」の除染が終了したのは 2014 年 3 月 31 日である。そもそも直轄除染以外の地域の除染は市町村に任されており進捗状況にはばらつきがある。また、直轄除染の地域でも放射線量の高い帰還困難区域はもともと計画の範囲外のため除染されていない。つまり、政府が言う「除染完了」は上記の図 1 のごく一部に過ぎない。

14　低線量内部被曝による健康への影響について、一部の科学者や有識者側は「疫学

的見地からは相関が認められていない」という反論をしばしば行うが、この基準値はその「疫学的見地」に基づいて導き出されたものではなく、最初に1ミリシーベルト／年という食品による年間被曝の限度が設定され、それをもとに放射性セシウムの基準値を決定したものである。つまり、一種の逆算による数字合わせで設定されたものである。この基準値もその安全性が「疫学的に」立証されているわけではない。

15　厚生労働省HPより。
　　<http://www.mhlw.go.jp/stf/houdou/index.html>
　　水産庁HPより。
　　<http://www.jfa.maff.go.jp/j/housyanou/kekka.html>
16　100ベクレル／kgという数値は事故前の低レベル放射性廃棄物のセシウムについての基準値と同じである。「核原料物質、核燃料物質及び原子炉の規制に関する法律第61条の2第4項に規定する製錬事業者等における工場等において用いた資材その他の物に含まれる放射性物質の放射能濃度についての確認等に関する規則（平成17年11月22日経済産業省令第112号）」
　　<http://www.lawdata.org/law/htmldata/H17/H17F15001000112.html> 2014.3.5
17　後藤（2013）のpp.37–39などを参照のこと。今中（2012）も詳しい。
18　これについては稿を改めて考えてみたいと思っている。
19　毎日新聞より。
　　<http://mainichi.jp/select/news/20120823k0000m020052000c.html> 2013.9.19
20　朝日新聞より。
　　<http://www.asahi.com/shimen/articles/TKY201306100649.html> 2013.9.17
21　朝日新聞より。
　　<http://digital.asahi.com/articles/ASG1W3TY5G1WUZPS003.html> 2014.1.17
22　朝日新聞より。
　　<http://digital.asahi.com/articles/ASG2J5JTGG2JUZPS007.html> 2014.2.18
23　政府・首相・関係者も「安全審査」という語を用いて種々の発言をしているが、それは間違いであり、正式には「規制基準への適合性審査」である。そこに「審査合格イコール安全」という新たな「安全神話」が生まれる恐れがあることを東京新聞が記事にして警鐘を鳴らしている。
　　<http://www.tokyo-np.co.jp/article/politics/news/CK2014040802000111.html> 2014.4.9
24　読売新聞より。
　　<http://www.yomiuri.co.jp/atmoney/news/20140225-OYT1T00447.htm> 2014.2.25
　　朝日新聞より。
　　<http://digital.asahi.com/articles/ASG2T31LJG2TULFA004.html> 2014.2.25

毎日新聞より。
<http://mainichi.jp/select/news/20140225k0000e010161000c.html> 2014.2.25
産経新聞より。
<http://sankei.jp.msn.com/politics/news/140225/plc14022510570004-n1.htm> 2014.2.25
東京新聞より。
<http://www.tokyo-np.co.jp/s/article/2014022590135538.html> 2014.2.25

25　資源エネルギー庁 HP から資料がダウンロード可能である。
<http://www.enecho.meti.go.jp/topics/kihonkeikaku/new_index.htm> 2014.2.28

26　福島県に隣接する 4 市町村が国の除染支援の対象になったという記事が配信された。ここからも政府が汚染地域を福島県近辺に限定しようとしている意図が読み取れる。
朝日新聞より。
<http://digital.asahi.com/articles/ASG693W45G69ULBJ007.html> 2014.6.9
毎日新聞より。
<http://mainichi.jp/select/news/20140610k0000m040084000c.html> 2014.6.10

参考文献
今中哲二 (2012)『叢書　震災と社会　低線量放射線被曝―チェルノブイリから福島へ』岩波書店
小出裕章・高野孟 (2014)『アウト・オブ・コントロール―福島原発事故のあまりに過酷な現実』花伝社
後藤忍 (編著)、福島大学放射線副読本研究会 (監修) (2013)『みんなで学ぶ放射線副読本―科学的・倫理的態度と論理を理解する』合同出版

第 1 部　民と官のことば

電力会社の広報にみる理念と関係性
―電力需給と節電に関するプレスリリースの一考察―

高木佐知子

1. なぜプレスリリースを分析するのか

　本章は、電力会社のプレスリリース[1]を分析し、伝達される企業の理念や顧客との関係性を明らかにするのが目的である。

　2011年3月11日の東日本大震災によって引き起こされた東京電力福島第一原子力発電所の事故により、日本のすべての原子力発電所（以後、原発とする）が停止される事態が生じた。季節が夏に向かう中で電力の供給不足が懸念され、計画停電の措置も検討された。本章では、このような電力供給不足に際して電力会社が出した電力の需給状況と節電依頼に関するプレスリリースを、言語使用と社会の構造との関連を研究する批判的ディスコース分析 (Critical Discourse Analysis、以後、CDAとする) の観点を用いて考察する。

　企業は、環境資源を財やサービスへ転換し生活ニーズの充足をはかるだけでなく、経済そのものの発展もはかるという、生活と経済の成長を支える社会的機関である（境 1995: 189）。さらに、企業は生産活動を通して地球環境に大きな影響を与えるため、その資源の再生に大きな責任があるとされている（猪狩 2007: 73）。このような社会的責任についての企業の理解をもとに、企業の社会性への意識が形成され、それが広報活動という形で反映されてきたと猪狩（2007）は述べている（猪狩 2007: 73）。そしてその役割は、「企業活動全般を広くステークホルダー[2]に開示して意見を求め、それを事業活動や社会的責任への取り組みに反映させていくこと」だという（猪狩 2007: 77）。本章で分析を行うプレスリリースは、このようなステークホルダーに対し、「企業が積極的に情報開示し、対話していく」（猪狩 2007: 76）広報活動である

といえる。

　本章が焦点を当てるのは、電力供給が現在どのくらい可能であるのかというような明示的な情報というよりも、むしろ、暗示的なメッセージとして解釈できる企業の理念や立場および顧客との関係性である。それは言葉として表現されているものの前提となっている考え方であり、当然視されているという理解のもとに、あえて述べられていない意見である。私たちは、前提や当然視を受け入れながら読み進むとき、その文章のロジックに何も違和感を抱かない[3]。しかし、そのロジックが、社会的な影響を及ぼすものであるとき、その前提や当然視がはたして正当なものであるかどうかという検証が必要になってくるのではないだろうか。

　深刻な原発事故により生じた電力不足とそれに伴う停電・節電という問題には、その責任の所在や対応における利害関係など、多くの複雑な要因が含まれていると考えられる。そのような多くの要因が含まれた広報のロジックは、社会的影響の大きいことが推察される。したがって、そのロジックの背後で、前提となり当然視されている考え方を明らかにするのは意味のあることであろう。広報のテクストにおいて、企業はどのような理念を伝え、どのように顧客に対応したのであろうか。本章では、その暗示的なメッセージの検証を行っていく。

2. 批判的ディスコース分析の観点から

　本章は、CDAの主要な研究者のひとりであるフェアクラフの「テクスト[4]の社会的影響を視野に入れた」枠組みと概念（Fairclough 1992、2003）にもとづいて分析を進めていく。Fairclough (2003) は、「テクストの社会的影響は意味生成のプロセスに依存している。あるいはむしろ、テクストの社会的影響は意味生成によって媒介されている」として、この意味生成プロセスに考察の焦点をあてている (Fairclough 2003: 11)[5]。テクストの社会的影響を考え、暗示的メッセージを明らかにすることを目指す本章では、この、「社会的影響を媒介する意味生成プロセス」の観点を援用する。

2.1. 社会的実践とは

　Fairclough (1992) は、この意味生成プロセスを「ディスコースの実践」と呼び、言語(より正確には、記号)に関する「社会的実践」であるとした (Fairclough 1992: 71)。社会的実践とは「比較的安定した社会的行為の形式」のことで、例えば、学校の授業やテレビニュース、医者の診察などがある (Fairclough 2001a)。

　この社会的実践は、「社会構造から構造的な可能性を選択し維持して社会的出来事を作り出す中間的な組織的実体」であると言われている (Fairclough 2003: 23-24)。例えば、大学の授業は、その機関のもつ構造的可能性から、授業に必要な設備や教育方法についての考え方などを選択して行う社会的実践であり、板書や学生のレポートや作品などの社会的出来事を作り出す。具体的には、大学の授業において、コンピュータを用いたりディスカッションを増やしたりして、教員と学生のやり取りを双方向的に行うのか、教員による講義を学生が聞くという一方的な授業形態をとるのかといった選択があり、その選択された実践によって、学生のレポートの内容や形式、教員の板書の仕方が決まる。さらに、この選択は教室での学生と教員の距離感を決めることになり、それにより、大学における教員と学生の関係にも影響が生じることが考えられる。このように、社会的実践は、社会構造と社会的出来事を仲介し、社会的影響を媒介し、社会に変化をもたらしていくのである。

2.2. ディスコースの実践とディスコースの秩序

　Fairclough (2003) は、図1で示すように、言語はすべてのレベルにおいて社会の要素になっていると主張する。

```
Social structure (社会構造)   : Languages (言語体系)
Social practice (社会的実践)  : Orders of discourse (ディスコースの秩序)
                                Discursive practice (ディスコースの実践)
Social events (社会的出来事)  : Texts (テクスト)
```

図1　社会と言語の関係

(Fairclough 2003: 24 を一部変更)[6]

すなわち、先ほど述べたように、ディスコースの実践は言語に関する社会的実践であり、さらに、社会構造として言語体系があり、社会的出来事としてテクストがあるとされている。大学の授業の例でいうと、教員が講義において、どのようなトピックを選んでどのような言葉でどのように話すのかを決めて行うのがディスコースの実践のひとつである。この場合、社会構造としての言語体系からの選択を行うのであるが、語順や音韻情報を選択して講義内容を作るというように、構造と出来事が直結しているというのではない。ディスコースの実践がその2つの間に入って、「構造的な可能性を選択し維持」するということは、講義をどのような言語行為として実践するのか、講義内容にどのような観点をいれるのか、どのようなアイデンティティをその中で表すべきなのかということが、教育を取り巻く社会状況の中で決定され、維持されるということである。そして、このようなディスコースの実践が体系化され規範となったものを、Fairclough (2003) はディスコースの秩序 (orders of discourse)[7] と呼び、その要素をジャンル (genres)、ディスコース群 (discourses)[8]、スタイル (styles) とした (Fairclough 2003: 24)。

ジャンルは言語に関する行為の様々な方法であり、例えば、質問と応答の行為が多く含まれ、ターンの交代も多いインタビュージャンルと、主張や説得の行為が多く、ターンの交代がほとんど見られないスピーチジャンルとは、異なるジャンルとして区別される。ディスコースは、世の中を表象する種々の方法であり、ある事象が、それを思い描く人の立場によって様々に表される。例えば、失業を政治的な問題として表象する場合は政治ディスコースとなるが、それを経済に関する問題として表象する場合は、経済ディスコースとなる。スタイルは、社会的または個人的なアイデンティティを表す様々な方法で、身体的な行動とともに明らかにされるものであり、例えば、その話し方により、政治リーダーのスタイルとして認識される (Fairclough 2003: 26)。

このように、ジャンルとディスコースとスタイルを見ることで、私たちは、どのようなディスコースの実践がなされたのかを知ることができる[9]。

以下に分析の観点について述べる。

2.3. ディスコースの秩序の要素の分析
2.3.1. ディスコース群の分析

分析ではまず、テクストで選択されている語彙や語彙間の関係に焦点を当てて、テクストの中のディスコースを特定し、社会的コンテクストの中で世の中がどのように表象されるのかを考えていく。

次に、原発に関するディスコース群に焦点をあて、そこはどのような前提（assumptions）が含まれているかを分析する。そして、その広報テクストで暗示されている原発に関する当然視された主張、すなわち、イデオロギーを明らかにする。「権力関係は、所与のものとして広く受け取られている意味によって最大限機能するといえるため、前提とされる意味は、とくにイデオロギー的に重要である」と、Fairclough（2003）は主張しており（Fairclough 2003: 58）、本章においても、明示されていないがゆえに重大となる主張を、前提を分析することで見出していく[10]。

Fairclough（2003）は、前提を以下の3つのタイプに分けている。また、前提はテクストの言語的特性によって作り出される場合もあると述べ、その機能を持つ Levinson（1983）の「前提の引き金（presupposition-triggers）」の概念を援用している（Fairclough 2003: 55–56）。

①存在の前提（existential assumptions）

存在しているものに関する前提である。例えば、"The king of England was loved by his people."（そのイギリス王は国民から愛されていた）では、The king of England（そのイギリス王）が引き金になってイギリス王が存在したことが前提とされている。

②命題の前提（propositional assumptions）

事実であること、事実でありうること、あるいは事実であろうことに関する前提である。例えば、"I realized that managers have to be flexible."（私は、経営者は考え方が柔軟でなくてはならない、ということを理解した。）では、"realized"（「理解した」）が引き金となって、「経営者は考え方が柔軟でなくてはならない」ということが前提とされてい

る。

③価値の前提（value assumptions）

優良なもの、あるいは好ましいものに関する前提である。例えば、"A good training programme can help develop flexibility."（「よい訓練プログラムは考え方の柔軟性を伸ばすことを助ける。」）では、"help"（「助ける」）が引き金となって、考え方の柔軟性を伸ばすことは好ましいということを前提としている[11]。

そして、これら3つの前提は、特定のディスコースに属するものとして捉えることができると主張している（Fairclough 2003: 58）。

さらに、企業と顧客との関係性を見るために、「社会的行為者」[12]である企業と顧客がどのように表象されているかということについて分析する。ディスコースを特定する社会的出来事の要素には、プロセス・目的手段・時間・場所・人びとがあるとされ、人びと、すなわち、社会的行為者（Fairclough 2003: 133）は、テクストの文の主語や目的語になったり、状況を表す副詞句に含まれたり（例えば、She walked towards the teacher.（彼女はその教師の方に歩いて行った。））する。その表し方には、名詞か代名詞か（例えば、"the president"（「大統領」）か "he"（「彼」）かという選択もあれば、特定的か一般的かの場合もある（例えば、"the teachers"（「その教師たち」）か、一般に "teachers"（「教師たち」）か）。また、「作用的」に、すなわち、物事を行ったり、引き起こしたりする行為者として表象されるのか（例えば、"The manager promoted the project."（「課長はそのプロジェクトを推進した。」））、または、「被作用的」に、すなわち、起こった、または、これから起こる物事によって影響を受ける被行為者として表象されるのか（例えば "The manager was fired during the recession."（「不況時に課長は解雇された。」））という選択肢もあるとされている（Fairclough 2003: 145–146）。

2.3.2. ジャンルの分析

Fairclough (2003) は、テクストの中でジャンルが混合している場合があるとし、それにより生じる社会的実践の「混成性（hybridity）」に言及している

(Fairclough 2003: 34-35)。その分析例のひとつに、ある自治体が自分たちの町への投資を呼びかけた新聞広告を、「テクストの行為的意味と形式において」分析したものがある。紙面の構成や写真の使用、引用の仕方や記事の内容(どのような言語行為として書かれているのか)などのような観点を見ることにより、そこに、新聞記事ジャンル・企業広告ジャンル・旅行パンフレットジャンルの混合があることを明らかにしたものである。そして、新聞の特集記事の形式のもとで(新聞記事ジャンル)、市長たちの言葉の引用による町や住民の宣伝(企業広告ジャンル)と歴史や文化というテーマに沿った町の記述(旅行パンフレットジャンル)が行われていることを示した(Fairclough 2003: 34-35)。本章では、データにおけるジャンルの特定とジャンル混合の仕方、ジャンルを特定する行為的意味と形式について考察する。

さらに、本章では、「文と文・節と節の間の意味論的関係」(Fairclough 2003: 89)の分析を行う。その関係には種々のタイプがあり、どのタイプがテクストで使用されるのかは、ジャンルによるとされている(Fairclough 2003: 90-91)。

以下は Fairclough (2003) が挙げているタイプと例文である(Fairclough 2003: 89)。意味論的接続語は、英語ではイタリックで書かれており、日本語訳では傍点がつけられている。

①因果関係(理由、結果、目的)　例：We were late *because* the train was delayed.(列車が遅れたから遅刻した。)
②条件関係　例：*If* the train is delayed, we shall be late.(もし列車が遅れると、遅刻するだろう。)
③時間関係　例：We were worried *when* the train was delayed.(電車が遅れたとき気を揉んだ。)
④付加関係　例：What a day! The train was delayed, *and* the dog was sick.(何という日だ！ 列車は遅れるし、そして犬は病気になるし。)
⑤詳細化関係　例：The train was delayed—It was due at 7: 30 and arrived at 9: 00.(列車が遅れた—7時30分の予定だったが9時についた。)
⑥対照/譲歩関係　例：The train was delayed, *but* we were still in time.(電

車が遅れたが、それでも間に合った。)

　この分類を基とし、さらにコンテクストや前提を考慮すると、ジャンルの内容が一層明確になるとされる (Fairclough 2003: 89)。例えば、Fairclough (2003) では、妊産婦検診のパンフレットを分析し、そこに検診の過程を順次述べていく叙述のジャンルが見られること、そして、そのテクストの中で、節同士が "so that" などの連結語句で明示的に表示され、上記①の因果関係「目的」の意味論的関係をとっている例が特に多いことが指摘されている。それにより、それぞれの検診の必要性が明確に述べられ、検診の手順が合理的なものとして正当化されているという考察が行われている (Fairclough 2003: 98)。

3. 分析対象のデータ

　関西電力株式会社 (以後、関西電力とする) と東京電力株式会社 (以後、東京電力とする) のプレスリリースで会社のホームページに掲示されているものの中から、福島第一原発事故が起きた 2011 年および 2012 年に出された、電力需給状況と節電依頼に関するものを分析対象とした。東京電力は、福島第一原発を所有している組織であり、関西電力は、原子力発電依存率が 9 電力会社中もっとも高い[13]ということで、それぞれ、原子力発電および原発に関するイデオロギーをデータの中に読み取ることができるのではないかと考えて選んだ。各プレスリリースのタイトルは以下のとおりである。

　　［1］関西電力株式会社 (KEPCO) プレスリリース
　　　　1) 2011 年 6 月 10 日
　　　　「今夏の需給見通しと需給対策の状況について」
　　　　2) 2012 年 5 月 19 日
　　　　「今夏の需給見通しと節電のお願いについて」
　　［2］東京電力株式会社 (TEPCO) プレスリリース

1) 2011 年 4 月 8 日
「計画停電の原則不実施と今夏に向けた需給対策について」
2) 2012 年 5 月 18 日
「平成 24 年度夏期の需給見通しについて」

なお、分析において、データは(KEPCO 2011)のように、企業名の省略形とプレスリリースが出された年の情報で表示する。

4. ディスコース群とジャンルに関する分析と考察
4.1. ディスコース群[14]の分析

　分析において、まず、データの中にあるディスコースを明らかにした。「2. 批判的ディスコース分析の観点から」で示したように、ディスコースは、世の中を表象する方法である。社会のある事象をどのように捉えているかがそれぞれのディスコースとして示される。Fairclough (2003) はディスコースを決める方法は、どのような語彙を用いてどのような主要テーマが提示され、そのテーマのもとで提示されている観点は何かを明らかにすることであると述べている (Fairclough 2003: 129)。例えば、本章においては、KEPCO 2011 の第 1 段落目の、「十分な供給力を確保できず、電力需給は極めて厳しい状況となります」の部分は、「供給力」「電力需給」「厳しい状況となる」の語彙があり、テーマは電力の需要と供給のことで、その観点は、供給が需要に追いつかなくなるということであるので、「電力需給見通しディスコース」になると考えられる。

　本章の 4 つのデータを分析した結果、主なディスコースとしては、電力需給見通しディスコース、節電依頼ディスコース、停電回避ディスコース、原発停止ディスコース、原発再起動ディスコース、火力・水力発電対策ディスコースなどがあった。一例として以下に、関西電力の 2011 年のデータのディスコース群を、分析の概略とともに示す。丸括弧の中の数字 (例 (1)) は本章での通しのデータ番号であり、白丸の中の数字 (例 ①) はそれぞれのプレ

スリリースの中での段落の番号である。また、原子力発電または原発関係のディスコースと見られるデータの箇所に下線を付けている。以下同様。

（１）①当社はこれまで、東日本大震災を受けて様々な状況を想定し、今夏の需給の見通しについて検討してきましたが、<u>現在、定期検査中の原子力発電所が再起動できず、このまま停止が長引いた場合</u>、十分な供給力を確保できず、電力需給は極めて厳しい状況となります。

　第1段落では、電力の需要と供給に関して今後の状況の検討という観点が表され、原子力発電所の再起動についての悲観的な見方が示されている。それにより、電力の需要と供給についての予測の観点も危機感を伴って提示されている。
　電力需給見通しディスコース
　原発停止・再起動ディスコース
　電力需給見通しディスコース

（２）②当社は、こうした状況を踏まえ、供給力確保に向けて、火力発電所や水力発電所を最大限活用すべく検討を進めてきましたが、<u>当社の原子力発電所の停止による影響に加え、日本原子力発電・敦賀発電所２号機からの受電が受けられないこと等を考慮すると</u>、こうした対策を講じても、６月には予備率が６％台前半となり、さらに本格的な夏を迎える７月以降は、需要が供給力を大幅に上回る見通しとなります。

　第2段落は、最初に、火力発電所や水力発電所による電力供給対策の観点が述べられ、次に、原子力発電所について停止の観点から記述されている。その事情を踏まえて、電力の供給が需要を賄うことが困難と見られる見通しが提示されている。
　火力・水力発電対策ディスコース
　原発停止ディスコース

電力需給見通しディスコース

（3）③そのため、さらに、揚水発電所の高水位運用や火力発電所の出力向上といった追加対策の検討を進めていますが、これら対策を実施しても、依然厳しい需給状況となる見込みです。

　第3段落は、さらに火力発電や水力発電による供給対策の観点が示され、それに基づく需給見通しが表されている。
　　火力・水力発電対策ディスコース
　　電力需給見通しディスコース

（4）④当社は、定期検査中の原子力発電所の再起動に全力を尽くしておりますが、お客さまとの情報交換の中で、節電が必要であれば、早期にかつ具体的に示して欲しいという声も多く寄せられています。

　第4段落は、原子力発電所に関し、その再起動の観点が示され、さらに、節電については、依頼の観点が顧客の要望を含めて示されている。
　　原発再起動ディスコース
　　節電依頼ディスコース

（5）⑤こうした状況を踏まえ、いよいよ本格的な夏を目前にして、供給力不足による停電を回避するため、この度、やむを得ず、お客さまに節電のお願いをすることとしました。

　第5段落は、停電の回避の観点が示され、それを基として、節電について依頼の観点が表されている。
　　停電回避ディスコース
　　節電依頼ディスコース

（6）⑥具体的には、7月1日から9月22日の平日9時から20時までの間、すべてのお客さまに15％程度の節電をお願いすることとします。

　第6段落でも、節電について、依頼の観点が示されている。
　節電依頼ディスコース

（7）⑦お客さまには、ご不便とご迷惑をお掛けし、大変申し訳ございませんが、節電にご理解とご協力を賜りますよう、よろしくお願い申し上げます。

　第7段落では、節電に関して国民生活への配慮という観点を示しながら、節電依頼が表されている。
　国民生活配慮ディスコース
　節電依頼ディスコース

（8）⑧当社は本日、「電力需給非常対策本部」を設置し、今後、さらなる供給力確保の検討やお客さまへの節電のお願いの周知・徹底など、あらゆる対策を進めてまいります。そして、停電に至るような事態にならないよう、定期検査中の原子力発電所の再起動も含め、供給力の確保に向けて、最大限の努力を尽くしてまいります。

　第8段落では、電力供給と需要をどのように調整していくか、その対策についての観点が表されている。次に、停電に関して、それを防ぐことが示され、原子力発電所については再起動の観点が表され、電力供給について取り組みの表明が示されている。
　電力需給対策ディスコース
　停電回避ディスコース
　原発再起動ディスコース
　電力供給対策ディスコース

電力会社の広報にみる理念と関係性　27

　データの前半部には、電力需給見通しディスコースや電力供給対策ディスコースが見られ、その中で、電力供給についての厳しい見通しが、需要と供給のアンバランスな状況という形で表されている。そして、後半には、節電依頼ディスコースや停電回避ディスコースが現れ、節電が停電回避のための方策として述べられている。これらのディスコース群によってこのプレスリリースが構成されていることは、タイトルが「今夏の需給見通しと需給対策の状況について」であることからもまったく自然なことであり、テクストとしての一貫性が感じられる。

　さらに、このデータおよび、KEPCO 2012 のデータの中には、電力需給・対策ディスコース以外に、原発再起動ディスコースと原発停止ディスコースも含まれているのが分かった。このような原発に関するディスコース群が見られる箇所は、関西電力のデータでは、KEPCO 2011 で 4 か所、KEPCO 2012 では 2 か所であり、東京電力のデータでは、TEPCO 2011 の中の 1 か所であった。これらのディスコース群を分析した結果、「状況の厳しさ」と「再起動に向けた努力」を基とした、原発に関する肯定的な前提があることが分かった。

　以下に、その分析と考察を示す。

4.2. 原発停止・再起動ディスコースにおける前提の分析
4.2.1. 状況の厳しさにもとづく前提

　以下では、十分な電力供給が見込まれないという厳しい状況にもとづいた原発に関する前提を読み取ることができた。データはすべて、関西電力のプレスリリースである。

（9）①当社はこれまで、東日本大震災を受けて様々な状況を想定し、今夏の需給の見通しについて検討してきましたが、現在、定期検査中の原子力発電所が再起動できず、このまま停止が長引いた場合、十分な供給力を確保できず、電力需給は極めて厳しい状況となります。(KEPCO 2011)

下線部の「定期検査中の原子力発電所が再起動できず」において、「できず」が引き金となって、再起動という選択肢が存在しているという存在の前提が見られる。さらに、再起動できないと電力供給について良くない状況がもたらされるという示唆があることから、「再起動を望んでいる」という命題の前提も表されている。よくない状況については、「このまま停止が長引いた場合」において、「予想以上に時間が長くかかる」[15]という意味を表す「長引く」を用いて、好ましくない事態が起こる可能性が伝えられている。したがって、原発の再起動は選択可能な処置であり、好ましくない事態にならないよう、検討していくべきであるという主張が暗になされている。

(10) ②当社は、こうした状況を踏まえ、供給力確保に向けて、火力発電所や水力発電所を最大限活用すべく検討を進めてきましたが、当社の原子力発電所の停止による影響に加え、日本原子力発電・敦賀発電所2号機からの受電が受けられないこと等を考慮すると、こうした対策を講じても、6月には予備率が6％台前半となり、さらに本格的な夏を迎える7月以降は、需要が供給力を大幅に上回る見通しとなります。(KEPCO 2011)

　「当社の原子力発電所の停止による影響」という名詞化により、その影響が現在存在している、または、今後その影響がもたらされることが前提となっている。そして、「日本原子力発電・敦賀発電所2号機からの受電が受けられないこと等を考慮すると」では、「られる」という可能の助動詞の否定形によって、敦賀発電所2号機からの受電は本来得られるべきだという命題の前提が示されている。このように、関西電力の原発停止による影響と敦賀発電所2号機からの受電が当然視され、原発を重要だと考えているという主張がイデオロギーとして暗に伝えられている。

(11) ①当社はこれまで、この夏の供給力の確保に最大限の努力を尽くしてきましたが、大飯発電所3、4号機をはじめ、原子力プラントの再稼

動の見通しが依然として立っておらず、この夏は8月の需給ギャップがマイナス14.9％と大変厳しく、広域的な停電を回避できない可能性もあることから、国や自治体の皆さまとも検討を進めてきました結果、本日、お客さまに節電のお願いをさせていただくこととなりました。（KEPCO 2012）

　まず、「見通しが立つ」は、「希望通りに事が運べそうになるさま」[16]であることから、原発再稼働が望ましいものであるという命題の前提が見られる。そして、「依然として」（「相変わらず」「前と変わらず」の意味[17]）によって、現状に変化がないことを述べることで、その望ましい状態を待ち望んでいるという命題の前提を読み取ることができる。したがって、原発再稼働を望ましいものとして待ち望む企業の姿が暗に伝えられていると考えられる。

4.2.2. 再起動に向けた努力にもとづく前提

　以下では、原発ならびに他の種類の発電所の再起動に向けて努力をしているという事実にもとづいた原発に関する前提を読み取ることができた。

(12) ④当社は、定期検査中の原子力発電所の再起動に全力を尽くしておりますが、お客さまとの情報交換の中で、節電が必要であれば、早期にかつ具体的に示して欲しいという声も多く寄せられています。（KEPCO 2011）

(13) ⑧そして、停電に至るような事態にならないよう、定期検査中の原子力発電所の再起動も含め、供給力の確保に向けて、最大限の努力を尽くしてまいります。（KEPCO 2011）

(14) ⑦当社としましては、今後も引き続き、定期検査中の原子力発電所の再稼動に全力で取り組むとともに、火力発電所や水力発電所の可能な限りの活用や、前日・当日段階での他社からの応援融通の調達な

ど、追加供給力の確保に最大限努め、当社グループの総力を挙げて、電力の需給安定に向けた取組みに全力を尽くしてまいります。
（KEPCO 2012）

　これらのテクストでは、(12)「全力を尽くし」、(13)「最大限の努力を尽くし」、(14)「全力で取り組む」のそれぞれが引き金となって、原子力発電所の再起動・再稼働が社会において望ましいと考えられているものであるという価値の前提が示されている。すなわち、原発による電力供給は必要であり、それは、社会で当然視され共有された考えであるということを暗に伝えているのである。
　このように、関西電力のテクストにおいては、電力不足の状況を回避するために、原発の検査を終えて再稼働することが望ましいという主張が前提で伝えられていることが分かった。
　一方、東京電力のテクストでは、そのような箇所は見られず、以下のように、原発に特化しない書き方で、発電所の再稼働について述べられていた。

(15) ②当社は、<u>東北地方太平洋沖地震により原子力発電所、火力発電所の多くが被害を受け停止したことから、現在、供給力の復旧・確保に全力で取り組んでおりますが</u>、お客さま各位の節電へのご関心、ご協力が広範囲にわたって浸透してきた結果、需給バランスは著しく改善を見せております。
　　（中略）
　　⑨(1)[18] 供給面の対策
　　　以下のような供給力の更なる増強に向けて、最大限努めてまいります。
　　　・共同火力を含む火力発電所のさらなる復旧・立ち上げ
　　　・ガスタービン等の緊急設置電源の新設
　　　・自家用発電設備の活用
　　　・揚水発電の活用　など

⑩(2)需要面の対策
　現時点では、上記の供給力確保策を全て実施しても、なお需給バランスが確保できない見通しのため、大変申し訳ございませんが、お客さまにおかれましては、夏期における節電対策へのご協力をお願いいたします。(TEPCO 2011)

　ここでは、「全力で取り組んで」が引き金となって、「供給力の復旧・確保」が望ましいものであるという価値が伝えられているが、それを行う原因となったのが「原子力発電所、火力発電所の多くが被害を受け停止したこと」である。したがって、それらの発電所が電力供給上いかに重要であったかという主張は伝えられているといえる。ただし、「供給力の復旧・確保」は、原発の再起動に向けた努力を進めることを示唆してはいない。なぜなら、同じテクストの下方で、「(1)供給面の対策」として挙げられている中に、原子力発電は入っていないからである。そして、その直後にある「(2)需要面の対策」の中で、企業は可能なサービスを試みるも状況が厳しく困難であることを伝え(「現時点では、上記の供給力確保策を全て実施しても、なお需給バランスが確保できない見通しのため」)、節電の依頼ディスコースに移っている(「大変申し訳ございませんが、お客さまにおかれましては、夏期における節電対策へのご協力をお願いいたします」)。
　このように、原子力発電所再起動についての肯定的な主張は見られない。ただし、計画停電は回避できたものの節電依頼は避けられない事態であるという主張は、上記のように、「節電の依頼ディスコース」への移行がすぐになされていることにおいて見ることができる。そして、その主張の背景として、「原子力発電所、火力発電所の多くが被害を受け停止したこと」を、このように、テクストの第2段落で述べていることは、原子力発電所の被害が節電要請の要因になるほどの重要性をもつものであることを明示している。
　なお、原子力発電所の再起動が必要だという主張は、TEPCO 2012のテクストにおいてもなされていない。

(16)⑦当社といたしましては、電力設備の確実な運転・保守を含めた供給力の確保を着実に進めるとともに、需給調整契約の拡大等へも取り組み、安定供給の確保に需給両面で全力を尽くしてまいります。(TEPCO2012)

　TEPCO 2012 のテクストで、発電所についての言及が唯一なされているのが、この第7段落である。ここでの「電力設備」には、一般的には、原子力発電所、火力発電所、水力発電所等が含まれる可能性があるが、この時期には、全国の原子力発電所は停止されており、実際、このテクストにつけられた参考資料「今夏の電力需給について」の中の「供給力の内訳」を見ると、「原子力」の欄は 2012 年 7 月、8 月ともに 0 万 kw で、供給は「火力、水力、太陽光」等で賄われる予定であることが示されていた。したがって、TEPCO 2012 のテクストにおいては、原発再起動のみならず、電力供給に関する原子力発電所への言及は明示的にも暗示的にもなされていないことが分かった。

4.3. 社会的行為者の分析
　この章では、電力会社と顧客が、社会的行為者として、それぞれのディスコース群のなかでどのように表象されているのかについて、語彙や前提をもとに分析を行う。(破線部は社会的行為者の表象について分析で言及している箇所を示す。)

4.3.1. 電力会社の分析
　電力会社は、本章のすべてのデータを通して「作用的」に表象されているが、以下のように3種類に分けることができた。

(17)②当社は、こうした状況を踏まえ、供給力確保に向けて、火力発電所や水力発電所を最大限活用すべく検討を進めてきましたが、当社の原子力発電所の停止による影響に加え、日本原子力発電・敦賀発電

所2号機からの受電が受けられないこと等を考慮すると、こうした対策を講じても、6月には予備率が6％台前半となり、さらに本格的な夏を迎える7月以降は、需要が供給力を大幅に上回る見通しとなります。(KEPCO 2011)

「当社は、こうした状況を踏まえ、供給力確保に向けて、火力発電所や水力発電所を最大限活用すべく検討を進めてきましたが」において、関西電力はサービス提供の具体的な方法を検討している社会的行為者として表象されている。すなわち、「供給力確保に向けて」では、企業が顧客のニーズに応えるために電力供給を確実にすることは当然であるという命題の前提があり、これまでも火力発電所や水力発電所による電力供給を行ってきたという前提のもと、「火力発電所や水力発電所を最大限活用すべく」の「最大限」という表現によってサービス提供のためにこの方策を今まで以上に強化するということが伝えられている。電力会社は、電力確保の推進において、企業の義務を果たす意思と能力をもって顧客のために尽力する企業として表象されている。

(18) ⑧当社は本日、「電力需給非常対策本部」を設置し、今後、さらなる供給力確保の検討やお客さまへの節電のお願いの周知・徹底など、あらゆる対策を進めてまいります。そして、停電に至るような事態にならないよう、定期検査中の原子力発電所の再起動も含め、供給力の確保に向けて、最大限の努力を尽くしてまいります。
　　今後、さらなる供給力確保の検討やお客さまへの節電のお願いの周知・徹底など、あらゆる対策を進めてまいります。(KEPCO 2011)

このデータでも、(17)と同様、電力会社は、「さらなる供給力確保の検討やお客さまへの節電のお願いの周知・徹底など」を行うということであり、「サービス提供者としての企業の義務を果たす社会的行為者」として表象されている。さらに、破線部「停電に至るような事態にならないよう」におい

ては、「停電の事態を回避するという公共の利益を推進する社会的行為者」として表象されている。

(19) ①当社はこれまで、この夏の供給力の確保に最大限の努力を尽くしてきましたが、大飯発電所3、4号機をはじめ、原子力プラントの再稼動の見通しが依然として立っておらず、この夏は8月の需給ギャップがマイナス14.9％と大変厳しく、広域的な停電を回避できない可能性もあることから、国や自治体の皆さまとも検討を進めてきました結果、本日、お客さまに節電のお願いをさせていただくこととなりました。(KEPCO 2012)

　この破線部において、企業は、社会問題として深刻な広域的停電に対処する社会的行為者として表象されている。「国や自治体」という社会的行為者とともに、自身の管轄外の可能性もある広い範囲に及ぶ停電問題を検討しているということにおいて、一企業がサービスを行っているというより、公的な社会的行為者とともに公的問題への対処を講じている社会的行為者として表象されている。

　以上のように、電力会社に関して、顧客へのサービス提供と公共の利益のために電力確保へと向けて行動を起こしている社会的行為者の表象が見られた。電力供給についての見通しが暗い状況において、このように利他的に物事を進める行為者として表されることで、頼れる存在としての企業像が作られているのではないかと考える。

4.3.2. 顧客の分析

　顧客は、作用的に表象されている場合と被作用的に表象されている場合があった。前者は、関西電力のデータにのみ見られた。以下、それぞれ考察を行う。

(20) ⑤こうした状況を踏まえ、いよいよ本格的な夏を目前にして、供給力不足による停電を回避するため、この度、やむを得ず、お客さまに節電のお願いをすることとしました。
⑥具体的には、7月1日から9月22日の平日9時から20時までの間、すべてのお客さまに15％程度の節電をお願いすることとします。
⑦<u>お客さまには、ご不便とご迷惑をお掛けし、大変申し訳ございませんが</u>、節電にご理解とご協力を賜りますよう、よろしくお願い申し上げます。(KEPCO 2011)

　このデータでは、全体として節電依頼ディスコースとなっており、顧客は、節電の依頼の受け手である。なお、「お客さまには、ご不便とご迷惑をお掛けし、大変申し訳ございませんが」という箇所は「国民生活配慮ディスコース」であるが、そこでも顧客は影響を受ける立場となっている。このように、顧客は、これから起こる物事に影響を受ける被作用的な社会的行為者となっている。

(21) ④当社は、定期検査中の原子力発電所の再起動に全力を尽くしておりますが、<u>お客さまとの情報交換の中で、節電が必要であれば、早期にかつ具体的に示して欲しいという声も多く寄せられています。</u>
（KEPCO 2011）

　ここでは、節電依頼ディスコースにおいて、企業も顧客も対等に、物事を行う行為者として表象されている。節電に関して、企業からの要求を一方的に受けるのではなく、企業とともに節電について考え実践していく立場を顧客が取ろうとしていることを示している。すなわち、電力を使用する消費者だけでなく、エネルギー問題について企業と共に考える企画者のような立場を顧客がとっている。特に、「<u>早期にかつ具体的に示して欲しい</u>」というところには、早く具体的な情報があれば物事に対する準備ができるという命題の前提が見られ、自分たちにとって好ましい事態ではないからこそ、積極的

に行動している作用的な社会的行為者として表象されている。

(22) ④この夏については、15％以上の節電をお願いしていますが、これは比較の対象が一昨年の夏ですので、昨年、ご協力を賜りました節電の取組みやその結果を参考にしていただき、この夏の節電にご協力を賜りたいと考えています。（KEPCO 2012）

　このデータでは、破線部「昨年、ご協力を賜りました節電の取組みやその結果を参考にしていただき」において、顧客が実際に行った行為で彼らを、物事を行ったり起こしたりする作用的な行為者として表象し、さらになお、行動を促している。顧客にとっては、前年の取り組みや結果を参考にするということで、負担感が和らげられ、自律的に行動できる一方で、具体的な注文を受けることにもなる。このように、顧客を、自ら行動するとともに、企業とともに問題に対処する協力者のような立場に立たせていると言える。
　以上のように、顧客については、これから起こる物事に影響を受けるだけでなく、自ら行動して物事に対処しようとする社会的行為者の表象が見られた。

4.4. ジャンルの混合
　最後に、ジャンルについて、その混合という観点から考察を行う。
　上述したように、ジャンルは、どのような言語的行為かということを表すもので、その点において区別される。
　本章のデータは、社会的にはプレスリリースのジャンルであるとされているものである[19]。そこには、メディア発表された年月日、企業名、太字で書かれた発表タイトル、段落分けされた本文、添付資料という、共通の言語的様式を見ることができ、行為的意味としては、「報告」が中心であることが分かった。ただし、特に顧客を直接の対象とした「依頼」や「謝罪」や「お礼」の行為的意味が伝えられている箇所もあり、これらの行為は、新聞紙上やテレビなどでも見られる、商品販売促進とは別のタイプの企業広告ジャン

ル(例えば、リコールのお詫びと商品回収のお願いなど)であり、それらがプレスリリースジャンルに混じっていることが分かった。この「企業広告ジャンル」は本章のすべてのデータで見ることができたが、以下では、テクスト全体に占めるそのジャンルの割合が最も少ない KEPCO 2011 のデータにおいて[20]、その混合の仕方を分析し、そのわずかな「企業広告ジャンル」がどのように提示されているのかを考察する。

　KEPCO 2011 の「企業広告ジャンル」は、そのテクストの第 7 段落に見られる。

(23) ⑦お客さまには、ご不便とご迷惑をお掛けし、大変申し訳ございませんが、節電にご理解とご協力を賜りますよう、よろしくお願い申し上げます。

　お客に関する名詞は、二重下線で示したように、「ご不便」「ご迷惑」「ご理解」「ご協力」という尊敬語が使用されていることから、ここではお客を直接的な受け手として、企業がメッセージを書いていることが分かる。「大変申し訳ございません」「よろしくお願い申し上げます」と、謝罪と依頼の行為の言葉も直接的にお客に向けられているものとなっており、これらの行為は、企業広告として捉えることができる。
　この企業広告ジャンルの前後では、プレスリリースジャンルとして、電力供給についての企業の対応の報告と需給状況についての報告がなされている。その報告行為について、「2. 批判的ディスコース分析の観点から」で述べた Fairclough (2003) の「文と文および節と節の間の意味論的関係」の概念を援用して分析し、企業広告ジャンルとの混合について考えていく。
　まず、第 1 段落と第 2 段落では、企業の対応の報告と需給状況についての報告の行為は、ある出来事についてそれを具体化させる「詳細化」と、ある出来事にさらに別の出来事をつけ加えていく「付加」の意味論的関係を中心にして述べられていた[21]。(□の中はその前後の節または文についての意味論的関係のタイプを示し、波線部は分析で言及している箇所を示す。)

(24)①当社はこれまで、東日本大震災を受けて様々な状況を想定し、[詳細化]今夏の需給の見通しについて検討してきましたが、現在、定期検査中の原子力発電所が再起動できず、[詳細化]このまま停止が長引いた場合、十分な供給力を確保できず、電力需給は極めて厳しい状況となります。

(25)②当社は、こうした状況を踏まえ、供給力確保に向けて、火力発電所や水力発電所を最大限活用すべく検討を進めてきましたが、当社の原子力発電所の停止による影響に加え、[付加]日本原子力発電・敦賀発電所2号機からの受電が受けられないこと等を考慮すると、こうした対策を講じても、6月には予備率が6%台前半となり、[付加]さらに本格的な夏を迎える7月以降は、需要が供給力を大幅に上回る見通しとなります。

　第1段落では、対応について、「震災を受けて様々な状況の想定」をしていることが述べられ、それは、「夏の需給見通しの検討」を行っていることだとして、前の節を具体的に説明している。さらに、電力供給については、「現在、原発の再起動ができない」と述べ、それは現実的に何を意味するのかというと、「停止が長引くと十分な供給力確保できな」くなることであるとして、内容を深めている。このように第1段落では、対応と状況について、明確な説明がなされていると考えられる。
　第2段落では、需給状況が厳しい理由として、「当社の原子力発電所の停止」に「日本原子力発電・敦賀発電所2号機からの受電不可等」が付け加えられている。さらに、電力需給状況の見通しとして、「6月の予備率が6%台前半」に対し、さらに、「7月以降は、需要が供給力を大幅に上回る見通し」が付加されている。
　すなわち、企業の対応が様々になされている一方で、電力供給が厳しいこともいろいろな理由から述べられており、今後の見通しの暗さも情報の付加による報告で深刻度を増している。

(26)③そのため、さらに、揚水発電所の高水位運用や火力発電所の出力向上といった追加対策の検討を進めていますが|対照／譲歩|、これら対策を実施しても、依然厳しい需給状況となる見込みです。

　第3段落では、「揚水発電所の高水位運用や火力発電所の出力向上」という企業の対応の報告があるが、状況が依然として厳しいことを譲歩で示し、電力供給の見込みが難しい状況であることを表している。

(27)④当社は、定期検査中の原子力発電所の再起動に全力を尽くしておりますが|付加|、お客さまとの情報交換の中で、節電が必要であれば、早期にかつ具体的に示して欲しいという声も多く寄せられています。

　第4段落では、原発再起動に関する企業の対応についての報告行為があり(「原発再起動に全力を尽くしている」)、さらに、条件のレベルではあるものの、節電についての理解が顧客から得られている(「節電が必要であれば、早期にかつ具体的に示して欲しい」)ということが、電力供給対応の報告としてつけ加えられている。

(28)⑤こうした状況を踏まえ、いよいよ本格的な夏を目前にして、供給力不足による停電を回避するため|目的|、この度、やむを得ず、お客さまに節電のお願いをすることとしました。
(29)⑥具体的には、7月1日から9月22日の平日9時から20時までの間|時間|、すべてのお客さまに15％程度の節電をお願いすることとします。

　第5段落と第6段落では、顧客への依頼についての報告という行為が見られる。顧客への直接のお願いではなく、「〜することとしました(します)」という形式において、お願いをする予定であることをメディアで報告しているのである。その報告に関して、第5段落では、節電の目的が伝えられ(「供

給力不足による停電を回避するため」)、第6段落では、時間が示され、(「具体的には、7月1日から9月22日の平日9時から20時までの間」)、目的と時間を明確にして節電の内容を伝えている。そして、第7段落の企業広告ジャンルにおける「節電にご理解とご協力を賜りますよう、よろしくお願い申し上げます」という直接の依頼へと続くのである

(30) ⑧当社は本日、「電力需給非常対策本部」を設置し、詳細化今後、さらなる供給力確保の検討やお客さまへの節電のお願いの周知・徹底など、あらゆる対策を進めてまいります。付加そして、停電に至るような事態にならないよう、定期検査中の原子力発電所の再起動も含め、供給力の確保に向けて、最大限の努力を尽くしてまいります。

　第8段落においては、電力供給についての企業の今後の対応について、「『電力需給非常対策本部』を設置」すると報告し、それは、具体的には、「さらなる供給力確保の検討やお客さまへの節電のお願いの周知・徹底など、あらゆる対策を進め」ることであるとしている。そして、「供給力確保のための最大限の努力を尽く」すことを付け加えている。

　このように、このデータでは、プレスリリースジャンルにおいて、第1段落から第4段落まで、電力供給についての対応と需給状況についての報告の節や文が、「詳細化」と「付加」の意味関係によって積み上げられており、それによって、企業の努力と状況の困難さが強調されている。このようなコンテクストの中、第5段落と第6段落で、顧客への依頼をこれから行うという報告をし、そのあと、第7段落の企業広告ジャンルで直接の依頼がなされることは、お客に対する説得性という点で効果的であると考えられる。そして、第8段落でプレスリリースジャンルに戻って、電力供給についての企業の今後の対応についての報告を、さらに「詳細化」と「付加」によって強化しながら列挙することで、企業が今後も責任ある態度で重大な事態に臨むことが、ステークホルダーに伝えられている。

　さらに、この節電依頼の説得性は、「正当化」の観点からも考えることが

できる。Fairclough (2003) は、「いかなる社会秩序もものごとのあり方やものごとのなされ方に対する説明と弁明の正当性が広く認められること (すなわち正当化) を必要とする」(Fairclough 2003: 219) として、Van Leeuwen による4種類の正当化ストラテジー、1) 権威化 (authorization) 2) 倫理的評価 (moral evaluation) 3) 合理化 (rationalization) 4) 神話作成 (mythopoesis) を援用している (Fairclough 2004: 98)[22]。これらは、権威や価値や有用性があるということを述べたり、正当な行為には報酬があるという語りをすることで正当化を主張する方法である。この節電依頼においては、この中の「合理化」(rationalization)」ストラテジー[23]、が用いられている。すなわち、「社会が構築してきた知識を参照することによる正当化」であり、その知識は、本データでは、原発による電力供給の知識や夏の電力需給の見通しと電力不足に関する知識などである。これらの知識が、文や節のつながりにより、追加され、具体的化されることによって、節電という目的とその有用性に対して妥当性が与えられることとなり、依頼の説得性が生み出されると考えられる。

5. まとめ

　本章は、原発事故のために電力供給不足の危機が起こったその時期に生産されたテクスト、すなわち、その時期の社会的出来事の一片を分析したものである。原発事故の恐ろしさを経験した我々は、続いて、計画停電の可能性を知らされ、一定目標を掲げた節電の依頼を受けることになった。では実際、その依頼はどのようになされたのであろうか。その依頼をスムーズに遂行するために、電力会社はどのような社会的実践を行ったのであろうか。本章では、それを明らかにするため、その社会的実践を担っているディスコースの秩序の要因のディスコース群とジャンルに焦点を当てた。
　分析の結果、電力需給のディスコースや供給対策のディスコースにおいて、電力供給の見通しが厳しいことを、需給の状況がアンバランスであるという形で表象していることが分かった。節電依頼のディスコースや停電回避のディスコースでは、節電を、停電回避のための方策として述べていた。そ

して、原発に関するディスコース群がテクストに含まれていることにより、電力需給の見通しやその対策について述べる際に、原発再起動の観点をいかに重要視しているかということが分かった。さらに、これらの原発のディスコース群の前提として、原発の再起動は選択可能な処置であるということ、それが不可能となった場合に電力供給への影響がもたらされることが伝えられていた。すなわち、必要な電力需要を賄うのは困難で、節電しなければ停電の危険性もある現状において、原発による電力供給は必要であるというイデオロギーが暗に伝えられていると考えられる。

　社会的行為者については、顧客はサービスの受益者であるとともに依頼の受け手として、そして、企業とともに公的活動を実践する立場に立つ人々として表象されていた。電力会社は、電力供給確保という企業としての義務を果たすだけでなく、停電を防いで顧客の経済活動や日常生活を守るという公的な観点での実践も行っているとの表象が見られた。

　ジャンルに関しては、プレスリリースジャンルと企業広告ジャンルとの混合が見られた。そして、企業広告ジャンルでなされた節電の依頼の説得性が、プレスリリースジャンルの中での文と文・節と節の間の意味関係と正当性の観点から明らかになった。

　企業は、企業の責任において、そして、公共の利益に資するために、電力需給の状況に苦慮し、節電を依頼した。その依頼は、顧客に対する一方的な指示ではなく、顧客の負担を気遣い、自律的な節電行為ができる配慮を示したものであった。そして、顧客とのバランスのとれた関係性をこのように保ちながら、企業は、電力供給不足の状況において原発の重要性を主張しているということが、前提や表象において読み取ることができた。すなわち、どうしても原発を推進したいという企業の思いは、文面に現れなくとも、テクストの生成に織り込まれているのである。

　企業の主張や顧客への依頼がどのように自然で説得力あるものとして伝えられていったのか、その一端が明らかになった。本章で考察したのは、企業の理念や関係性についての暗示的メッセージである。ことばによる情報として提示されるものでないため、解釈されなければ気づかない場合もあるかも

しれないし、ことばとともに何となく受け入れて納得してしまうこともあるかもしれない。しかし、できるならば、すぐに納得することなく、これらのプレスリリースにおいて提示されたことばがどのような社会状況を背景にしたものであるのか、だれがどのような立場で発したものなのかを考えることが重要だと思われる。さらに、原発再稼動の観点はどこまで必要なのか、そもそも必要なのか、節電の依頼は、結局は受け入れやすい形での指示行為となっているのではないか、などについて問うことも必要であろう。このような問いを発することで、私たちは、企業によるディスコースの実践を検証することができるのである。

＊本章は、2014年7月11日のシドニー日本語教育国際研究大会における、パネル「日本研究と読解教育との橋渡し―社会的なテクストの潜在的可能性―」での、「電力会社の節電依頼テクストにおける表象の分析」の発表をもとにしたものであり、また拙稿 Strategic ambiguity in the messages: A pragmatic analysis of press releases on power cuts (『言語文化学研究（言語情報学編）』) 9，大阪府立大学人間社会学部言語文化学科 1–14) を大幅に加筆修正したものである。

注
1 プレスリリースとは「官庁・企業・団体などが広報のために、報道関係者に向けてする発表。また、そのために配布する印刷物」(『大辞林　第三版』2006、三省堂) で、本研究では、企業のホームページに掲載されているメディア発表後のプレスリリースを分析データとしている。
2 猪狩 (2007) は、ステークホルダーを「企業と何らかの関係を持つ人々」であるとし、そこに含まれるのは主に、「株主・投資家、従業員、顧客・消費者、サプライヤー（取引先）、地域社会の市民、大学その他教育機関、官公庁・行政機関等、マスメディア、NPO・NGO」であるとしている (猪狩 2007: 78–85)。
3 Fairclough (2001b) は、この現象について、「一貫性 (coherence)」という用語を用い、我々はテクストを、語用論的知識や社会とのつながりから意味づけしていると説明する。そして、それは、何らかのイデオロギーにもとづいた支配的な読みであると言っている (Fairclough 2001b: 65–71, 117–120)。

4　Fairclough (2003) は、テクストという用語は、新聞記事やテレビ番組、会話など、言語使用の実例のすべてを指すとしている (Fairclough 2003: 3)。

5　Fairclough (2003) の和訳はその翻訳本であるフェアクラフ (2012) にもとづいている。ただし、他の書籍や論文の和訳は、断りのない限り筆者によるものとする。

6　「ディスコースの実践」については Fairclough (2003) ではその用語を使っていないため、Fairclough (1992) をもとに筆者が補足した。

7　注6で述べているように、本章では、「ディスコースの実践」についての補足をしているため、「ディスコースの秩序」に関するこの説明についても、Fairclough (2003) の文言をそのまま引用しているわけではない。

8　本章では、genre と style に関して、単数の場合も複数の場合も、日本語は、それぞれ「ジャンル」、「スタイル」としている。ただし、discourse については、単数の場合は、「ディスコース」、複数の場合は、フェアクラフ (2012) に倣って「ディスコース群」としている。これは、「言語使用」を表す抽象名詞の「ディスコース」と、できる限り区別するためである。

9　本章では、ディスコース群とジャンルに関しての分析を行った。スタイルに関しては、Fairclough が述べているような、それを特徴づける言語的特徴 (Fairclough 2003: 162) が、データには見られなかったため、分析の観点には入れなかった。

10　本章の前提の分析においては、Fairclough (2003) で引用されている Levinson (1983) と Verschueren (1999) の枠組みも援用している。

11　①の例は筆者によるもので、②と③の例は Fairclough (2003: 55) で提示されているものを使用した。

12　本章では、「社会的行為者 (social actor)」という用語は、Fairclough (2003) における使用と同様に用いており、それは、人の「社会的地位や役割」に言及したものである (Touraine 2000: 902)。なお、柳田 (2013) は、Fairclough (2003) の概念を用いた分析において、「『社会的行為者』はあらゆる行為の主体を指しており、より広範な意味で用いている。」として、Halliday の用いる「行為者 (actor)」と区別している (柳田 2013: 36)。本章でも同様にこの用語を扱っている。

13　2014年5月1日 01: 48 (JST) の以下のロイターのオンライン記事にもとづく情報である。
　　<http://jp.reuters.com/article/topNews/idJPKBN0DG1KR20140430>

14　注8で書いたように、「複数のディスコース (discourse)」の意味の場合には、ディスコース群という用語を用いている。ここでも、複数のディスコースを明らかにしたという意味において、ディスコース群を用いている。以下同様である。

15　『大辞林　第三版』2006、三省堂

16　Weblio 類語辞典
　　<http://thesaurus.weblio.jp/content/%E8%A6%8B%E9%80%9A%E3%81%97%E3%8

1%8C%E7%AB%8B%E3%81%A4> 2014.9.9
17 Weblio 辞書
<http://www.weblio.jp/content/%E4%BE%9D%E7%84%B6%E3%81%A8%E3%81%97%E3%81%A6#JTNHJ> 2014.9.9
18 このデータにおける (1) (2) の番号は、プレスリリースのデータにもともと含まれている番号である。
19 Fairclough (2003) は、ジャンルを、その抽象度のレベルの高い順に、「前ジャンル (pre-genre)」、「脱埋め込みジャンル (disembedded genre)」、「状況ジャンル (situated genre)」に分けているが (Fairclough 2003: 68–69)、本章の分析で区別したジャンルは、「特定の社会的実践のネットワークに特有のジャンル」である「状況ジャンル」を意味する。
20 顧客を直接の対象とした「依頼」や「謝罪」や「お礼」の行為的意味が伝えられている箇所の文字数での比較による。
21 Fairclough (2003) は、節と節が「詳細化」の関係である場合は、節の順序を入れ替えることができないが、「付加」の場合は、入れ替えが可能であるとし、本章でも、それをタイプ特定の目安のひとつにしている (Fairclough 2003: 90–91)。
22 Fairclough (2003) で引用されているこの 4 つのストラテジーに関する Van Leeuwen の文献は、出版年が不明とされていて入手困難であったため、本章で使用する概念とそれらの定義は、同じ枠組みを提示している Van Leeuwen (2007) からの引用としている。
23 合理化のストラテジーは Van Leeuwen (2007) によって、「制度的な社会行為のゴールや有用性およびそれらの行為に認識的妥当性を付与するために社会が構築してきた知識を参照することによる正当化」と定義づけられている。

参考文献
猪狩誠也編著 (2007)『広報・パブリックリレーションズ入門』宣伝会議
境忠宏 (1995)「企業価値の創造と企業文化の革新―企業文化の深層構造にアプローチする」梅澤正・上野征洋 (編著)『企業文化論を学ぶ人のために』世界思想社 188–207
柳田亮吾 (2013)「メディア・リテラシー向上にむけての批判的談話分析 (1) ―尖閣諸島領土問題に関する新聞コラムの分析をもとに―」『大手前大学 CELL 教育論集』第 4 号 25–38
Fairclough, Norman. (1985) Critical and Descriptive Goals in Discourse Analysis. *Journal of Pragmatics*. vol. 9: 739–763.
Fairclough, Norman. (1992) *Discourse and Social Change*. Cambridge. Polity Press.
Fairclough, Norman. (1995) *Media Discourse*. London: Edward Arnold.

Fairclough, Norman. (2001a) The Dialectics of Discourse. *Textus*. vol. 14: 231–242.
Fairclough, Norman. (2001b) *Language and Power (second eidition)*. London: Longman.
Fairclough, Norman. (2003) *Analysing Discourse: Textual Analysis for Social Research*. London: Routledge.（ノーマン・フェアクラフ著　日本メディア英語学会メディア英語談話分析研究分科会訳（2012）『ディスコースを分析する―社会研究のためのテクスト分析―』くろしお出版）
Fairclough, N. Jessop, R. and Sayer, A. (2002) Critical realism and semiosis. *Journal of Critical Realism* 5(1) 2–10.
Levinson, Stephen. (1983) *Pragmatics*. Cambridge University Press.（スティーヴン・レヴィンソン著　安井稔・黒田夏子訳（1990）『英語語用論』研究社出版）
Takagi, Sachiko. (2014) Strategic ambiguity in the messages: A pragmatic analysis of press releases on power cuts. 『言語文化学研究（言語情報学編）』第 9 号：1–14, 大阪府立大学人間社会学部言語文化学科.
Touraine, Alain. (2000) A Method for Studying Social Actors. *Journal of World-Systems Research* VI, 3, Fall/Winter, 900–918.
Van Leeuwen, Theo. (2007) Legitimation in discourse and communication. *Discourse & Communication* 1: 91–112.
Verschueren, Jef. (1999) *Understanding Pragmatics*. London: Arnold.（ジェフ・ヴァーシューレン著　東森勲監訳（2010）『認知と社会の語用論―統合的アプローチを求めて―』ひつじ書房）

データ

　現在では、これらはインターネット上で読むことができないことと、前後の文章も含めて読む必要があることから、全文を引用として掲載する。

［1］関西電力株式会社（KEPCO）プレスリリース
　1) 2011 年 6 月 10 日
　　「今夏の需給見通しと需給対策の状況について」
　　<http://www.kepco.co.jp/corporate/pr/2011/0610–1j.html> 2012.7.24
　　　当社はこれまで、東日本大震災を受けて様々な状況を想定し、今夏の需給の見通しについて検討してきましたが、現在、定期検査中の原子力発電所が再起動できず、このまま停止が長引いた場合、十分な供給力を確保できず、電力需給は極めて厳しい状況となります。
　　　当社は、こうした状況を踏まえ、供給力確保に向けて、火力発電所や水力発電所を最大限活用すべく検討を進めてきましたが、当社の原子力発電所の停止による影響に加え、日本原子力発電・敦賀発電所 2 号機からの受電が受けられ

ないこと等を考慮すると、こうした対策を講じても、6月には予備率が6％台前半となり、さらに本格的な夏を迎える7月以降は、需要が供給力を大幅に上回る見通しとなります。

　そのため、さらに、揚水発電所の高水位運用や火力発電所の出力向上といった追加対策の検討を進めていますが、これら対策を実施しても、依然厳しい需給状況となる見込みです。

　当社は、定期検査中の原子力発電所の再起動に全力を尽くしておりますが、お客さまとの情報交換の中で、節電が必要であれば、早期にかつ具体的に示して欲しいという声も多く寄せられています。

　こうした状況を踏まえ、いよいよ本格的な夏を目前にして、供給力不足による停電を回避するため、この度、やむを得ず、お客さまに節電のお願いをすることとしました。

　具体的には、7月1日から9月22日の平日9時から20時までの間、すべてのお客さまに15％程度の節電をお願いすることとします。

　お客さまには、ご不便とご迷惑をお掛けし、大変申し訳ございませんが、節電にご理解とご協力を賜りますよう、よろしくお願い申し上げます。

　当社は本日、「電力需給非常対策本部」を設置し、今後、さらなる供給力確保の検討やお客さまへの節電のお願いの周知・徹底など、あらゆる対策を進めてまいります。そして、停電に至るような事態にならないよう、定期検査中の原子力発電所の再起動も含め、供給力の確保に向けて、最大限の努力を尽くしてまいります。

2）2012年5月19日
「今夏の需給見通しと節電のお願いについて」
<http://www.kepco.co.jp/pressre/2012/0519-1j.html> 2012.7.24

　当社はこれまで、この夏の供給力の確保に最大限の努力を尽くしてきましたが、大飯発電所3、4号機をはじめ、原子力プラントの再稼動の見通しが依然として立っておらず、この夏は8月の需給ギャップがマイナス14.9％と大変厳しく、広域的な停電を回避できない可能性もあることから、国や自治体の皆さまとも検討を進めてきました結果、本日、お客さまに節電のお願いをさせていただくこととなりました。

　具体的には、全てのお客さまに対して、お盆を除く7月2日から9月7日までの平日9時から20時の間、一昨年の夏と比較して15％以上の節電へのご協力をお願い申し上げます。

　お客さまには、再三にわたり、大変ご不便とご迷惑をお掛けすることとなり、誠に申し訳ございませんが、この夏の節電にご理解とご協力を賜りますよう、よろしくお願い申し上げます。また、中部電力、北陸電力、中国電力の管内のお客さまにも、関西の需給安定に向けて、節電にご協力を賜ることとなり、

誠に申し訳ございませんが、この夏の節電に格別のご協力を賜りますよう、よろしくお願い申し上げます。
　この夏については、15％以上の節電をお願いしていますが、これは比較の対象が一昨年の夏ですので、昨年、ご協力を賜りました節電の取組みやその結果を参考にしていただき、この夏の節電にご協力を賜りたいと考えています。ご家庭のお客さまをはじめ、全てのお客さまに、特に気温が高くなる13時から16時の間、重点的な節電をお願い申し上げますとともに、でんき予報等をご活用いただき、時期や時間帯ごとの需給ギャップの状況に応じて、ご事情の許す範囲で可能な限りの節電にご協力をお願い申し上げます。
　今後、国や自治体の皆さまと一体となり、節電をお願いするとともに、節電にご協力いただくための具体的な方法についてご説明を行なっていきます。具体的には、法人のお客さまには個別のご訪問やダイレクトメールの送付、また、ご家庭のお客さまにはチラシの配付に加え、テレビCMや新聞広告、ホームページなどを通じて、繰り返しご説明するとともに、通話料無料の専用ダイヤルを開設し、お問い合わせにも対応していきます。
　気温の状況等によっては、さらに需給が逼迫することも考えられるため、当社からは「でんき予報」や一斉メールでお客さまにきめ細かく情報をご提供するとともに、自治体の皆さまには、防災メールやケーブルテレビ等を通じて、住民の皆さまに呼びかけていただくことで、より一層の節電へのご協力をお願いさせていただきます。
　当社としましては、今後も引き続き、定期検査中の原子力発電所の再稼動に全力で取り組むとともに、火力発電所や水力発電所の可能な限りの活用や、前日・当日段階での他社からの応援融通の調達など、追加供給力の確保に最大限努め、当社グループの総力を挙げて、電力の需給安定に向けた取組みに全力を尽くしてまいります。

［２］東京電力株式会社（TEPCO）プレスリリース
1）2011年4月8日
「計画停電の原則不実施と今夏に向けた需給対策について」
<http://www.tepco.co.jp/cc/press/11040802-j.html> 2012.7.24
　当社は、3月14日（月）以降、電力需給逼迫による計画停電を実施させていただいておりますが、お客さまをはじめ広く社会の皆さまに大変なご迷惑とご心配をおかけし、誠に申し訳ございません。また、このような中、節電にご協力いただき誠にありがとうございます。
　当社は、東北地方太平洋沖地震により原子力発電所、火力発電所の多くが被害を受け停止したことから、現在、供給力の復旧・確保に全力で取り組んでおりますが、お客さま各位の節電へのご関心、ご協力が広範囲にわたって浸透してきた結果、需給バランスは著しく改善を見せております。こうした状況を踏

まえ、当社は、計画停電を「原則不実施」とすることといたしましたのでお知らせいたします。

1. 当面の需給見通し（別表参照）

現在、各日の最大電力は、前年に比べ約 20％下回って推移しております。これには、震災による企業活動の停滞などの影響のみならず、お客さま各位にご協力いただいている節電の効果が反映されているものと推定しております。

本年 4、5 月の週別の最大電力につきましては、こうした節電へのご協力の効果に加え、気温が次第に上昇することや、ゴールデンウィークをはさむことから、当面減少する見通しです。その後は、5 月後半に向けて緩やかに増加しますが、5 月下旬も 3,800 万 kW 程度と、比較的低水準で推移するものと見込まれます。

これに対し、供給力については、今後の発電所の復旧等により、3,900 万 kW ～ 4,200 万 kW 程度の水準を確保できる見通しであり、一定の余裕をもって電力供給できる見通しです。

2. 計画停電の原則不実施について

このような想定に基づき、基調として需給のバランスが維持されることから、今後、計画停電については、「原則実施しない」ことといたしたいと考えております。

なお、突発的な気象の変化等により電力需要が急増する可能性、あるいは、復旧する発電所をはじめとした設備トラブルの発生も考えられることから、お客さまにおかれましては、引き続き節電への取組みを継続していただきますよう、お願いいたします。万が一、需給逼迫が予想される場合には、予めお知らせした上で、やむを得ず計画停電を実施することもあり得ますので、何卒ご理解、ご協力のほどよろしくお願いいたします。

3. 今夏に向けた需給対策について

一方、現時点での今夏の需給状況は、最大電力（5,500 万 kW と想定：注）に対して供給力（4,650 万 kW）が大幅に不足する見通しです（いずれも 7 月末時点）。
【3 月 25 日お知らせ済み】

（注）気温が著しく高かった昨年夏の最大電力は、5,999 万 kW を記録（7 月 23 日）このため、当社といたしましては、計画停電の「原則不実施」を、夏期においても継続することを目指して、次のような対策を講じてまいります。

(1) 供給面の対策

以下のような供給力の更なる増強に向けて、最大限努めてまいります。

・共同火力を含む火力発電所のさらなる復旧・立ち上げ

・ガスタービン等の緊急設置電源の新設
・自家用発電設備の活用
・揚水発電の活用　など

(2) 需要面の対策

　現時点では、上記の供給力確保策を全て実施しても、なお需給バランスが確保できない見通しのため、大変申し訳ございませんが、お客さまにおかれましては、夏期における節電対策へのご協力をお願いいたします。
　当社といたしましては、本日、政府の電力需給緊急対策本部より示されました「夏期の電力需給対策の骨格」の内容も踏まえて、ご家庭・業務用・大口のお客さまの上手な節電のための方策についてのコンサルトや情報提供、設備点検、需給調整契約へのご加入の勧奨などを積極的に行ってまいる考えです。

　皆さまには大変ご不便とご迷惑をおかけ致しますが、引き続き節電へのご協力をお願い致します。

2) 2012年5月18日
「平成24年度夏期の需給見通しについて」
<http://www.tepco.co.jp/cc/press/2012/1204003_1834.html> 2012.7.24
　昨年、3月11日に発生した東北地方太平洋沖地震以降、これまでの節電について、広く社会の皆さまよりご理解とご協力をいただき、厚くお礼申し上げます。
　このたび、今夏の需給見通しを取りまとめましたのでお知らせいたします。
　当社は、現在実施している新規電源設置工事の着実な推進等に努めた結果、5,786万kW (7月)、5,771万kW (8月) の供給力を確保できる見通しとなりました。
　一方、需要については、昨年来、お客さまにご協力をいただいております節電の効果等を踏まえ、平年並みの気温の場合で5,360万kW、平成22年並みの猛暑の場合では5,520万kWと見通しております。
　これにより、猛暑の場合でも予備力250万kW程度、予備率4.5％程度であり、今夏は安定供給を確保できる見通しです。お客さまにおかれましては、引き続き無理のない範囲での節電へのご協力をお願いいたします。
　詳細な需給見通しは別紙を参照ください。
　当社といたしましては、電力設備の確実な運転・保守を含めた供給力の確保を着実に進めるとともに、需給調整契約の拡大等へも取り組み、安定供給の確保に需給両面で全力を尽くしてまいります。

辞書・参考資料

『大辞林　第三版』(2006)三省堂

ロイターオンライン「原発依存の代償は再値上げの構図、電力 6 社が 13 年度赤字」
　　　2014 年 5 月 1 日（01: 48（JST））付け <http://jp.reuters.com/article/topNews/idJPKBN0DG1KR20140430> 2014.9.9

Weblio 辞書　<http://www.weblio.jp/content/%E4%BE%9D%E7%84%B6%E3%81%A8%E3%81%97%E3%81%A6#JTNHJ> 2014.9.9

Weblio 類語辞典　<http://thesaurus.weblio.jp/content/%E8%A6%8B%E9%80%9A%E3%81%97%E3%81%8C%E7%AB%8B%E3%81%A4> 2014.9.9

「環境・エネルギー・原子力・放射線教育」から見えてくるもの

野呂香代子

1. はじめに

1.1. 原子力・放射線教育副読本の批判的談話分析

　本章では、文部科学省(以下、文科省)が東京電力福島原子力第一発電所事故(以後、東電原発事故)前後の4年の間に2回改訂を重ねて発行した原子力、放射線関連の小学生向け副読本を批判的談話分析の手法を用いて観察していく。

　本章で扱う「副読本」は、文科省が検定する「教科書」とは異なり、道徳教育の副読本『心のノート』(改訂版『私たちの道徳』[1] (2014))同様、文科省が発行して[2]、指導の一助として学校、教育委員会等に送付する[3]というものである。実際それぞれの学校がどのように活用するか、あるいは、しないかという副読本に対する扱いは、学校により異なるようであるが、国が直接、原子力、放射線関連の副読本を作成し、教育現場に送るということは、それだけ国として力を入れているということであり、国の原子力、放射線に対する捉え方を知る意味でも副読本を分析する意義があると思われる。

　1冊目の『わくわく原子力ランド』は、2010年2月に発行され、全国の小学校に配布されたが、当時の高木義明文部科学大臣は東電原発事故後の2011年4月15日にその副読本の見直しを発表した。その2日前までpdfファイルで閲覧可能だった副読本も文科省ホームページから削除された[4]。ほとんど活用されることなく、学校現場から消えたということである[5]。そして、見直しの結果として2011年10月に発行された『放射線について考

えてみよう』という副読本もまた新たに見直しを迫られ、3冊目『小学生のための放射線副読本』が2014年3月3日に公表された。なぜ短い期間に次々に「見直し」を迫られ、改訂の動きとなったのか。文科省がどのように原子力、放射線を扱い、東電原発事故を受け止め、子ども達をどのように教育しようとしてきたのか。この3つの副読本の変化や共通項を追うことで、「環境・エネルギー・原子力・放射線教育」から見えてくるものを観察、分析し、その意味を探りたい。これが本章の主な目的である。

　本章には副読本を選択したもう1つの目的がある。それは談話分析の研究者に向けたものである。副読本に対し、多くの批判がソーシャルメディア、プリントメディア、また、国会議員から起こり、改訂せざるをえない事態となったのであるが[6]、それらの批判を参照しながら分析することで、以下に示す、ドイツのフーコー派批判的談話分析における、やや抽象的に記された分析のガイドラインをもう少し具体化できるのではないかと考えたのである。つまり、本来なら、与えられた分析の諸道具を用いて一定の問題を可視化するのが批判的談話分析のやり方なのであるが、逆に、ある程度可視化されている問題を手掛かりに、今ある分析のガイドラインを日本語に即して、より具体的に使いやすいものに改良し、今後、日本、日本語の文脈における社会的諸問題の談話を分析しようとしている人達にも役立つようなものを用意したいというのがもう1つの目的である。今回の分析で得られたガイドラインを章末に資料として示すので、ぜひ利用してほしい。また、各々の談話分析から得られた結果に応じて、その分析の項目を追加、精緻化していってほしい。

1.2. 批判的談話分析の「詳細分析」ガイドライン

　一般に批判的談話分析[7]は、メディアなどで語られる一定の談話を分析し、その談話に潜む権力性をはじめとした社会的諸問題を可視化し、社会に訴えるものである。ここで筆者が用いるドイツのフーコー派批判的談話分析[8]はその1つの学派に属し、ここで使用する手法はその中の「詳細分析」と呼ばれるものを応用したものである。談話分析を行う際に、総合的に一定

量の談話を分析する基本的な作業がデータ処理なのであるが、このフーコー派批判的談話分析には、そのためのガイドラインが用意されている。ガイドラインは、分析に使用できるさまざまな着眼点や手段を示したものである。分析の目的に応じて、使用する項目やその重要度を変えていけばよく、マニュアルのように融通の利かないものではない。

　ガイドラインは2つ用意されている。1つは一定期間収集される談話全体の構造を見る「構造分析」のためのガイドラインで、もう1つは、収集データを代表するような典型的なテクストを詳細に分析する「詳細分析」のガイドラインである。この2つのガイドラインは、記事の分析を念頭において

表1　詳細分析のためのガイドライン

	分析項目	具体的な着眼点、手段など
A	コンテクスト(テクストの制度的な枠組み)	・その(典型的な)記事を選択した理由 ・著者(新聞社における役職、重要性、専門分野など) ・記事が書かれたきっかけ、理由 ・記事の記載場所、記載欄
B	テクストの構成	・視覚的なレイアウト ・大見出し、中見出し、小見出し ・内容単位にしたがった記事の構成 ・テーマ(その他のテーマへの言及や重なり)
C	言語的、修辞的手段	・論証(ストラテジー)の形態 ・論理と構成 ・含意、ほのめかし ・象徴、比喩 ・慣用句、決まり文句 ・語彙、文体 ・登場人物(人物、代名詞の使われ方) ・引用、学問や情報源の記載
D	イデオロギー的な内容	・前提とされる、伝えられる人間像 ・前提とされる、伝えられる社会観 ・前提とされる、伝えられる科学技術観 ・前提とされる、伝えられる未来像
E	その他の特徴的な事柄	
F	まとめ	・政治的、イデオロギー的な位置づけ ・核となるメッセージ

作られたものである。表1に「詳細分析」のためのガイドラインを示す[9]。

本章では、この「詳細分析」のガイドラインにできるだけ沿う形で副読本の分析への応用を試みる。まずはコンテクスト、つまり、副読本をめぐる制度的な枠組みから観察する。

2. 副読本をめぐる制度的な枠組み

本章で分析の対象とする小学生向けに書かれた以下の3冊を表2に、タイトル、副題、発行年、発行元などを添えてまとめた。

表2 分析対象の副読本

発行年	タイトル	副題	発行
2010年2月	『わくわく原子力ランド』(全42頁)(解説編【教師用】、ワークシート、ワークシート【教師用】も有)	小学生のためのエネルギー副読本	文部科学省 経済産業省資源エネルギー庁
2011年10月	『放射線について考えてみよう』(全18頁)(解説編【教師用】も有)	小学生のための放射線副読本	文部科学省
2014年2月※	『小学生のための放射線副読本』(全15頁)	放射線について学ぼう	文部科学省

※ただし、当該本には発行年が記されていない。また、「発行」という語が使用されていない。

2.1. 副読本を選択した理由

東電原発事故以来、市民が政治家や官僚達と対話を試みる場面をインターネット上で目にすることが多くなったが、そこでは言葉が全くかみ合わない不思議な対話が行われていた。「官」側が使う日本語、その論の運びがどうも一般の人々のものとずいぶん異なっているようだった。国の事故対応に対し、怒りをあらわにする市民達の前でも感情の起伏なく応対する官僚の日本

語に接した時[10]、言語の持つ危ない側面について考えざるを得なくなった。言語は、人間の持つ感情、思考や現実を表現することができる媒介手段でもあるが、同時に、一定の世界を意図的に作り出したり、見えなくしたりすることのできる媒介手段でもある。そうした言語の機能が権力と結びつくとどうなるのか。

　本章はこのような問題意識のもと、特に子ども達の教育を司る文科省に焦点を当てたいと考えた。原発を推進し、SPEEDI 問題[11]、子どもの20ミリシーベルト問題[12]、モニタリングポスト問題[13]を起こした文科省が子ども達の教育も担当している。いったいどのような姿勢で文科省は原子力、放射線を扱い、子ども達をどのように教育しようとしてきたのか、また、東電原発事故をどのように受け止めているのか。ちょうど「原発」と「教育」が重なる上記の副読本を用いてこうしたことを調べようとしたのが選択理由である。

2.2. 文科省と原子力、放射線

　ガイドラインに従えば、まずコンテクストとして「著書（新聞社における役職、重要性、専門分野など）」を見ることになっているが、ここでは、(1) 文科省の組織図における「原子力、放射線」、(2) 教育における「原子力、放射線」、(3) それぞれの副読本の奥付から見る発行関連組織の位置づけについて見ることにする。そうすることで、発行元の文科省における「原子力、放射線」の位置づけが明確になると思われる。

2.2.1. 文部科学省組織図

　文科省ホームページでも組織図が閲覧できるが[14]、川原（2014: 116）には文科省と原子力との関わりがよくわかる組織図が記載されているのでここに示したい。

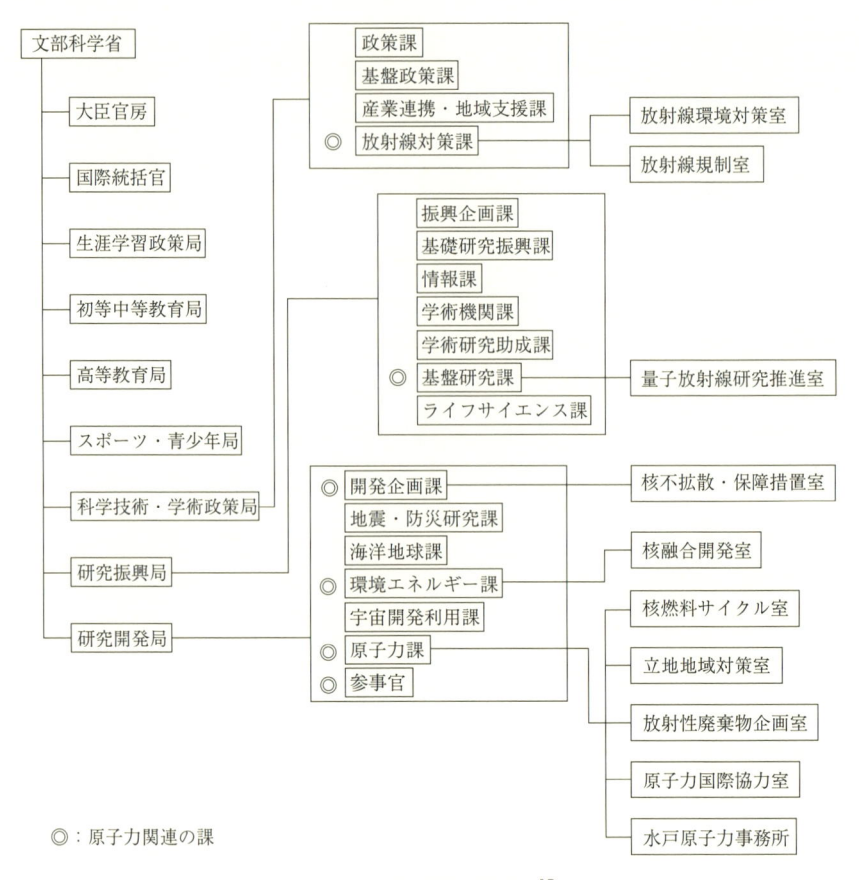

```
文部科学省 ─┬─ 大臣官房
            ├─ 国際統括官
            ├─ 生涯学習政策局
            ├─ 初等中等教育局
            ├─ 高等教育局
            ├─ スポーツ・青少年局
            ├─ 科学技術・学術政策局 ── 政策課
            │                        基盤政策課
            │                        産業連携・地域支援課
            │                      ◎ 放射線対策課 ─┬─ 放射線環境対策室
            │                                      └─ 放射線規制室
            ├─ 研究振興局 ── 振興企画課
            │              基礎研究振興課
            │              情報課
            │              学術機関課
            │              学術研究助成課
            │            ◎ 基盤研究課 ── 量子放射線研究推進室
            │              ライフサイエンス課
            └─ 研究開発局 ─◎ 開発企画課 ── 核不拡散・保障措置室
                           地震・防災研究課
                           海洋地球課
                         ◎ 環境エネルギー課 ── 核融合開発室
                           宇宙開発利用課      核燃料サイクル室
                         ◎ 原子力課           立地地域対策室
                         ◎ 参事官             放射性廃棄物企画室
                                              原子力国際協力室
                                              水戸原子力事務所
```

◎：原子力関連の課

図1　文部科学省組織図[15]

　この組織図から見えてくるものは何だろうか。小学校の教育を司る「初等中等教育局」は「原子力」や「放射線」関連とは別の部署にある。しかし、その一方で、同じ文科省内にある「科学技術・学術政策局」、「研究開発局」、「研究振興局」の下に原子力、放射線関連の部署があるということがわかる。では、どこで「教育」と「原子力、放射線」が重なるのだろうか。

2.2.2. 環境教育におけるエネルギー、原子力、放射線

　次に副読本のタイトルや副題に現れた「エネルギー」「原子力」「放射線」

は、文科省が定める、「各学校で教育課程（カリキュラム）を編成する際の基準」[16]となる「学習指導要領」ではどのような位置づけとなっているかを見てみよう。文科省は「環境教育」[17]という見出しで「豊かな自然環境を守り、私たちの子孫に引き継いでいくためには、エネルギーの効率的な利用など環境への負荷が少なく持続可能な社会を構築することが大切です。そのためには、(中略)特に、21世紀を担う子供達への環境教育は極めて重要な意義を有しています。」として、平成10(1998)年および平成20(2008)年の「学習指導要領における『環境教育』に関わる内容の比較」[18]という資料を提示している。その中で、中学校の理科のエネルギー関係の個所は以下のようになっている。

表3　中学校理科新旧学習指導要領(一部)

	新学習指導要領 (平成20年告示)	旧学習指導要領 (平成10年告示)
理科	(第1分野) ○日常生活や社会におけるさまざまなエネルギー変換の利用 ○人間は、水力、火力、原子力などからエネルギーを得ていること、エネルギーの有効利用の大切さ ○放射線の性質と利用	(第1分野) ←(新設)[19] ○人間が利用しているエネルギーには水力、火力、原子力など様々あることと、エネルギーの有効利用の大切さ ←(新設)

※＿＿＿は平成20年告示において充実した[20]内容

　まず、ここでは「環境教育」の中にエネルギー関連の教育が含まれていること、エネルギー関連の中に、新旧学習指導要領ともに「水力、火力」と並行する形で「原子力」という語が入っていること、新学習指導要領に「放射線」が加えられたことを押さえておきたい。ただし、これは中学校の学習指導要領であって、小学校の学習指導要領における「環境教育」に関わる内容には、それらの語が出てこない。

　以下でそれぞれ3冊の副読本の分析に当たっていくが、分析対象とするのは「表紙」と「作成目的の書かれた部分」、そして、裏表紙の「奥付」で

ある。その理由は、全てを扱うと膨大な量になるということと、それぞれの主要な本文の内容に関しては、すでに数多くの批判が「民」の方からなされたという事実である[21]。この2節では、特に川原（2014）を参考文献として使用した。

2.2.3. 奥付から見る発行関連組織の位置づけ
(1)『わくわく原子力ランド』の奥付——原子力推進部署の原子力教育

2010年2月に発行された『わくわく原子力ランド』（以下『原子力ランド2010』）の奥付には、「発行：文科省、経済産業省資源エネルギー庁[22]」、「制作：(財)日本生産性本部・エネルギー環境教育情報センター」となっている。『平成21年版　文部科学白書』の参考資料[23]を見ると、作成は「研究開発局原子力課立地地域対策室」と記載されているところから、文科省においては、この部署が作成を担当し、日本生産性本部という財団のエネルギー環境教育情報センターに制作を委託したことになる。「研究開発局原子力課立地地域対策室」は、1つは原発の立地地域への「電源立地地域対策交付金」制度などの運用、もう1つは、原子力・エネルギー教育の取り組み支援を行う部署である[24]。つまり、『原子力ランド2010』は原発を推進する部署である「文科省研究開発局原子力課立地地域対策室」の「原子力教育支援事業委託費」事業の一部として作成されたのである。2011年の行政事業レビューシート[25]の事業目的を見ると、以下のように書いてある。

> 国民との相互理解に基づいて<u>原子力施策を推進するため</u>、原子力を含めたエネルギーに関する知識の習得、思考力・判断力を育成する環境を整備することにより、原子力を含めたエネルギーに関する教育の質の向上を図り、原子力に対する理解を促進し、<u>もって</u>原子力発電施設等の設置及び運転の円滑化に資する。（下線、筆者）

「原子力施策を推進するため」や「もって」以降から明らかなように、「原子力を含めたエネルギー」教育は教育が目的ではなく、原子力施策の推進の

ために、原子力発電施設等の設置及び運転の円滑化に資することが目的であることを、事業目的からも、その事業の予算の流れからもはっきり確認しておくことが重要である[26]。

「わくわく原子力ランド」企画制作委員会として委員は13名で大学関係者(3名)、小、中学教諭(5名)の他、原子力研究開発機構や電気事業連合会の広報部長(2名)、そして、文科省の教科調査官(3名)が加わっており、教育界と電力会社関係と文科省のメンバーが編集を担当していることがわかる。制作を担当した日本生産性本部・エネルギー環境教育情報センターの詳しい説明は、ここでは避けるが[27]、当センターの案内によると、「日本エネルギー環境教育学会」という学会が2005年に設立され、その事務局がこのセンター内に置かれていた[28]。設立総会でのパネリストも3名が「わくわく原子力ランド」企画制作委員会の委員とも重なり、人事異動があったが電気事業連合会広報部長もやはりパネリストとして出席しているため、当センターと編集委員会とは何らかの繋がりがあると思われる[29]。

(2)『放射線について考えてみよう』の奥付──原子力推進部署の放射線教育

東電原発事故後の2011年10月に発行された『放射線について考えてみよう』(以下『放射線2011』)の奥付によると、今回は文科省が単独で発行し、著作・編集は「放射線等に関する副読本作成委員会」となっている。委員は大学関係者(7名)、研究所所員(1名)、小、中学教諭(5名)と教育、研究関係者で占められている。そのうち2名が『原子力ランド2010』と重なるが、『原子力ランド2010』と異なって電力関係者や文科省関係が委員には加わっていない。また、制作団体の記載もない。したがって、文科省の言うように事故後の「見直し」の結果、この副読本が発行されたように見える。しかし、「平成24年行政事業レビューシート」[30]を見ると文科省の担当はやはり「研究開発局原子力課立地地域対策室」で、制作に当たったのは「日本原子力文化振興財団」だということがわかる[31]。この財団も先ほどの「日本生産性本部」同様、文科省の立地地域対策室の「原子力教育支援事業」の委託を受けている[32]。東電原発事故後の「見直し」と、事故前と同じ原子力推

進部署からの発行という矛盾が、行政事業レビューシートに記載された「事業の目的」の文言の微妙な変化となって現れている。

　原子力に関する教育の取組の充実を図るため、各地域等が行う学校教育の場などにおける原子力に関する知識の習得、思考力・判断力の育成のための取組への支援を実施する。なお、平成23年度からは、特に関心の高い放射線や放射性物質、放射能の理解の促進を中心に実施している。

『原子力ランド2010』の際の「原子力施策を推進」という表現が消え、「原子力に関する知識の習得、思考力・判断力の育成のための取組への支援を実施する」と「教育」を前面に出した表現となっている。また、「原子力を含めたエネルギー」が明確に「原子力」だけとなり、しかも「放射線」教育を中心とする言い方に変わっている。しかし、いくら目的を原子力施策の推進から原子力の「教育」に変えたところで、また、奥付のメンバー構成を変えて、委託先を示さないという形にしたところで、同じ「原子力課立地対策室」の事業であることに変わりはない。

(3)『小学生のための放射線副読本』の奥付――教育担当部署の放射線教育

『小学生のための放射線副読本』(以下『小学生2014』)は2014年3月に公表されたが、不思議なことに奥付に発行年月が書かれていない。発行年が書かれないような書物があるだろうか。また、文部科学省という文字が最後にあるが、発行という表現がない。担当が文科省の「立地地域対策室」から「初等中等教育局教育課程課」に移ったようであるが、そこに記載された「編集」者達の肩書からわかるだけである。これまで「作成」が「立地地域対策室」だったが、今度は「編集」が「初等中等教育局教育課程課」になり、しかも、編集という名詞ではなく、「文部科学省においては、次の者が本副読本の編集にあたりました」と、文の形で8名の文科省初等中等教育局のメンバーの名が挙げられている。「作成」も「作成協力」という表現に

なり、「この副読本の作成にあたってご協力いただいた方々」として大学関係者（1名）、研究所所員（1名）、小、中学教諭（4名）、高校教諭（2名）の名が挙げられている。その中で1名が『放射線2011』と重なっている。また、副読本に関する問い合わせ先が「文部科学省研究開発局開発企画課」から「初等中等教育局教育課程課」に変わっていた。この不思議な体裁の奥付の調査は今後の課題としたい。

2.3. 副読本が書かれたきっかけ、理由
2.3.1. 『放射線について考えてみよう』が発行された公的理由

『原子力ランド2010』は新学習指導要領が本格的に実施される2011年4月から学校の現場で使用される予定だったが、原発事故後、突然、使用計画が中止となり、いつのまにか学校現場から「回収」されていたということである[33]。文科省ホームページからも削除されている。

ここで、『放射線2011』が発行された経緯を見ておきたい。東電原発事故後、『原子力ランド2010』の副読本の明らかな原発推進姿勢や事実に反する記述に対し、さまざまな団体や個人から批判が起こった。2011年4月13日に行われた国会・文部科学委員会[34]においても、宮本岳志委員（共産党）は「このような原発安全神話に立った副読本は今や子ども達に使わせてはならないと私は思いますけれども、大臣のお考えをお伺いしたい」と尋ねたところ、当時の高木文部科学省大臣から返ってきたのは、焦点のずれた長々とした回答だった。宮本委員は問いに答えていないとし、副読本の回収および見直しと原子力エネルギーに関する教育の取り組みへの支援事業の見直しについて更に問いただしたところ、高木文科大臣から「見直してみたいと思います」という消極的な短い回答を得ている。何をどのように見直すかについての発言はなかった。

その後、平成23（2011）年10月14日付で文科省は『放射線2011』を作成し、ホームページ上に公表した。その作成目的として、以下の文が発表された[35]。

東京電力株式会社福島第一原子力発電所の事故により、放射線や放射性物質、放射能(以下「放射線等」)に対する関心が高まっております。
このような状況においては、国民一人一人が放射線等についての理解を深めることが社会生活上重要であり、小学校・中学校・高等学校の段階から、子どもたちの発達に応じ、放射線等について学び、自ら考え、判断する力を育成することが大切であると考えます。(後略)

また、中川文部科学大臣の名で平成23(2011)年11月という日付で、保護者、学校関係者宛てに、「東京電力株式会社福島第一原子力発電所の事故により、放射性物質が大量に発電所の外に放出されてしま」ったこと、「このような特別の状況に国民一人一人が適切に対処していくためには、(中略)特に、この困難な事態を克服し、日本の将来を担わなければならない子ども達においては、(中略)放射線や放射能、放射性物質について、学び、自ら考え、判断する力を育むことが大切であると考え」、この放射線等に関する副読本を作成した、としている。つまり、これまでの原子力推進の副読本から事故後の状況に対応するため、放射線教育に特化した副読本を作成したと公式に発表している[36]。

2.3.2.「原子力、放射線教育」と「学習指導要領」

後で詳しく見ていくが、こうして原発事故に対応して見直されたはずの『放射線2011』もまた東電原発事故に関する記述がほとんどないなど多くの批判を受け、3冊目の『小学生2014』を発行することになる。それはなぜか。川原(2014)[37]によると、放射線教育は、福島事故の影響で突然対応を迫られたものではなく、「以前より周到に準備・計画されてい」て、「ある意味では『予定どおり』、そして今回の事故をきっかけにして、より前面に押し出して、本格的に取り組もう」[38]としたものだということである。事実、上で述べた原子力教育支援事業の委託先が原発事故前に既に「日本原子力文化振興財団」に決まっており、そのまま事故後も事業が続行されたのである[39]。「原発事故の前から、着々と(放射線教育の)準備が進んでいた」[40]最大の理由

は、2012年から本格実施される新学習指導要領の中学理科に「放射線」が盛り込まれたためだということである[41]。

　そこで、文科省とは別に内閣府原子力委員会の『原子力白書』や報告書における「放射線」と「学習指導要領」の扱いを調べてみた。『原子力白書』（平成21［2009］年度版）[42]には「放射線利用」という見出しがあり、今後に向けての課題として「今後も放射線利用を着実に拡大していくことが重要」で、「放射線利用の一層の拡大のためには、関係者が放射線利用の有効性と安全性に関する情報を積極的に情報発信するなどして、国民の放射線利用に対する理解を一層深めることが重要」（同白書：30）だとしている。また、同じページのコラム欄では「科学・技術としての原子力はエネルギー利用と放射線利用が車の両輪として発展してきたといえ」る、という表現があり、国が原子力の「エネルギー利用」とともに「放射線利用」、そしてその理解を拡大しようとしている姿勢が読み取れる。そして、新学習指導要領が「原子力、放射線」教育促進の強力な論拠として利用されていることが、以下で明確に示されている。

　　初等中等教育における原子力や放射線に関する指導の充実については、学習指導要領が改訂され、原子力やエネルギーを扱う枠組が整えられたことから、今後、これらの指導がより効果的に行われるように、原子力関係機関において、各学校の要請に応じ、例えばわかりやすい資料や教員の研修の機会を提供したり、講師の派遣をしたりするなどの協力が期待されます（下線、筆者）。（同白書：41）

　また、原子力委員会の「原子力政策大綱に示している放射線利用に関する取組の基本的考え方の評価について」[43]（平成22［2010］年6月）という報告書においても、以下のような表現が見られ、原子力委員会が放射線副教材の作成等、放射線教育を強力に進めようとしていたことがわかる。

　　中学校学習指導要領の改訂により、「放射線の性質と利用」に関する内

容についても取り扱うことになり、学校教育を通して、国民の放射線利用への理解が促進されることが期待される。これらの教育が効果的かつ着実に実施されるよう教員の研修、副教材の作成、出前授業等を含めて、原子力関係者のさらなる協力・支援、地方公共団体等の関与を期待する。(下線、筆者)(同報告書：37)

さらに、もう少し古い資料を調べると、学習指導要領を論拠に原子力教育を促進しようとする動きは、何も「新学習指導要領」がきっかけで始まったわけではないことがうかがえる。たとえば内閣府原子力委員会報告書『原子力の研究、開発及び利用に関する長期計画』平成12年(2000年)[44]「原子力に関する教育」に以下のような記述がある。

原子力に関する教育は、エネルギー教育や環境教育の一環として、また、科学技術、放射線等の観点から、体系的かつ総合的にとらえることが重要であり、各教科における学習の充実とともに新しい学習指導要領において新設された「総合的な学習の時間」等を活用することが有効である。このため、原子力やエネルギーに関する体系的な教育カリキュラムの開発、教育関係者への原子力に関する正確な資料や情報の提供、教員への研修の充実、教員が必要な時に適切な情報や教材等が提供されるような教員、科学館、博物館、原子力関係機関、学会等をつなぐネットワークの整備等の支援策を講じていくことが重要である。また、原子力やエネルギー問題については、学校のみならず、施設の見学等の体験的な学習や、科学技術に関する理解増進のための方策の一環としての取組を充実させることも重要である。(下線筆者)(同報告書第2部第2章3)

ここで言及されているのは、10年前の学習指導要領である。10年前にも学習指導要領が「原子力に関する教育」を促進する論拠として用いられているのである。つまり、学習指導要領があって、それに対応する形で副読本ができたのではなく、「原子力に関する教育」を、「エネルギー教育や環境教育

の一環として、科学技術、放射線等の観点から」国民一人一人に徹底させるため、国がかなりの力を入れていたこと、それが学習指導要領を有効に利用してきた様子が見てとれる。『放射線 2011』が 1 ページ目の「はじめに」においてしか東電原発事故に言及していないのも、そうした背景があったと思われる。

2.3.3. 原発事故における「官」の視点、「民」の視点

では、原発を推進する国家にとって東電原発事故はどのような意味を持つのだろうか。テクストの中で事故の被害に全く言及しないような副読本『放射線 2011』がなぜ作成されうるのか。被害を隠蔽、過小評価しようとする動きの他に以下のようなスタンスがあったのではないかと思われる。

上述の日本原子力文化振興財団が 1991 年に当時の科学技術庁の委託を受けて、同財団の言葉では、「国民的、社会的な合意形成を図る活動」を指す PA（パブリックアクセプタンス）、つまり世論を原子力受け入れの方向に動かす『原子力 PA 方策の考え方』という報告書をまとめたが[45]、そこには、事故が発生した時は国民の関心が高まっているから、原子力広報をする最適のタイミングだという意味内容が何度も出てくるのである。果たして、東京電力の福島におけるこの甚大な原発事故を広報の最適のタイミングと考えたのだろうか。

『放射線 2011』の発行にはいわゆる「民」の側から多くの批判が生じた[46]。制作に当たった「原子力教育支援事業委託費」（事業番号 2）の行政事業レビュー「公開プロセス」の「実施結果」[47]、「評価者のコメント」[48] やその議事録[49] を見ると、原子力推進のための部署による原子力教育、エネルギー対策特別会計からの予算、また、放射線教育のあり方などに対するコメントが書かれてあり、おそらくはそれらを踏まえて『小学生 2014』の担当部署、予算の出所が変わったのであろう[50]。文科省から「新しい放射線副読本」という見出しで、2014 年 2 月 28 日付で「文部科学省では、放射線副読本の見直しを進めてきましたが、このたび、その冊子が完成し、公表することとなりましたので、お知らせします。」という非常に短い文書が公表された[51]。

この文書には、前回のような作成目的や大臣の言葉が添えられていない。担当部署が変わった経緯やどのように見直しを進めてきたかについても何ら書かれていない。なぜだろうか。2.2.3 (3) の奥付でも見たが、何も明確に示されていない改訂本なのである。

　すでに川原 (2014: 173–176) は、『放射線 2011』が事故後放射能に不安を抱いている母親の手に渡って読んでもらうことが「隠された意図」ではないかと指摘しているが、今回の『小学生 2014』においては産経新聞[52]が、「保護者への波及期待」と小見出しをつけて、「子供が家庭に持ち帰ることでこれまでの放射線教育を受けてこなかった保護者への波及効果も期待される」と明白に述べている。国の作った副読本が児童に配布され保護者へ波及することで、何をねらっているのか。この記事のタイトルは「『美味しんぼ』[53]の前に一読を」である。この記事が国側と同じ姿勢をとっているならば、今回の副読本のねらい、原発事故やその被害に対する捉え方がそこから読み取れよう。

3. 「副読本」の構成

　ここではガイドラインの第二の部分である「テクストの構成」を見る。3.1. では各副読本の表紙を扱う。表紙においては、以下のような項目に注目する。

- 文字情報：タイトル、副題、その他どのような語や表現が用いられているか。それら選択された語や表現がどのような関連性を示しているか。
- 視覚情報：視覚的にどのような構成になっているか。
- 文字情報と視覚情報の関連：語や表現と絵はどのような関連性を示しているか
- どのようなメッセージを表紙として伝えているか。

　3.2. では、各副読本の作成目的に当たるテクストの構成を分析する。その際、特にガイドラインの「言語的、修辞的手段」の諸項目に注目しながら、テクスト全体の「内容単位にしたがった構成」を観察することにする。

3.3. では、3つの副読本に重なるテーマについて論じる。3.4 では、副読本そのものではなく、副読本を分析する際に扱った関連資料に繰り返し現れた慣用句、決まり文句について考察する。

3.1. 表紙の構成
(1)『わくわく原子力ランド』の表紙

図2 『わくわく原子力ランド』表紙[54]

　表紙には発行元の文部科学省および経済産業省資源エネルギー庁がロゴ入りで明示されているほか、タイトルである『わくわく原子力ランド』、副題である「小学生のためのエネルギー副読本」、そして左上の「新学習指導要領対応」という3つの言葉が記載されている。この3つの言葉から次のような推論が引き出され、一定の印象づけが行われると思われる。

　①タイトルと副題、『わくわく原子力ランド』と「エネルギー副読本」という関係から、「エネルギー」を作り出すものが、「原子力」発電であると、つまり、エネルギー＝原子力の関係式が作り出される。また、その原子力が

「わくわく」するほど素晴らしいものであるように印象づけられる。読み手は「原子力」や「エネルギー」という語に関しておそらくはその意味をまだ明確には把握できていない小学生である。だからこそ、この2つの語を「わくわく」と結びつけて表紙に出して「原子力」のポジティブなイメージを印象づける効果も大きいと思われる。

②「新学習指導要領対応」という記載から、副読本が文科省の新たな学習指導要領に対応した文科省（および経済産業省資源エネルギー庁）発行の、「お墨付き」の、「公の」新教材だという印象が与えられる。また、この教材が小学生のためのものであることから、「新学習指導要領」も当然「小学校」の「新学習指導要領」に対応していると考えられる。

まずは、文字から引き出される推論、与えられる印象について検討したが、次に視覚情報が加わるとそれらの推論、印象がどのように関連づけられるだろうか。

カラフルで楽しげな、風船とともに空に浮かぶかわいいロボット達と、『わくわく原子力ランド』と大きく書かれたタイトルの上に座る人間の形をした博士が描かれている。専門知識を有する博士と、彼から学ぶかわいいロボット達。本文では、博士は知識を「〜じゃ」で授けている。これは博士の姿も含めて金水敏氏の言う「役割語」の典型的な「博士語」[55]の現れとして理解できる。知識を受けたロボット達は「〜だね」と納得するパターンが多い。専門知識を有する者（専門家という権威化された人間）に従うロボット（大衆？）という形で、原子力の世界を象徴的に表しているように思えるが、どうであろうか[56]。

博士は、2ページ目の目次の所で「わしは『原子力ランド』の館長、げんしろう博士であ〜る。（中略）原子力の世界へ出発じゃ！」と自己紹介をしており、そこで、ロボット達が「ぼくたちロボットにとってもエネルギーが必要なんだ」と言っている。ここでもタイトルと副題同様、「原子力」がすなわち「エネルギー」であるように、両者が同格に扱われている。

この表紙のメッセージは、「（他のエネルギーではなく）原子力が、明るく夢あふれるエネルギーだから、国や専門家の言うことを素直に聞くのじゃ」

というところだろうか。3.2(1)で見る「国民の一人ひとりが原子力やエネルギーについての理解を深める」という作成目的の表現とも重なる。

(2)『放射線について考えてみよう』の表紙

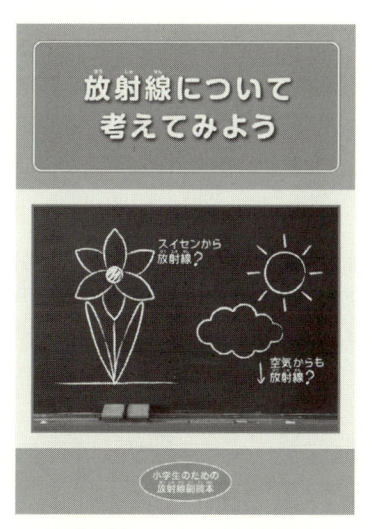

図3 『放射線について考えてみよう』表紙[57]

東電原発事故後に『原子力ランド2010』に対する批判に応える形で発行されたのが『放射線2011』である。表紙には発行元の「文科省」やそのロゴは消え、「新学習指導要領対応」という言葉も消えた。「小学生のためのエネルギー副読本」の代わりに「小学生のための放射線副読本」となり、タイトルは「放射線について考えてみよう」となった。黒板にスイセンと太陽と雲の簡単な絵が描かれ、スイセンの絵とともに「スイセンから放射線？」、太陽と雲の絵から「空気からも放射線？」という表現が添えられている。表紙だけで4回「放射線」が使われており、絵と表現とを関連づけると、表紙が伝えようとするメッセージは「身近な存在で、安全な放射線」というものであろう。事実、教師用の「学習のポイント」には「身近に放射線があることを学ぶ」という項目があり、「指導上の留意点」には、「スイセンだけで

なく色々な植物や岩石からも自然放射線が出ていること（中略）が理解できるようにする」「身近に受ける放射線があることを伝え、放射線に対して児童が不安を抱かないように配慮する必要がある」との記載がある。東電原発事故後の副読本であるにもかかわらず、放射線被害には立ち入らず、放射線の安全性を訴える表紙となっている。身近に存在する放射線が自然放射線だけであれば、また、本当に安全であれば、ことさらそれをテーマ化し、安全だと主張する必要性はない。

(3)『小学生のための放射線副読本』の表紙

図4 『小学生のための放射線副読本』表紙[58]

『放射線 2011』の「見直し」[59] となった新たな『小学生のための放射線副読本』では、『放射線 2011』同様に、発行元が記載されていない。また、「スイセンから放射線？」「空気からも放射線？」という文言もなくなった。4人が机を囲んで何か議論しているのだろうか。真剣な顔つきで何かを語る児童、聞き入る児童が描かれているだけである。後述の 3.4. の「決まり文句」で扱うが、『放射線 2011』の作成目的の文言にあった「放射線について学

び、自ら考え、判断する力を育成すること」をイメージ化したのかもしれない。副題の「学ぼう」との関連からそのように読むことが可能である。表紙から「放射線」に関する視覚情報が消え、文字情報だけになっているが、逆に水色にオレンジ色で大きくゴシック体で書かれた「放射線副読本」という文字が目立つようになっている。

『放射線 2011』の副題であった「小学生のための放射線副読本」が今回はタイトルになり、『放射線 2011』のタイトルであった「放射線について考えてみよう」が今回は副題となり、「放射線について学ぼう」と文言が微妙に変化している。目次においても「放射線について知ろう」となっており、「〜てみよう」より積極的な書き方となっている。他方、『放射線 2011』では、2 ページおきに「調べてみよう」や「考えてみよう」「話し合ってみよう」というコーナーが置かれていたが、『小学生 2014』では、一カ所のみとなっている。それは、表紙の児童達の姿とは合致しない。これまでの 2 冊に書かれていた明らかなメッセージ性が消えた分、副読本の意図が見えにくくなっている。意図をわかりにくくすること、それがまさに意図するメッセージなのかもしれない。

3.2.「作成目的」の構成
(1)『わくわく原子力ランド』の作成目的

『原子力ランド 2010』の本冊そのものにはないが、教師用の解説編の「原子力・エネルギー教育の意義と目的」という所に作成目的が書かれている。

> 国民の一人ひとりが原子力やエネルギーについての理解を深めることは、社会生活を営む上で極めて重要であり、小・中・高等学校を通じた学校教育段階から、子どもたちの発達段階に応じ、原子力やエネルギーについて学び、自ら考え、判断する力を育成することが大切です。学校教育の現場では、平成 20 年 3 月に小・中学校、平成 21 年 3 月に高等学校の学習指導要領が改訂され、「人間は、水力、火力、原子力などからエネルギーを得ていること」、「持続可能な社会をつくることの重要性

の認識」、「放射線の性質と利用」など、社会科や理科などの教科において原子力の利用などに関する内容の充実が図られたことから、今後、原子力やエネルギーに関する適切な教育・指導の充実が必要不可欠となります。(下線、筆者)

2.3.の「副読本が書かれたきっかけ、原因」でも見たが、ここでも学習指導要領の改訂を論拠に「原子力やエネルギー」教育の重要性が述べられている。表紙にも「新学習指導要領対応」とあったが、以下で、実際にどのように対応しているかを見ていきたい。その前に、使用された項目の意味、位置づけを知るためにも学習指導要領の構成について説明しておきたい。学習指導要領はまず各学年、教科別の「本文」があり、「目標」および「内容」が書いてある。そして、各内容の取扱い方に関する注意書きのようなものが「内容の取扱い」という個所に記載されている。そして「本文」とは別に「解説」が用意されている。したがって、学習指導要領に現れる語をランクづけするならば、本文の「目標」に現れる語が一番重く、次に「内容」に現れる語、そして「内容の取扱い」に現れる語が来て、最後に「解説」だけに現れる語となろう。

まず、注目したいのは、『原子力ランド 2010』の作成目的で挙げられている学習指導要領の該当箇所である。小学生向けの副読本であるにもかかわらず、中学校の理科の学習指導要領[60]からの3つの項目①「水力、火力、原子力などからエネルギーを得ていること」、②「放射線の性質と利用」、③「持続可能な社会をつくることの重要性の認識」を引用し、「原子力やエネルギー」について学ぶ論拠としているのである。①と②は、2.2.2.の環境教育で見たものである。①では、エネルギーの下に水力、火力、原子力が並んでいるのに対し、『原子力ランド 2010』では、「原子力やエネルギー」となってエネルギーと原子力の包摂関係が消え、エネルギーが原子力に並列した形になっている。②の「放射線の性質と利用」は、①と同様の「内容」のレベルで書かれたものではなく、その下位の「内容の取扱い」という説明のところで「放射線の性質と利用も触れること」が入っているだけである。③に

至っては、この「内容の取扱い」にも「原子力」が現れない。つまり、学習指導要領本文にはなく、その解説[61]で調査や発表、討論のテーマの１つとして「原子力の利用とその課題」という表現が出てくるだけである。

では、『原子力ランド2010』は本来対応すべき小学校の学習指導要領にどれほど対応しているのだろうか。この教師用の目次のページに対応関係が示されているのだが、小学校４年では、そのほとんどが社会科の「電気の確保と私たちの生活や産業との関わり」という項目に依拠していること、また、5、6年には該当する関連単元がほとんどなく空欄になっていることがわかる。小学校４年生の該当部分も学習指導要領[62]を見ると、「内容」の所で、「飲料水、電気、ガスの確保」となっている。つまり、『原子力ランド2010』では、「飲料水、電気、ガスの確保」の「電気」の部分だけが取り出されているのである。ただ、その「解説、社会編」[63]において「電気の確保」について書かれた部分があり、そこで「火力、原子力、水力の発電所」「火力発電の燃料である液化天然ガスや重油、原子力発電の燃料であるウラン」と、他の発電と併記して原子力に言及している個所が２カ所ある。つまり、「原子力」という語が小学校の新学習指導要領の本文には現れず、「解説」においてのみ使用されていること、学習指導要領には「原子力」だけに特化して書かれた個所がないことがわかる。したがって、「飲料水、電気、ガス」の電気だけを取り出し、「解説」部分にある「火力、原子力、水力」の「原子力」だけを取り出して、「エネルギー」の代表として「原子力」に特化した小学生向け副読本を、「新学習指導要領に対応」とするにはかなり無理があることがわかる。なお、小学校の学習指導要領の「理科」においても「原子力」という語は見当たらない。「エネルギー」は身近なエネルギーだけを扱うことになっている。

このように、いかに「新学習指導要領対応」が我田引水的であるかを示すために「学習指導要領」におけるそれぞれの語の現れ方と『原子力ランド2010』におけるそれらの対応関係を表４にまとめた。

表 4 「学習指導要領」と小学生向け『原子力ランド 2010』における「学習指導要領対応」

	学習指導要領における表現 1) 内容⇒ 2) 内容の取扱い⇒ 3) 解説	『原子力ランド2010』における表現
中学校理科	1) 水力、火力、原子力などからエネルギー 2) 放射線の性質と利用	原子力やエネルギー 放射線の性質と利用
中学校理科	1) 持続可能な社会をつくることの重要性の認識 3) 原子力	原子力
小学校社会4年	1) 飲料水・電気・ガスの確保 2) 飲料水・電気・ガス 3) 電気の確保（火力・原子力、水力の発電所）、火力発電・原子力発電	電気の確保 原子力

(2)『放射線について考えてみよう』の作成目的

　第1ページ目にある「はじめに」で、作成目的が述べられる。『放射線2011』の作成目的については、2.3.の「副読本が書かれたきっかけ、理由」でも文科省ホームページ上に載せられていたものを扱ったが、副読本においてはどうなっているだろうか。

　「はじめに」は、それぞれの段落が1つの文からなる4段落の比較的短い文章である。[　]の数字は段落を示す。

　　[1] 平成23年3月11日に発生した東北地方太平洋沖地震（マグニチュード9）によって東京電力（株）福島第一原子力発電所で事故が起こり、放射線を出すものが発電所の外に出てしまいました。

　最初に原発事故に言及している。この個所から、副読本は東電原発事故後に発表されたということが分かる。この短い文に地震名を長い正式名称で書き込み、マグニチュード情報まで入れ込んでいる。そして、事故は地震によって発電所で「起こった」のであり、その結果、放射線を出すものが発電所の外に「出てしまった」と自動詞で表現することで、原子力を推進してきた国の事故責任や、副読本の見直し理由に一切触れない表現をとっている。

[2] 放射線の影響を避けるため、この発電所の周りに住む方々が避難したり、東日本の一部の地域で水道水や食べ物などを飲んだり食べたりすることを一時的に止められたことがありました。

　[2] は、[1] の結果生じた事態について述べられる。
　「この発電所の周りに住む方々」という名詞修飾節を用いることによって、「放射線の影響を避けるため」に避難した人々を「この発電所の周りに住む」人達に限定した書き方となっている。「周り」という表現で、発電所を囲む小さな同心円内にしか放射性物質が飛ばなかったような読みとなるが、まず、放射性物質は同心円状には広がらないし、実際に避難した人達はずっと広範囲に及ぶ。事故を過小評価しようとする明確なねらいがあると思われる。また、「方々」と敬語を使うことで、そうした人々を避難者として認め、逆に、「原発の周りに住んでいないのに避難した人たち」を避難者として認めないという国の姿勢が読めないだろうか。
　放射線の影響による「避難」や「水道水や食べ物など」の飲食が「一時的に」止められた事態に言及しているのだが、この文の構文に注目してほしい。「飲んだり食べたりする」では、「xしたり、yしたりする」という構文が使われていて、「飲む」と「食べる」が並列となっているが、「避難したり」と並列になる部分がなく「止められたことがありました」という形でこの文は終わっている。「～したことがある」という構文は、「中国に行ったことがある」のように過去の経験を表す構文である。それをさらに過去形にして、「中国に行ったことがありました」とすれば、ずいぶん昔を思い出して発言しているようになる。そのため「避難したり」が飲食を一時的に止められた遠い過去の事態と同様に、「避難したりしたこともありました」と読める流れとなっている。また、「一時的に」という語もこの事故が「過去」の1つの出来事であって、今はもう解決しているような印象を与える。

　[3] このようなことから、放射線についての疑問や不安を感じている人が多いと思い、放射線について解説・説明した副読本を作成しまし

た。

　[3]で作成の理由が述べられる。「このようなことから」は前の文の「〜避難したり、〜止められたことがありました」を受けて書かれたものとなる。「事故は起きてしまったけど[1]、もう過去のものだから[2]」心配を払拭するためにこの副読本を作成した、というメッセージが読み取れる。「疑問」という語には、「わからないこと」と「疑わしいこと」という2つの意味がある。「疑問や不安を感じている」という所では、「疑問」と「不安」が「感じる」にかかるため、「疑問を感じる」となり、これは「疑わしい」という意味になるだろう。つまり、これは、放射線のことを疑ったり、危ないと思ったりする人達に対して書かれた副読本だといった読みができる。

　[4] この副読本では、放射線が身近にあることや色々なことに利用されていること、放射線による人体への影響、放射線の測り方や放射線から身を守る方法などについて紹介しています。

　[4]には副読本の内容が記載されている。放射線に対して疑問や不安を抱いている人々のために、まず「放射線が身近にあること」を知らせ、医療をはじめとしたさまざまな分野で「色々なことに利用されていること」を解説する意図は何だろうか。発電所から出た人工放射線の被害が問題となるはずなのに、表紙とともに、本文の第1ページでも1ページ全体を使ってスイセンの自然放射線が示されている。まさにこれが、3.1(2)で述べた「学習のポイント」であり、「指導上の留意点」である。
　3点目の「放射線による人体への影響」が実際に知りたい所であろうが、本文では、やはり主に自然や身近に受ける放射線量について心配する必要がないとし、人工放射線については、わざわざ「がん」という病名を出しながらも、「がんなど」とあいまいにし、「一度に100ミリシーベルト以下の放射線を人体が受けた場合、放射線だけを原因としてがんなどの病気になった

という明確な証拠はありません」と説明している。4点目の「放射線の測り方」も本文中で自然放射線を測るようになっている。放射性物質を利用している施設にも言及しているが、周辺で線量が測られ、情報が公開されている、と書いてある。事故前に書かれたような文言である。事故前に書かれたものであれば、一切「見直し」をせずにこの副読本を発行したことになるし、事故後に書かれたものであれば、事故後の実態とは全く異なる情報を書いていることになる。最後の「放射線から身を守る方法」についても「放射性物質から離れる」などいくつか紹介されているが、今回のように放射性物質が広範囲に多量に降り注いだ地域に住む住民を対象とした解説とはいえない。本文では原発事故はおろか「原子力発電所」という言葉も見つからない。事故後の実態を全く考慮していない非常に現実味に欠ける解説書となっている。この「はじめに」だけが事故後に追加されたような印象を受ける。

(3)『小学生のための放射線副読本』の作成目的

　文科省のホームページには「作成目的」が載っていなかったが、この「はじめに」には作成目的が書かれている。「はじめに」のテクストの量は『放射線2011』に比べてずっと多くなっており、福島第一原発1号機と4号機の写真が添えられている。『放射線2011』に比べると事故との関連が感じられるが、どうして一番爆発の激しかった3号機の写真がないのかという疑問は残る。今回も4段落になっている。

　　[1] 平成23年3月11日に起きた地震と津波によって、東京電力の福島第一原子力発電所で事故が起こりました。そして、風に乗って飛んできた放射性物質が多く降り積もった地域では、そこに住む人達が自分の家から避難しなければなりませんでした。事故の後、建物や地面、木々などから、できる限り放射性物質を取り除く、「除染」という作業が進められています。しかし、現在（平成25年12月）も、多くの人たちが自分の家にもどることができていません。

最初の文は、「起きた地震と津波によって」「東京電力の福島第一原子力発電所で事故が起こりました」と、自然災害が「起き」、事故が「起こった」いう表現になっている。これは、『放射線2011』と同様である。ただ、『放射線2011』では、地震の規模まで添えた詳しい地震の名称を用いていたが、今回は簡単に「地震」となり、新たに「津波」が加わった。恐らく前者の場合は地震や事故を実体験、あるいは映像で経験した人々の常識として「地震にともなう津波」が含意されるのだろうが、「地震」だけであれば地震が原因だということになるため「津波」も入れたのではないだろうか。ちなみに、日本原子力文化振興財団が作成している東京電力（株）・福島第一原子力発電所事故のサイトの「事故の分析・報告」[64]では、「地震にともなって発生した津波によって」という表現が使われている。

　また、『放射線2011』の「放射線を出すものが発電所の外に出てしまいました」という「発電所出自の放射性物質」という表現が消え、その代わりに「風に乗って飛んできた放射性物質」と、住民側の視点から見た「〜てきた」表現が取られている。「発電所から飛んでいった放射性物質」とするより、一段と原発の関与が薄められる効果が出るのではないだろうか。一方、「放射性物質が多く降り積った地域では（中略）避難しなければなりませんでした」と、『放射線2011』の「発電所の周り」という同心円状や距離を表す表現が消え、より明確に「避難」をせざるをえなかった状況が描写され、「現在も多くの人たちが自分の家にもどることができていません」と現在も避難が進行中である表現となっている。

　また、「除染」作業も新たなテーマとして扱っている。除染を「できる限り放射線物質を取り除く」作業だと定義しており、本文中においてもそのように写真つきで記述されている。しかし、放射性物質は除染により取り除かれるのではなく他の場所に移されるだけであるという、除染の根本的な意味や放射性物質を入れたビニール袋が山積みにされたままになっている仮置き場の実態、除染してもまた線量が上がるという現実には触れられていない。

　また、「避難した」という文と「多くの人が自分の家にもどることができていない」という文の間に「除染」に関する文を入れることで、人々が避難

していなくなった所を除染しているような解釈を生む文の順序になっている。実際は、多くの人が国の指定区域以外の、「除染」をせざるをえない「放射性物質が多く降った」環境に住み、子ども達が学校に通っているのである。

　[2] 事故の後、福島県から避難した人たちが差別を受けたり、子どもがいじめられたりしたこともありました。また、被害を受けた地域では、検査によって安全が確かめられていても、正確な情報が行き届いていないことにより、物が買ってもらえなくなったり、その地域への観光客が減ったりする「風評被害」も受けました。

[1]で、放射性物質が多く降り積った地域では避難しなければならず、家にもどることができない人もまだ多いと書いておきながら、避難する理由である放射性物質による健康被害には触れていない。そして、[2]で、差別やいじめについて述べられる。「Xしたり、Yしたりする」という構文を使って、「差別」「いじめ」をそれぞれ、避難した大人と子どもが体験したものとして並列に示したうえで、『放射線2011』と同じく「〜したことがあった」という過去の経験を思い出すような表現をとっている。ただし、今回は「〜したことがあった」と明確に書かず、「〜したこともあった」とあいまいな書き方をしている。この「も」には、「（実際の健康被害や避難生活の苦労など）他に色々なことがあるが／あったが」「差別やいじめもあった」と、原発事故の実害の方には触れずに、他の部分に目を向けさせるような効果があるのではないだろうか。
　また、「風評被害」についても述べられている。「風評被害」という言葉を放射性物質の飛散による「実害」との対比で説明するのではなく、単独で使うことで「風評被害」が前景化し、その存在が当然視されることになる。これにより「風評被害」を実害より重視する、あるいは、実害を全て「風評被害」として扱おうとする国の姿勢が見える。「風評被害」はここにおいては以下のように説明されている。

①被害を受けた地域で、検査によって安全が確かめられていても、正確な情報が行き届いていないことにより、物が買ってもらえなくなったりすること
②その地域への観光客が減ったりすること

そもそもなぜ検査が必要かという事情説明がなく、「検査」という語が突然使われる。「確かめられていても」と「〜ても」を使うことで検査により安全が確かめられていることを前提視している。そして、それを元に、安全だという「正確な情報が行き届いていない」ことが原因となって、物が買ってもらえない「風評被害」が生じ、その被害を「受けた」という流れになっている。

ここで面白いのは、「被害を受けた地域」で「風評被害も受けた」という作りである。何の「被害を受けた」を受けたのか、その「受けた」被害の内容を説明せずに、その地域では「風評被害も」「受けた」と、その被害の内容を詳しく明示していることである。

[（被害内容の説明なし）] 被害を受けた地域では
[（風評被害の詳しい説明）] 風評被害も受けた。

「被害を受けた地域」とはどこを、また、どんな被害を指すのだろうか。[1]の「放射性物質が多く降り積もった地域」を指すなら、「多くの人たちが自分の家にもどることができて」いない地域ということになる。しかし、（食品）検査をしているのだから、その地域に人が住んでいるということになる。つまり、（放射性物質の）被害を受けたが、人が住み、生産活動をしている地域ということになる。なぜそのような事態が引き起こされたか、それにより、どういう事態が生じるのかについては、全く触れていない。また、「正確」とされる情報が行き届いていないのはどうしてか。そこには国や自治体が出した「正確な」情報を信じない消費者の存在がほのめかされる。

ここの「買ってもらえない」と言う表現に注目したい。「物が売れない」

という自動詞を使うなら「物」に焦点が当たるが、「買ってもらえない」という授受表現を使うことで、人間関係に焦点が当たる。「生産者」側が「買ってもらう」という表現をとると、消費者から恩恵を受ける存在となる。そして、「買ってもらえない」とすることで生産者がその恩恵を消費者側から受けとれないというマイナスの感情を暗に含めることができる。つまり、生産者側の、消費者に対する恨めしさやくやしさが含意されないだろうか。

　ここで示される「その地域」とは、「被害を受けた地域」を指すので、「被害を受けた地域への観光客」が減ることも風評被害として扱っていることがわかる。

　さきほどの「いじめ、差別」を受けたのは「福島から避難した人たち」であり、「風評被害」を受けたのは「（放射性物質による）被害を受けてもそこに住んでいる人たち」となるのであれば、当然実害という実態もあるだろうが、それについての言及が全く抜けている。また、「風評被害も受けました」とここでも「も」を使うことで、他にも被害があったことが明示されずにほのめかされていることになる。

　これら［2］の文は全て過去形で書かれている。そうした言語使用はどのような意味を持ちうるのだろうか。それは、テクスト本体の構成と関わると考えられる。目次を見ると該当する個所は「どんな被害があったの？」と過去形になっており、次の節は「事故から立ち直るために」という見出しで食の安全検査や除染の実態が主に「～ています」という進行中であることを表す表現で記述され、その節の最後が「未来への出発」で終わるという作りになっているためだと考えられる。事故の被害を過去形にすることで今回の事故は対処しうる事故であったという印象が与えられるであろう。

　［3］このように、ひとたび放射性物質をあつかう施設で事故が起これば、きわめて大きな被害が生じます。原子力や放射線の利用にあたっては、事故が発生する可能性を常に考え、安全の確保のために最大限の努力を払わなくてはなりません。

[3] では、[2] の記述を受け「このように」で始まる。[2] で挙げた差別やいじめ、風評被害が「きわめて大きな被害」であるように論じられている。それとも [2] で用いられた「も」の効果で本題の被害には言及はせず、「きわめて大きな被害」を想像させようとしているのだろうか。

　また、「事故が起こる」と自動詞を使うと、被害者、加害者の対立は生まれないが、「差別」「いじめ」「風評被害」は、加害者、被害者を作る。原発事故を起こしたのは東電であり、原発を推進しているのは国であるのに、それには言及せず、「差別」「いじめ」「風評被害」をテーマに選ぶことで、国民を被害者、加害者に分断させ、被害の責任を暗に国民側に負わせるというテクストの構成になっているのではないだろうか。

　次に、ここにおいても「事故が起これば」「被害が生じる」と自動詞で事故が焦点となり主体が現れないのに対し、この文の後半においては「原子力や放射線の利用にあたっては、事故が発生する可能性を常に考え、安全の確保に最大限の努力を払わなければなりません」と、「利用する際、常に考える」主体、「最大限の努力を払う」主体が描かれ、その強い姿勢が「〜なければなりません」で表されている。これは原発事故の反省とも読めるが、この文には主語がない。誰が事故の発生の可能性を常に考え、安全確保に努力をするのか、誰が「しなければならない」と言っているのか、「しなければならない」は、するべき本人が義務として言っているのか、それとも誰かが命令しているのか、非常にあいまいな文である。つまり、この能動態の文においても実際の責任の所在が全く不明なまま文の表現形式だけは責任感に満ちたものとなっている。

　[4] この副読本が、みなさんが放射線のことを知る手助けになり、また、自分の住む場所が事故を起こした原子力発電所から遠くても近くても、ともに社会に生きる一員として、この事故に向き合い、これからどのようにしたらよいかを考えるきっかけになることを願っています。

　『放射線2011』同様、文頭では、発電所で事故が「起こりました」という

表現がとられていたが、最後の［4］で初めて「事故を起こした原子力発電所」と他動詞が用いられる。しかし、「事故を起こした」を名詞修飾節の中に入れ、原子力発電所を、場所に焦点を当てた文「自分の住む場所が原子力発電所から遠くても近くても〜」にすることで、事故責任に言及できないようになっている。また、「社会に生きる一員として」「この事故に向き合い」、「考える」のは「みなさん」であり、そういうことを「手助けする」「願っている」のが本の作成者、つまり文科省という作りになっている。もちろんここにおいても原子力を推進していた側の責任をとるという姿勢は全く見られない。

3.3. 3つの副読本に重なるテーマ

　副読本3冊を通して共通して取り上げられているテーマがある。それは「身の回りの放射線」である。

　　わたしたちは宇宙から地球上にふり注ぐ宇宙線を受けています。この宇宙線は放射線の一種です。また、大地からも放射線を受けています。これは大地の中の岩石などから放射線が出ているためです。また、わたしたちが毎日食べる食物からも放射線を受けています。これは、食物の中に放射線を出す物質がふくまれているためです。(『原子力ランド2010』)

　　放射線は、宇宙や地面、空気、そして食べ物からも出ています。また、皆さんの家や学校などの建物からも出ています。目に見えていなくても、私たちは今も昔も放射線がある中で暮らしています。(『放射線2011』)

　　放射線は、宇宙から降り注いだり、地面、空気、そして食べ物から出たりしています。また、私たちの家や学校などの建物からも出ています。目に見えていなくても、私たちは今も昔も放射線がある中で暮らしてい

ます。(『小学生 2014』)

　こういった説明の下、三者とも「宇宙」「空気」「地面」「食べ物」が描かれた全く同じイラストを使用して、放射線が身の回りにあることを知らせている。『原子力ランド 2011』では、医療関係の放射線も含まれていて、ロボットに「少しの量なら体に影響はないんだよ！」と言わせている。教師用の指導のポイントを見ると、「放射線は好ましくないイメージが先行しがちであるが、自然からの放射線として身の回りに常に存在し、普段我々は放射線とともに生活をしている」[65]とある。『放射線 2011』では、上の文以外に特別な解説がなく、イラストで大きく 1 ページをとっている。教師用の「指導上の留意点」には、「私たちは、宇宙、地面、空気、食べ物などの自然界から常に放射線を受けていることを理解できるようにする」[66]とある。『小学生 2014』では、それぞれのイラストの横に、詳しいテクストが添えられ、ずっと昔から存在することや身近にあることが説明されている。
　また、『放射線 2011』および『小学生 2014』の「放射線を受けるとどうなるの？」というタイトルの「自然から受ける放射線の量」というコーナーでも全く同じイラストが使用されている。『放射線 2011』では、そこに「日本では、地面や食べ物などの自然から 1 年間に受けている放射線の量は、一人当たり約 1.5 ミリシーベルトです」という解説があるが、『小学生 2014』では、その数値がなぜか「2.1 ミリシーベルト」に増えている。そして、「ただし、これには、原子力発電所の事故によって増えた放射線の量はふくまれていません」という但し書きが加わっている。自然放射線量がどうであれ、今こそ、原子力発電所の事故によって大量に飛散した人工の放射能の影響について知らせなければならないのに、「人工」と言う言葉は使わず、「放射線の量はふくまれていません」と、原発から飛び散った放射線をテーマからはずす姿勢がこの自然放射線の大きな扱いと但し書きに現れている。
　以上、これら 3 冊の副読本に重なるテーマを見た。3 冊とも、「身近な放射線」「放射線の安全性」をどうしても強調したい、事故を過小評価したい

意図が読み取れる。また、同じイラストを使い続ける点からも、事故を過小評価したいという消極的な意図だけではなく、2.3.2. で述べた放射線の積極的利用という方針の温存が感じられる。

3.4. 決まり文句

ガイドラインの3つ目の「言語的、修辞的手段」については、3.2と3.3でテクストの構成に応じて随時詳しく取り上げた。ここでは、特に「慣用句、決まり文句」に注目したい。これまで副読本に関連する資料を調べていくうちに一定の決まり文句があまりにも多くさまざまな場で繰り返されていることに気づいた。それを指摘するとともにその意味について考えたい。

3.4.1. 知識の習得、思考力、判断力の育成

文科省の「新学習指導要領・生きる力」には、「新しい学習指導要領は、(中略)知識や技能の習得とともに思考力・判断力・表現力などの育成を重視[67]」という表現が出てくるが、その表現、あるいは非常に類似した表現が『原子力ランド2010』の解説編「原子力やエネルギーについて学び、自ら考え、判断する力を育成することが大切です」(p.3)にも登場する。そして、文科省関連の資料、たとえば、平成23年度事業レビューシート[68]「原子力を含めたエネルギーに関する知識の習得、思考力・判断力を育成する環境を整備」や事故後の平成24年度事業レビューシート[69]「原子力に関する知識の習得、思考力・判断力の育成のための取組」にも現れる。また、文科省ホームページにおける『放射線2011』の「作成目的」[70]においても「原子力」を「放射線」に変更しただけで、「放射線等について学び、自ら考え、判断する力を育成すること」という表現が用いられ、同じく『放射線2011』の発行を知らせる大臣の言葉[71]においても「放射線や放射能、放射性物質について学び、自ら考え、判断する力を育むこと」が用いられている。

次に、事故前後の文科省から2008年の内閣府原子力委員会の『原子力白書』[72]に目を移すと、そこにおいても「原子力やエネルギーについて理解を深め自ら考え判断する力を身につける」という表現が使われているが、さら

に2000年の同委員会報告書『原子力の研究、開発及び利用に関する長期計画』「国民の理解のための環境整備」[73]においても「エネルギーや、原子力について考え、判断するための環境を整える」という表現に出会った。

「〜について自ら考え判断する」という表現は、前の学習指導要領 (2002年実施) にも既に見える[74]が、どのように、「原子力、放射線」教育と融合したのかはわからない。詳しく追っていくと、まだまだ出てくるであろうし、流れも詳細につかめるだろうが、ここではまず決まった表現が繰り返し現れる、硬直した日本語の用いられ方、そして、それが「原子力、放射線の国民への理解促進」との関連で用いられることを指摘したい。

なお、東電原発事故後、放射線教育関係で何度か目にした表現は、「特に関心の高い放射線や放射性物質、放射能の理解[75]」など、「放射線」と「高い関心」をつなげた表現である。これらはやはり、国民への理解促進という関連で使われており、2.3. でも扱った「原子力PA方策の考え方」にある「事故時はみんなの関心が高まっている」とも重なる。

3.4.2. 現実遊離の決まり文句

東電原発事故前も事故後も変わらない、こうした「自ら考え判断する」といった硬直した決まり文句からは本来の語が持つ意味が伝わってこない。国が原発事故後も強力に原子力／放射線教育を進めようとする動きと「自ら考え判断する」という表現は大きく齟齬をきたしはしないだろうか。同様に、上述の大臣の言葉「日本の将来を担わなければならない子ども達」、文科省が新学習指導要領で言う「生きる力を育むために、子どもたちの未来のために[76]」、あるいは、2.2.2. で見た環境教育の「豊かな自然環境を守り、私たちの子孫に引き継いでいくために」なども文科省の決まり文句の1つであろうが、このような響きの良い「教育」に向けた言葉と文科省の原発推進はどう折り合うのだろうか。現実や意図を隠蔽し、逆の事態、きれいごとを描き出すような表現が用いられることで、言葉が本来持ち得るポジティブな力が形骸化される。これらの決まり文句は、現実や生きた人間の営みとは遊離した、言葉の形式だけが一人歩きする、まさに「生きる力」を失った言語表現

である。

4. まとめ

　以上、1.2. で紹介した「ガイドライン」を応用する形で副読本の表紙、作成目的、奥付部分を中心に詳細分析を行った。副読本を選択した理由を最初に述べたが、文科省の「原子力」と「教育」との関係、原子力に関する「官」側の日本語の性格が多少とも見えてきたのではないだろうか。

　まさしく原発の設置や運転の円滑化を図る部署で『原子力ランド2010』が作成されたこと、何度も用いられた「学習指導要領」には実は対応していなかったこと、原発事故が起きたにもかかわらず、同じ部署から、テクスト本文で事故に言及しない『放射線2011』が発行されたこと、それを文科省は「見直し」として発行したこと、そして、新たに担当部署を変えて『小学生2014』が発行されたことを見てきた。では、3冊目となった『小学生2014』で、原発推進の文科省がどのように原発事故に向き合ったのだろうか。そこでも事故の責任を回避し、謝罪を避け、子ども達をはじめとした健康被害を直視しようとせず、差別やいじめ、風評被害という二次的な被害を強調する姿が見られた。

　詳細分析のガイドラインの最後の項目は「イデオロギー的な内容」で、「前提とされる／伝えられる人間像、社会観、科学技術観、未来像」を見るのだが、今回の「官」の言葉を分析するうちに、明らかになったことは何だろうか。明確に言ってしまえば、そもそも国が原発を推進するかぎり、国民を言葉(とお金)でだまし続けなければならない、ということではないだろうか。『原子力ランド2010』のげんしろう博士に教わるロボット達のように、私達が国の提供する「正しい知識」を授かる従順な国民だと都合がいいのであろう。原発を推進するかぎり、国は原発は安全だ、放射性物質は身近にあり、安全だと、東電原発事故後の今はさらに、食は安全だ、健康被害はない、とずっと言い続けざるを得ないのである。

　また、原発を推進するかぎり「事故を起こしたのは私たちです」とは言え

ないのである[77]。一旦「責任を取る」と言えば、原発が抱えるどうしようもなく大きな諸問題とも向き合わなくてはいけなくなってしまうし、倫理的に原発に向き合わなければならなくなってしまうからである。だからこそ、ここで見たような、さまざまな言語のテクニックを駆使した、中が空洞の日本語を使って国民に対応せざるをえないのである。そうしなければ原子力／放射線利用は推進できないことになる。

　しかし、うそがベースの社会は健全とは言い難い。第二次世界大戦中を考えてみるだけで十分だろう。どれだけ日本語が遊ばれたことか。健全な未来像を描くためには、メッセージをはっきりと伝えることのできる、現実から遊離しない「生きた」日本語で政治家や官僚と国民が互いに議論し合う社会にならなければならない。そのためには「官」の言葉の動きを指摘、批判する「民」側の人々が増えることを願っている。

注

1　小学校1・2年、3・4年向けは「私」が「わたし」となっている。
2　川原(2014: 141)
3　文部科学省ホームページ(以下、文科省 HP)「放射線等に関する副読本の作成について」<http://www.mext.go.jp/b_menu/houdou/23/10/1309089.htm> 2014.5.13
4　文科省 HP「髙木義明文部科学大臣記者会見録(平成23年4月15日)」<http://www.mext.go.jp/b_menu/daijin/detail/1305140.htm> 2014.6.2、川原(2014: 148)
5　川原(2014: 147)
6　インターネットで「文科省」「副読本」などの検索語を入れるとざまざまな批判の実態が読み取れる。
7　批判的談話分析の概略は野呂(2009)、ヴォダック・マイヤー(2010)、Wodak and Meyer(2009)などを参照。
8　詳しくは、イェーガー(2010)、Jäger and Maier(2009)、山下・野呂(2012)、野呂(2014)等を参照。
9　イェーガー(2010: 82–85)、Jäger and Maier(2009: 55)を参照。ただし、いくつかの用語はわかりやすい表現に変更した。
10　たとえば、「子供20ミリ撤退を！〜文科省包囲・要請行動 2011.5.23」<http://www.youtube.com/watch?v=CenepxDTiEU> 2014.6.3

11 SPEEDIとは「緊急時迅速放射能予測ネットワークシステム」のことで、それを使って予測された、避難に必要な風向き情報を文科省が緊急時に国民には公表せず、アメリカには伝えていたという問題。「東京電力福島原子力発電所事故調査委員会会議録　第二号」(pp.14–17)、国立国会図書館インターネット資料保存事業 <http://warp.da.ndl.go.jp/info:ndljp/pid/3856371/naiic.go.jp/wp-content/uploads/2012/08/2nd-report.pdf> 2013.6.16
12 文科省が、文科省通知「福島県内の学校の校舎・校庭等の利用判断における暫定的考え方について」(2011年4月19日)において「幼児、児童及び生徒が学校に通える地域においては、非常事態収束後の参考レベルの1–20mSv／年を学校の校舎・校庭等の利用判断における暫定的な目安とし」たことを指す。参考資料は注11に同じ。
13 文科省の設置したモニタリングポストの値が一様に他の計器と比べ低いという問題を指す。「放射能モニタリングポストの実態調査—指示値の系統的低減化」市民と科学者の内部被曝研究会 (2012年10月5日) <http://www.acsir.org/info.php?24> 2014.6.10、「文科省・やっと認めたモニタリングポストのインチキな数値。けど『低いのはたった1割、しかもバッテリーのせい』」ブログ「みんな楽しくHappyがいい」(2012年11月8日) に詳しい。<http://kiikochan.blog136.fc2.com/blog-entry-2522.html> 2014.6.10
14 文科省HP「組織図、各局の紹介」<http://www.mext.go.jp/b_menu/soshiki2/04.htm> 2014.6.3
15 川原 (2014: 116)「文部科学省の原子力関係の組織図 (文部科学省組織令、同組織規則、(電子政府の総合窓口 http://law.e-gov.go.jp/cgi-bin/strsearch.cgi) より作成)」
16 文科省HP「学習指導要領とは何か？」<http://www.mext.go.jp/a_menu/shotou/new-cs/idea/1304372.htm> 2014.6.8
17 文科省HP「環境教育」<http://www.mext.go.jp/a_menu/shotou/kankyou/> 2014.4.18
18 文科省HP「学習指導要領における『環境教育』に関わる内容の比較」<http://www.mext.go.jp/a_menu/shotou/kankyou/> 2014.4.18
19 (新設) とは、平成20年に新設された項目を意味する。わかりづらいため、オリジナルにはない「←」を付加した。
20 「充実した」内容とは、「新たに加わった」内容という意味である。この「充実」という使い方も非常に興味深い使われ方をした語であるが、ここでは紙幅の関係上、触れられない。
21 注6でも示したが数多くの副読本に対する批判はインターネット上で見出せる。
22 原子力に関わる文科省と経済産業省の関係については今回は扱わない。
23 『平成21年版　文部科学白書』p.395 <http://warp.da.ndl.go.jp/info:ndljp/pid/

8231954/www.mext.go.jp/b_menu/hakusho/html/hpab200901/1295628_035.pdf> 2014.5.3

24 文科省報道発表「平成 23 年度文部科学省原子力関係予算案について」<http://www.mext.go.jp/a_menu/kaihatu/gensi/__icsFiles/afieldfile/2011/01/14/1289598_1.pdf> 2014.6.15、川原（2014: 114–126）。

25 文部科学省：平成 23 年度行政事業レビューシート（事業番号 0503）<http://www.mext.go.jp/component/a_menu/other/detail/__icsFiles/afieldfile/2011/10/04/1310816_4.pdf> 2014.5.27

26 川原（2014: 124）参照。

27 川原（2014: 158–162）に詳しい。

28 公益財団法人日本生産性本部、調査研究 <http://activity.jpc-net.jp/detail/eep/activity000559.html> 2014.5.19

29 同センターと日本エネルギー環境教育学会については、川原（2014: 214–224）を参照。

30 平成 24 年行政事業レビューシート（事業番号 2）は文科省 HP からなくなり、平成 24 年度行政事業レビューシート（事業番号 0451）に変更されていたため、以下のファイルを参照のこと。<http://www.mext.go.jp/component/a_menu/other/detail/__icsFiles/afieldfile/2012/09/06/1323030_9.pdf> 2014.6.8

31 川原（2014: 112、163–173）

32 たとえば文部科学省の平成 22 年度（2010）から 2013 年度の行政事業レビューシートにおいても「原子力教育支援事業委託費」として委託を受けているのがわかる。

33 川原（2014: 143）

34 第 177 回国会　文部科学委員会　第 7 号（平成 23 年 4 月 13 日（水曜日））会議録 <http://www.shugiin.go.jp/internet/itdb_kaigiroku.nsf/html/kaigiroku/009617720110413007.htm#p_honbun> 2014.5.8

35 文科省 HP「放射線等に関する副読本の作成について（平成 23 年 10 月 14 日）：1. 作成目的」<http://www.mext.go.jp/b-menu/houdou/23/10/1309089.htm> 2014.5.13

36 文科省 HP「放射線等に関する副読本　保護者、学校関係者の皆様へ」<http://www.mext.go.jp/b_menu/shuppan/sonota/detail/1311072.htm> 2014.4.7

37 川原（2014: 180–190）

38 川原（2014: 182）

39 文部科学省：平成 24 年行政事業レビューシート（事業番号 2）。注 31 を参照。

40 川原（2014: 180）

41 川原（2014: 180、192）

42 『原子力白書』（平成 21［2009］年度版）<http://www.aec.go.jp/jicst/NC/about/hakusho/hakusho2009/1–6.pdf> 2014.4.19

43 内閣府原子力委員会（平成 22 年 6 月 1 日）報告書「原子力政策大綱に示している放射線利用に関する取組の基本的考え方の評価について」<http://www.aec.go.jp/jicst/NC/about/kettei/kettei100601.pdf> 2014.5.29
44 内閣府原子力委員会「原子力の研究・開発及び利用に関する長期計画」（平成 12 年 11 月 24 日）<http://www.aec.go.jp/jicst/NC/tyoki/siryo/houkoku2/kettei.htm> 2014.5.28
45 「原子力 PA 方策の考え方」（日本原子力文化振興財団原子力 PA 方策委員会報告書）。しんぶん赤旗（2011 年 7 月 2 日号）(<http://www.jcp.or.jp/akahata/aik11/2011-07-02/2011070203_01_1.html> 2014.6.8) や川原（2014: 93、231-234）をはじめ、多数のブログ情報がある。<http://labor-manabiya.news.coocan.jp/shiryoushitsu/PAhousaku.pdf> 2014.6.8 など。
46 たとえば福島大学放射線副読本研究会（2012）には、詳しく両副読本の内容の問題点が指摘されている。
47 平成 24 年度行政事業レビュー「公開プロセス」、実施結果(平成 24 年 6 月 19 日) <http://www.mext.go.jp/component/a_menu/other/detail/__icsFiles/afieldfile/2012/06/20/1322355_1.pdf> 2014.6.8
48 平成 24 年度行政事業レビュー「公開プロセス」、評価者のコメント(コメントシートに記載されたコメント) <http://www.mext.go.jp/component/a_menu/other/detail/__icsFiles/afieldfile/2012/06/19/1322353_2_1.pdf> 2014.6.8
49 平成 24 年度行政事業レビュー「公開プロセス」1 日目議事録（6 月 19 日（火曜日）)分 <http://www.mext.go.jp/a_menu/kouritsu/detail/1323217.htm> 2014.6.8
50 朝日新聞 Digital「福島第一原発事故の記述大幅増」（2014 年 3 月 10 日版）<http://www.asahi.com/articles/ASG355FSFG35UTIL027.html> 2014.6.8
51 文科省 HP「新しい放射線副読本」<http://www.mext.go.jp/b_menu/houdou/26/02/1344734.htm> 2014.5.20
52 2014 年 5 月 15 日付け産経ニュース「「美味しんぼ」の前に一読を 「放射線副読本」一新　全国の学校へ　除染など福島県取り組み記載」<http://sankei.jp.msn.com/life/print/140515/trd14051507540003-c.htm> 2014.6.8
53 雁屋哲『美味しんぼ』「福島の真実編」(『ビッグコミックスピリッツ』、2014 年 4 月 28 日発売 22/23 合併号、小学館）に描かれた、主人公が福島第一原発取材後に出した鼻血のシーンなどに対し、閣僚たちが発言し、鼻血と被曝の関係を否定。マスコミでも多く取り上げられたテーマである。<http://spi-net.jp/spi20140519/index.html> 2014.6.21
54 国会図書館インターネット資料収集保存事業『わくわく原子力ランド』<http://warp.da.ndl.go.jp/info:ndljp/pid/1368834/www.enecho.meti.go.jp/genshi-az/

pamphlet/pdf/shogaku_jido.pdf> 2014.6.9
55 金水 (2003: 1–28)
56 今は削除されてしまったが、以前分析対象とした日本原燃のキッズコーナー「なぜなぜ原子力」でも専門家の博士と従順な小動物を使った解説に同様の人間観が現れていた。<http://www.jnfl.co.jp/kids/index/html) > 2012.4.5
57 文科省 HP「放射線について考えてみよう」<http://www.mext.go.jp/component/b_menu/other/__icsFiles/afieldfile/2011/11/04/1313005_01_2.pdf> 2014.3.3
58 文科省 HP「小学生のための放射線副読本」<http://www.mext.go.jp/component/b_menu/other/__icsFiles/afieldfile/2014/03/03/1344729_1_1.pdf> 2014.6.8
59 文科省 HP「新しい放射線副読本」<http://www.mext.go.jp/b_menu/shuppan/sonota/detail/1344732.htm> 2014.5.26
60 文科省 HP「学習指導要領・生きる力：中学校学習指導要領　第 2 章　各教科　第 4 節　理科」<http://www.mext.go.jp/a_menu/shotou/new-cs/youryou/chu/ri.htm> 2014.6.15
61 文科省 HP「中学校学習指導解説、理科」(pp.67–68) <http://www.mext.go.jp/component/a_menu/education/micro_detail/__icsFiles/afieldfile/2011/01/05/1234912_006.pdf> 2014.6.15
62 文科省 HP「小学校学習指導要領　第 2 章　各教科　第 2 節　社会」<http://www.mext.go.jp/a_menu/shotou/new-cs/youryou/syo/sya.htm> 2014.6.15
63 文科省 HP「小学校学習指導要領解説、社会編」<http://www.mext.go.jp/component/a_menu/education/micro_detail/__icsFiles/afieldfile/2009/06/16/1234931_003.pdf> 2014.5.30
64 日本原子力文化振興財団「東京電力 (株)・福島第一原子力発電所事故、事故の分析・報告」<http://www.jaero.or.jp/data/02topic/fukushima/summary/02.html> 2014.5.28
65 『わくわく原子力ランド　解説編【教師用】』p.62
66 『放射線について考えてみよう　解説編【教師用】』p.5
67 文部科学省、平成 20 年度改訂小学校学習指導要領・生きる力：改訂の基本的な考え方 (平成 20 年) <http://www.mext.go.jp/a_menu/shotou/new-cs/index.htm> 2014.5.29
平成 10 年度改訂小学校学習指導要領の該当箇所 (第 1 章総則) では、「自ら学び自ら考える力の育成」<http://www.mext.go.jp/a_menu/shotou/cs/1319944.htm> 2014.5.29、平成元年度版では、「自ら学ぶ意欲と社会の変化に主体的に対応できる能力の育成」となっている。<http://www.mext.go.jp/a_menu/shotou/old-cs/1322305.htm> 2014.5.29
68 事業番号 0503。注 25 を参照。
69 事業番号 2。注 31 を参照。

70　文科省 HP「放射線等に関する副読本の作成について」(2011 年 10 月 14 日)「作成目的」。注 36 を参照。

71　文科省 HP、中川文部科学大臣による「放射線等に関する副読本、保護者、学校関係者の皆様へ」(2011 年 11 月)。注 37 を参照。

72　内閣府原子力委員会『平成 20 年 (2008) 度原子力白書』「③学習機会の整備・充実」(p.69) また、『平成 21 年度版　原子力白書』(p.88) も同じ表現となっている。<http://www.aec.go.jp/jicst/NC/about/hakusho/hakusho2008/index.htm> 2014.5.20、および、注 43 参照。

73　内閣府原子力委員会「原子力の研究・開発及び利用に関する長期計画」(平成 12 年 11 月 24 日) <http://www.aec.go.jp/jicst/NC/tyoki/siryo/houkoku2/kettei.htm> 2014.6.1

74　文科省 HP「新しい学習指導要領の主なポイント (平成 14 年度から実施)」<http://www.mext.go.jp/a_menu/shotou/cs/1320944.htm> 2014.6.29

75　平成 23 年行政事業レビューシート (事業番号 0451)、平成 25 年行政事業レビューシート (事業番号 0274)、文科省 HP「放射線等に関する副読本の作成について：作成目的」(2011 年 10 月 14 日) など。<http://www.mext.go.jp/a_menu/kouritsu/detail/1337317.htm> 2014.5.16、および、注 31、35 参照。

76　文科省 HP「新学習指導要領・生きる力」<http://www.mext.go.jp/a_menu/shotou/new-cs/index.htm> 2014.5.31

77　国会事故調 (「東京電力福島原子力事故調査委員会会議録第 2 号」平成 24 年 1 月 16 日) の中で、崎山委員が文科省側に「文部科学省がこれまで進めてきた政策、それから子供達に教えてきた安心、安全というのがこの事故で全く崩れてしまった。そういうことに対する言及というのが全くない (後略)」と問いただしたのに対し、「原子力対応につきましては、これからきちんと深堀りをして検証していきたいというところでございます」と回答している。これも責任を回避する「官」らしい言葉使いだろう。

参考文献

イェーガー・ジークフリート (2010)「談話と知—批判的談話分析および装置分析の理論的、方法論的側面」ヴォダック、ルート／ミヒャエル・マイヤー編著、野呂香代子監訳『批判的談話分析入門』pp.51–91. 三元社 (Jäger, Siegfried (2001) Discourse and knowledge: theoretical and methodological aspects of a critical discourse and dispositive analysis. In: Wodak, Ruth and Michael Mayer (eds.) *Methods of Critical Discourse Analysis.* pp.32–62. London, Thousand Oaks, New Delhi, Singapore: Sage Publications Ltd.)

ヴォダック、ルート／ミヒャエル・マイヤー編著、野呂香代子監訳 (2010)『批判的談

話分析入門』三元社 (Wodak, Ruth and Michael Mayer (eds.) (2001) *Methods of Critical Discourse Analysis*. London, Thousand Oaks, New Delhi, Singapore: Sage Publications Ltd.)

川原茂雄 (2014)『原発と教育』海象社

金水敏 (2003)『ヴァーチャル日本語　役割語の謎』岩波書店

子安潤／塩崎義明編著 (2013)『原発を授業する―リスク社会における教育実践』旬報社

佐々木賢 (2011)『教育×(と)原発』青土社

章大寧 (2012)「原子力推進政策の展開と国家介入による原子力教育の問題点」『南九州大学研報』42B: pp.1–29

武田邦彦 (2013)『原発事故とこの国の教育』ななみ書房

野呂香代子 (2009)「クリティカル・ディスコース・アナリシス」野呂香代子／山下仁編著『「正しさ」への問い』pp.13–49、三元社

野呂香代子／山下仁 (2012)「読めたのに読み解くことのできなかった原発安全神話」『言葉と社会』編集委員会編『ことばと社会―リテラシー再考』pp.160–191、三元社

野呂香代子 (2014)「批判的談話分析」渡辺学・山下仁編『ドイツ語の社会語用論』pp.133–160、ひつじ書房

福島大学放射線副読本研究会 (2012年)『放射線と被ばくの問題を考えるための副読本―"減思力"を防ぎ、判断力・批判力を育むために』(改訂版) 福島大学環境計画研究室

Jäger, Siegfried and Maier, Florentine. (2009) Theoretical and Methodological Aspects of Foucauldian Critical Discourse Analysis and Dispositive Analysis, In: Wodak and Meyer (eds.) (2009) *Methods of Critical Discourse Analysis* (second edition). pp.34–61. London, Thousand Oaks, New Delhi, Singapore: Sage Publications Ltd.

Wodak, Ruth and Meyer, Michael (eds.) (2009) *Methods of Critical Discourse Analysis* (second edition). London, Thousand Oaks, New Delhi, Singapore: Sage Publications Ltd.

文部科学省ホームページ「小学校学習指導要領」
<http://www.mext.go.jp/a_menu/shotou/new-cs/youryou/syo/index.htm> 2014.4.18

『わくわく原子力ランド』国立国会図書館インターネット保存事業 Warp (Web Archiving Project) より <http://warp.da.ndl.go.jp/info:ndljp/pid/1368834/www.enecho.meti.go.jp/genshi-az/pamphlet/pdf/shogaku_jido.pdf> 2014.3.3

『わくわく原子力ランド (解説編【教師用】)』国立国会図書館インターネット保存事業 Warp (Web Archiving Project) より <http://warp.da.ndl.go.jp/info:ndljp/pid/1368834/www.enecho.meti.go.jp/genshi-az/pamphlet/pdf/shogaku_kyoshi.pdf> 2014.5.21

『放射線について考えてみよう』
 <http://www.mext.go.jp/component/b_menu/other/__icsFiles/afieldfile/2011/11/04/1313005_01_2.pdf> 2014.3.3
『放射線について考えてみよう(解説編【教師用】)』
 <http://www.mext.go.jp/component/b_menu/other/__icsFiles/afieldfile/2011/11/04/1313005_02_1.pdf>（1/2）2014.3.3
 <http://www.mext.go.jp/component/b_menu/other/__icsFiles/afieldfile/2011/11/04/1313005_03_2.pdf>（2/2）2014.3.3
『小学生のための放射線副読本』
 <http://www.mext.go.jp/component/b_menu/other/__icsFiles/afieldfile/2011/11/04/1313005_01_2.pdf> 2014.3.3

参考資料　詳細分析のガイドライン(筆者が日本の「官」の言語分析に文脈化したもの)
　以下のガイドラインは、副読本の分析で見えてきた新たな分析項目を加えて、より具体化したものである。特に「官」の言語の分析に使えると思われる。オリジナルは本章 1.2 を参照のこと。

①コンテクスト：テクストの制度的な枠組み
　・(典型的な)テクストを選択した理由
　・著者、作成者、組織の位置づけ
　　―関係者、関係団体の組織図からの位置づけ、他の関係者、団体との関連性
　　―関係者、関係団体の担当する業務の位置づけ、目的
　　―関係者、関係団体のその他の業務との関連性
　　―関係者、関係団体の歴史、時系列的な動き
　　―予算の出所、流れ
　・テクストが書かれたきっかけ、理由
　　―公的に表明されたものと、それとは異なるきっかけ
　　―市民、メディア、国会議員等の発言との関連
②テクストの作り
・視覚的なレイアウト
　　―訴えているもの
　　　テクスト内容を象徴的に表現しているか、あるいは、逆／別の世界を表現しているか
　　―大見出し、中見出し、小見出し(本ならタイトル、副題など)
　　　それぞれどのような関係を作りだしているか、整合しているか
・内容単位にしたがったテクストの構成
　　―それぞれの内容(段落)が次の内容(段落)にどのように引き継がれて発展していくか
　　―内容ごとのつなぎはどうなっているか(接続詞など)
・取り上げられたテーマ
　　―取り上げられたテーマ間に整合性はあるか。意図的な関連づけがないか
　　―取り上げられたテーマに隠れた、取り上げられなかったテーマはあるか、それは何か
　　―繰り返し用いられるテーマは何か、なぜ繰り返されるのか
③言語的、修辞的手段
・論証(ストラテジー)に用いられている形態
　　―何を論拠に主張がなされているか、それは妥当か

- 論理と構成
  ──登場する語、あるいは、語の組み合わせから生じる推論と実態は一致しているか
  ──結論がどのように導き出される論理構成となっているか
  ──どのような定義の下で論が進められるか、それが論の運び、結論にどう影響するか
  ──テクストの文の並べ方（順）によって、引き出される意味、推論が異なってこないか
- 含意、ほのめかし
  ──何らかの文法的な手段を使うことで、一定の含意やほのめかしを生んでいないか。一定の読みを誘っていないか。たとえば選択される一定の構文や時制、自動詞・他動詞の選択、取り立て助詞、「〜てくる／〜ていく」、授受表現等々
- 象徴、比喩
  ──使用されたシンボルや比喩で何を訴えようとしているのか、テクストとどのように関連しているか
- 慣用句、決まり文句
  ──どのような表現が慣用句や決まり文句として使われているか
  ──キーワードや決まり文句は当該テクストだけでなく、関連する資料や歴史的資料にも現れていないか
  ──よく用いられる、響きの良い決まり文句はどのような環境で、何を意図して使用されているか
- 語彙、文体

〈語彙〉
  ──何度も登場する語は、他の資料にも登場するか。全体の中でどのような位置づけとなっているか
  ──語の並列関係、包摂関係はどうなっているか、それぞれの単語の位置づけ、比重がどこかで変化していないか

〈文体〉
  ──どのような文体が選択され、それによりどのような人間関係が形成されるか
  ──登場人物の文末、役割語。どのような役割、役割関係が形成されるか

〈文法：文レベル〉
  効果として「含意、ほのめかし」に使用されるものが多い
  ──「〜てくる／〜ていく」視点、方向性の変化による効果
  ──「授受表現」視点、方向性、一定の（集団）の恩恵、力関係、それに伴う感情の表出
  ──一定の時制の選択による効果

──一定の構文の選択、変形による効果
　　　──「名詞修飾節」。名詞化による焦点の移動
　　　──取り立て助詞による効果
　〈文法：テクストレベル〉
　　　──接続詞がどのように使われているか、そのつながりの結果、どのような推論、結果が生まれるか
・登場人物（人物、代名詞の使われ方）
　　　──人物、人称が現れた場合、どのような位置づけとなっているか
　　　──文に主語がない場合、誰が該当する人物なのか、主語を避ける意図は何か
　　　──登場人物がなくても、言語選択で人物が特定できるか
・引用、学問への依拠など
　　　──一見、中立的に見えるもの、学問の成果などを利用していないか、それに依拠して何かを主張していないか
　　　──国を権威化し、利用していないか
④イデオロギー的な内容
・どのような人間像、社会観、科学技術観、未来像を前提としているか、伝えているか
　　　──国がどのような国民を求めているか（ここでは一つの典型例として「国」を挙げたが、さまざまな「権力機構」を想定することは可能であろう）
　　　──国の国民に対する対応はどうか。過酷事故が起きた場合など、国民に対する対応はどうか
　　　──国が描く未来像。白書、報告書などにそれが描かれているか、実際の政策と一致するか
　　　──国が一定の技術など一定の方向に肩入れしていないか。その理由は何か
⑤その他の特徴的な事柄
⑥まとめ
・政治的、イデオロギー的な位置づけ
・核となるメッセージ

官の立場のディスコース
―原発事故後記者会見、収束宣言そしてクールジャパン政策―

大橋純

1. はじめに

　本章では、政府のスポークスパーソンとして、東日本大震災直後の被災状況や緊急連絡事項を記者会見において報道関係者、国民に発表した枝野官房長官(当時)の談話をはじめ、野田首相(当時)の収束宣言などを語用論的手法により分析することで、言葉の背後にある政府の姿勢あるいは意図を浮き彫りにしていく。具体的には震災直後の混乱から次第に国益を見据えた国策が形作られる過程を枝野、野田両氏による談話から分析する。そして両氏の談話から炙り出される国策の輪郭とクールジャパン政策の関連性について考え、官の立場、役割を担った政治家や報道機関からの情報に対して批判的な目を養うことの重要性を強調する。

2. 語用論的手法から分析する

　語用論は、言語学の一分野として、近年多様な学問分野と連携しながら発展してきている。1960年代の発話行為理論(Austin 1962, Searle 1969)や、協調の原理(Grice 1975)などを基礎にしながら、話者の意図、聞き手の理解、文脈、含意などに注目しながら、原理やルールに則して発話を分析する言語学の一分野であり、人間の認知能力による語義解釈の多様性を解明するものであった[1]。1980年代になると、語用論において、ポライトネスの研究がBrown and Levinson (1978, 1987)をきっかけとして発展していった。彼らの

研究では、社会学者 Goffman (1955) の face (面子や立場) という概念を用い、face を守るためにポライトネスが発動されるとしている[2]。

ポライトネスの研究において異文化比較がなされる中で、日本語、日本文化を研究する言語学者らが「立場」や「わきまえ」という概念を欧米の個人主義的価値意識と対比して紹介している (Hill et al. 1986, Ide 1989, Matsumoto 1988, 1989, Haugh 2005)。日本語には複雑な敬語のルールがあり、内と外の言葉の使い分け、場や自分の立場に応じた言葉使いが社会的に要求されるため、敬語が必ずしも自己や相手の face を守るために発動されるわけではなく、ほぼ無意識的に場や状況に応じて使用されることも多い (Hill et al. 1986, Matsumoto 1988)。また日本語文法の中に自分の立場、相手との関係性を折り込む仕掛け (relation-acknowledging devices) が備わっていて、英語のように、全くニュートラルな (人間関係から独立した) 表現はない (Matsumoto 1988, 井出 2006)。言い換えれば、日本社会において日本語母語話者は、絶えず「場」と自分のおかれた「立場」を意識し、それらを判断、理解することで、社会的に期待された役割を担い、それを「わきまえ」た物言い、立ち振る舞いをすることが期待される[3]。この点が、個人主義的価値観と相容れない部分ではあるが、語用論においてこのような日本語、日本社会の研究を基に構築された概念が欧米中心の理論体系に幅を与えたと言ってよい。

しかしながら、このような社会の一員として立場をわきまえるという規範意識は、自己に蓋をすることにもなる。仮に、組織として、人を欺くような非人道的な決断がされた場合、その組織の総意を守るべき立場の者がある役割を担い、組織の総意を守ろうとすれば、自己の良心に蓋をし、不本意ながらも人を欺くことになる。このように立場が優先される社会体制を立場主義とし、安冨 (2012) は痛烈に批判している。つまり、組織の中の立場でものを言い、個人として思考し行動しない人間を作る社会体制である。そのような社会体制においては、国家という権力集団の掲げる国益の何たるかをわきまえることで、欺瞞に満ちた言動を国民に向かって発することができるのである。

以上を踏まえて、敬語や繰り返される文言を分析することによって、話者がどう立場をわきまえ、その役割を遂行しようとするか、その関連性が見えてくるはずである。

　はじめに東日本大震災直後の枝野官房長官の記者会見という場で、彼がどのように立場をわきまえ、どのような役割を担ったのかを彼の談話を分析しながら明らかにしていく。

3. 原発事故後の記者会見での枝野談話

　2011年、3月11日に太平洋三陸沖を震源地とする大地震と津波によって、東日本一帯で多くの人命が奪われ、現在でも（2014年2月現在）避難、転居者の数はほぼ27万人に達している[4]。この未曾有の大震災による被害だけでなく福島第一原子力発電所で冷却不能となった原子炉内の炉心融解、続く水素爆発、放射性物質拡散、大量の放射能汚染水漏れ等、次から次へと問題が明らかになった。国民にとって、枝野官房長官（当時）の記者会見が唯一の公式情報源であったため、この会見の内容が国民に与える影響は大きい。はじめに枝野氏の記者会見での談話から、頻度数の多い文体や表現に注目し、危機に瀕する国家の代弁役からどのようなメッセージが発せられたかを、語用論的手法によって解き明かしていく。つまり語義に捉われず、繰り返し使われている文体や表現から隠された意図を炙り出していく。2011年3月11日の午後から、3月17日午後までに枝野官房長官が執り行なった記者会見の談話、46,577字の中から注目すべき点を挙げていく。

3.1. 敬語の使用から見えてくるもの

　まず、枝野官房長官の会見の談話で最も頻度が多い言語的要素は敬語表現である。枝野氏または国家が行為主の場合には、「〜ております（287回）、〜でございます（190回）、いたします（159回）、申し上げます（97回）」などの謙譲語が国民に向けて使われている。これらの文字数を単純に合わせると全体文字数のおよそ8％ほどにあたる。例えば、以下の枝野氏の記者会見か

らの例を見ると、下線部の「いたします」は5文字で、句読点を含む文全体66文字のほぼ8%にあたる。量的にはほとんど全ての文において謙譲語が使われていると言える。

　　昨日14時46分ごろ発生した宮城県沖を震源とするマグニチュード8.8の地震について、ここまでのところ取りまとめてご報告を<u>いたします</u>。[5]

これらの敬語は、平成19年2月2日にまとめられた「敬語の指針」と題する文化審議会答申[6]の敬語の分類によると[7]、謙譲語II[8]にあたり、ほとんどの場合、国民、記者らに対して会見で国家を代表する枝野氏が文言をへりくだる形で「丁重に」述べている。政治家や政府高官が公的な場で用いるこの様な敬語はむしろ一般的であり、公的な役割を担う人物が、その役割を果たす際に不可欠な装置であるが、枝野氏の敬語使用は特に顕著である。枝野氏の終始一貫した敬語使用は彼の官の立場と役割の表明でもある。ここで明記すべきことは、枝野氏は、自分が与えられた立場、役割から期待される文言を発しているのであり、自己の本心からの判断で発言しているわけではないということである。もしそのようなことをしたら、即座に組織の中から排除されることになる。つまり立場にはまった言葉使い、その文言は自由のない拘束されたものだと言う認識は、国民にとって大切である。立場が言わせた文言は鵜呑みにしてはならないということである。また敬語は自己の役割の表明として機能すると同時に、人間の関係性を示す装置でもある。次に挙げられる(1)と(2)の例にも、「〜ております」や「〜でございます」が使われているが、下線を施した箇所で、特に枝野官房長官と経産省、東電の関係が浮き彫りになる。

(1)　あるいは経済産業省の方から記者の皆さんにブリーフを経産省の方で<u>していただこう</u>と思っておりますが、(原子力緊急事態宣言について平成23年3月11日(金)午後)

技術的なこと等については、別途経産省の方等で、ご報告を<u>いただける</u>かというふうに思いますが（…）（原子力災害対策特別措置法の規定に基づく住民への避難指示について　平成 23 年 3 月 11 日（金）午後）

（2）　なお、詳細な時間・数値等については、これは正確なものを東京電力において発表を<u>させる</u>ようにいたしたいと思いますので、全体の大きな流れ、状況について、私（官房長官）の方から御説明をさせていただきます。（東京電力福島第一原子力発電所第 4 号炉について　平成 23 年 3 月 15 日（火）午前）

詳細な数字は後ほどきちっと整理をした形でご報告を<u>させます</u>が、少なくとも 10 時 54 分現在、この数値は下がり始めているという状況でございます。（被災地における燃料等の不足について平成 23 年 3 月 16 日（水）午前）[9]

3.1.1.　経産省の優位

　（1）では枝野氏が経産省を主語として「（ブリーフを）して<u>いただこう</u>と思っておりますが」、「ご報告を<u>いただける</u>かというふうに思いますが」で「いただく」を使っている。後に 3.2 で詳細な説明を加えるが、「いただく」は謙譲語 I に分類され、「自分側から相手側又は第三者に向かう行為・ものごとなどについて、その向かう先の人物を立てて述べるもの」（敬語の指針 2007: 64）とされている。つまり枝野氏が経産省に対してへりくだり、経産省を立てているのである。経産省に頭が上がらない官邸の体質が見て取れるが、この経産省の力の優位は、次の東京新聞の 2014 年 3 月 29 日の朝刊記事でより鮮明になってくる[10]。

　中長期のエネルギー政策の指針となる「エネルギー基本計画」政府案をめぐり、自民、公明両党が再生可能エネルギーの導入目標について、抽象的な目標を明記することで大筋合意したにもかかわらず、経済産業省

が二十八日、それでも原発依存度の縮減につながりかねないと合意案を拒否、与党了承の手続きが先送りされた。与党の合意を省庁が拒否するのは異例で、原発推進を狙う経産省の姿勢が浮き彫りとなった」[11]。

参考までに付け加えるが、この件について他の大手新聞は全く報じていない。

3.1.2. 東電、政府の管理下に

(2)では東電に対して「発表をさせる」「ご報告をさせます」という言い方をしている。ここでは2つの解釈が可能である。1つは、枝野氏が政府と東電の上下関係を明らかにしたという解釈。もう1つは、内と外の関係を明らかにしたというものである。つまり、東電は政府の管理下にあるということの表明であるか、あるいはサービスプロバイダー（内）としての政府と東電の役割とカスタマー（外）としての国民の間に一線を画したという解釈である。しかしながら、菅首相（当時）らの証言から明らかになるように政府側は、東電に対して不信感を抱いていたことから、政府が東電に頼らず舵取りをしていくという意思表示であり、政府と東電の上下関係を明確にしたと考えられる。以下の発表からも分かるように、統合連絡本部を設置したのは、菅首相が東電の官邸への情報伝達の遅れなどに不満を持ち、早朝東電本部に赴き、「「一体どうなっているんだ。」と叱責、「撤退などあり得ない（…）覚悟を決めてほしい」と厳命した」[12] 直後だった。

> 政府と東京電力とが場所的・物理的にも一体化し、現地の情報を同時に、一体に受け止め、それに対する対応を一体的に判断し、かつ指示を出していく。こういう態勢を取ることが、現在の状況を安定化させ、そして、事態の収束に向かわせていく上で、そして国民の皆さんの必要以上の不安を生じさせないために重要であるということを考えて、統合連絡本部を設置することといたしました。（福島原子力発電所事故対策統合本部の設置について〈枝野官房長官〉平成23年3月15日（火）午前）[13]

3.2. 「もらう」の謙譲語「いただく」の用法

　3.1.1. において、枝野氏が経産省に向けて「いただく」を用いた例を考察したが、ほとんどの「いただく」は国民に向けて、発せられている。つまり、国家を代表する枝野氏が国民に対してへりくだり国民を立てている。「いただく」の語幹である「いただ」で検索すると 167 回使われていることが分かる。大別すると、国民や自治体などが行為者の場合の「いただく」と、枝野氏／政府が行為者である場合の「させていただく」となる。

　「〜ていただく」と使役の「させる」が複合した「〜させていただく」は、「ア）相手側又は第三者の許可を受けて行い、イ）そのことで恩恵を受けるという事実や気持ちのある場合に使われる。」（敬語の指針 2007: 40）と定義されている。この使役の「させる」は動作主が相手または第三者であるか、発話者であるかを明らかにするために不可欠な装置でもある。「〜ていただく」なら、動作主は話者以外で、話者は、動作主の行為により恩恵を得るということを「いただく」でことさらに示している。また「させていただく」なら動作主は話者となり、相手側又は第三者の許可を受けて話者がすることが、話者に恩恵をもたらすという語義である。これは互酬性の原理の表出であり、日本語において顕著に表出するポライトネスの発話原理である（Ohashi 2013）。日本社会での人間関係において、言語レベルで貸し借りのバランスを整えることは社会規範であり、「もらう／いただく」などの受恵表現は、話者を借り（負債）や恩恵の受け手としてマークする表象としての機能を果たしている。例えば、歳暮時期の電話でのお礼の談話では、次のような貸し借りの均衡を整えることが期待されている（Ohashi 2008, 2013）。

　A1：　美味しいものを今年も<u>いただきました</u>。　　　　　　　　（恩恵）
　B2：　いえいえ、つまらないもので、　　　　　（否定、過小評価）
　A3：　本当においしかった。ありがとうございました。　（感謝、褒め）
　B4：　いやいや、喜んで<u>いただいて</u>、よかった。　　　（否定、恩恵）

　A1 は、「いただきました」で恩恵の受け手であることをマークし、B2 は

それを否定し、自分が贈った歳暮を過小評価している。それを受けて A3 は頂きものが美味しかったと褒め、感謝している。B4 は「いやいや」で曖昧にそれを否定し、A に喜んで「いただいて」で恩恵の受け手であることを表明している。このように受恵表現（ここでは、「いただく」）が自らが受けた恩恵の表明には欠かせず、貸し借りの均衡を保つ上で大切な機能を果たしている。つまり恩恵の受け手は、借り／負債を「いただく」でマークすること（言語レベルでの返済とも言える）が期待されるが、与えた側は自らの貢献を過小評価することが期待される。B4 では、実際歳暮の贈り手が「（喜んで）いただいて」で、恩恵の受け手であることをマークすることで、さらに貸し借りの不均衡を是正することに寄与している。このように貸し借りのバランスをとることが日本語の場合、大切なポライトネスの表明であり、社会的に期待されている。また「いただく」は自分が恩恵の受け手であることを表明することから謙虚さの表明でもある。

　井上（1999）によると、「〜ていただく」という表現が近年広まっているという。顕著な例として、国会の質疑応答のコーパスにおいても「〜ていただく」の頻度がますます増えているということも報告されている（佐野 2008）。井上（1999）、井上・金・松田（2012）、Inoue（2013）の敬語の通時的調査によると、最近の「〜ていただく」の使い方に変化が見られるという。端的に言うと、「お医者さんに診ていただく」のように身分の下の者が、上の者に使う用法が減り、道を教える際に、「次の角で右に曲がっていただいて」など、上下関係に全く関係のない用法が増えているという（井上・金・松田 2012）。井上らは、日本社会がより民主的になり、上下関係を中心とした敬語の原理から、横の関係、つまり、より平等な民主的な人間関係を中心とする原理へと移行している表れであると結論付けているが、具体的にはどういうことなのだろうか。

　上記の歳暮の例では、「いただく」は上下の関係の表明ではなく、歳暮の受け手の役割の表明であるが、また贈り手も恩恵の受け手であることを表明することで、貸し借りの均衡に寄与している。しかしながら、国会の質疑応答などに頻出する「いただく」は戦略的な謙虚さの演出なのではないだろう

か。野呂・山下 (2012) は野田首相の大飯原発再稼働のスピーチを分析し、「理解いただく」を決まり文句として捉え、対話を拒む決まり文句として使われているとしている。そのような語用論的意味においては平等な民主的な人間関係を中心とする原理とは言えない。枝野氏の談話に表れる「いただく」を見てみよう。

（3） そのこと（全力で緊急事態に対応していること）を是非ご<u>理解をいただき</u>たいと、その上で落ち着いて<u>対応をしていただき</u>たいというふうに<u>お願いを申し上げます</u>。（原子力緊急事態宣言について　平成23年3月11日（金）午後）[14]
（4） 全体の大きな流れ、状況について、私（官房長官）の方から御説明を<u>させていただきます</u>。((11: 07 〜) 東京電力福島第一原子力発電所第4号炉について　平成23年3月15日（火）午前）[15]
（5） まずは国民の皆さんに速やかにご報告を<u>させていただこ</u>うというふうに思っております。((6: 45 〜) 原子力発電所の件について　平成23年3月15日（火）午前）[16]

　(3)の場合、行為者は国民であり、国民が緊急事態において、政府が最善を尽くしていることを<u>理解し</u>、また国民が落ち着いて<u>対応する</u>ように枝野氏が要請している。ここでの、「いただ（きたい）」の言語機能は、要請であるが、国民が政府の努力を理解し落ち着いて行動するよう枝野氏が懇願する形となっている。さらに続けて、「お願いを申し上げます」、謙譲語Ⅰ「申し上げます」で国民を立て、協力を仰いでいる。(4)と(5)では動作主が枝野氏／政府であり、(4)では、枝野氏が国民に説明をし、(5)では国民に報告をする意思を表明している。
　「させていただく」は、語義的には相手に自らの行為の許可を得ることで自らが恩恵を受けているという意味となるが、機能的には自らの行為をへりくだって言う表現である。このように、「いただく」が頻繁に用いられ、言語レベルでは、国民があたかも政府より上位にいるかのごとく表現され、低

姿勢で謙虚な体裁となっている。3.1で述べた他の敬語表現と同様、これらは官の立場の役割の表明であり、同時に社会的にも期待される謙虚さの表明と言えるだろう。

3.3. 繰り返し使われた文言「直ちに人体に影響を及ぼす数値ではない」

　何度も繰り返される文言は重要度が高く、話し手の意図を理解する上で見逃せない。放射能の人体に与える影響について、枝野氏は、類似した発言を何度も繰り返している。3月12日時点で、福島第一原発1号機の原子炉内が加熱状態になり、ベント作業が10時17分に開始されるが、15時36分に原子炉建屋が水素爆発を起こす[17]。翌3月13日、3号機においても、注水機能の停止のため、圧力容器内の水位が低下し炉心棒が露出。対応策として、9時05分に安全弁を開き、原子炉内の圧力を下げた[18]。

　安全弁を開くことで高線量の放射性物質が放出されるのだが、その対応について、枝野氏は、以下のように説明している。

（6）　管理された形で、微量の放射性物質を含む気体が放出をされているという状況でございますが、まさにこうした事態に対応するための手順に基づきましてなされているものでございますので、<u>人体に影響を与える放射線が放出をされているものではございませんので、ご安心をいただければというふうに思います。</u>

　次に時事通信の記者からの放射線量の上昇、NP4（原発正門付近）において、1,204マイクロミリシーベルトという高い数値が観測されたことについての質問に対して、枝野氏は以下のように答えている。

（7）　<u>人体に与える影響については、想定の範囲内、直接の影響は現れないというふうに思っております。</u>(9: 33)[19]

　このように3月13日の会見において、初めて枝野氏が放射性物質の人体

への影響について言及したわけだが、その箇所である(6)では、「人体に影響を与える放射線が放出されているものではございません」と発言しているが、その意味は曖昧であり、複数の解釈が可能である。まず、人体に影響を与える放射線とそうでない放射線があり、放出されたのは後者であると理解できるが、その前の部分の枝野氏の発話を見ると「微量の放射性物質を含む気体が放出をされているという状況でございますが、」とあり、微量であるから、人体に影響がないというのが意図している意味だということが分かる。

その発表に対し記者から放射線量の上昇についての質問があったが、その返答のなかで枝野氏は、(7)「直接の影響は現れない」と言い換えている。これが含意する意味としては、「直接でない影響は現れる」ということを否定しえない。つまり、(6)と(7)は矛盾していることになる[20]。このように、13日の時点では、場当たり的な対応であったが、3月16日以降の会見からは、原子力安全・保安院あるいは原子力安全委員会等、いわゆる原子力の専門家のアドバイスを基にした定型表現に統一されるようになる。以下枝野氏の談話に付された数字(2:35)、(2:50)、(3:14)等は官邸ホームページにあるビデオのカウンターである。例えば、次の(8)なら、2分35分時点で始まっているということを示している。(8)〜(12)の文言が短時間の間に何度も繰り返されていたことがわかり、このメッセージの重要性は際立っていると言える。この重要性は、話し手と聞き手双方の場合に言えることである。話し手である枝野氏にしてみれば、この吟味された決まり文句が、政府が国民を誘導する際の支持、要請の根拠として耐えうるだけの柔軟性があり、国民誘導に有効な手段であるという意味で重要であり、それを何度も聞く側の国民にとっては「人体に影響がないから安心だ」と確信するに十分な文言だという意味で重要である。

(8) 本日測定をされ、発表をされた数値については、直ちに人体に影響を及ぼす数値ではないというのが、現在の概略的な御報告でございます。(2:35)

（9） 　直ちに人体に影響を及ぼすような数値ではないというのが、現在の概略的な数字の状況でございます。(2: 50)
（10）　現時点では、ここで観測されている数値は、そこの地域で外で活動をしたら直ちに危険であるという数値ではございません。そのことは是非、多くの皆さんに御理解をいただければと思っております。(3: 14)
（11）　専門家の皆さんのまずは概略的な分析の報告に基づきますと、直ちに人体に影響を与えるような数値ではないと、えー(3: 56)
（12）　人体に影響を及ぼすといった数値ではないということでございますので、その点については御安心をいただければというふうに思っております。(4: 33)
　　　　（内閣官房参与の人事について　平成23年3月16日(水)午後）[21]

　このように、次第に統一された文言が、国民に対して何度も枝野氏から発せられ、事態の楽観視、リスクの過小評価が徹底されていく。枝野氏が認識するスポークスパーソンとして果たすべき役割が、迅速に事実を伝えることより、不安やパニックの回避だったことが分かる。それを客観的に表すのは、「落ち着いて」が16回、「冷静に」が13回用いられ、避難や屋内退避などの指示に「念のため」が9回、「万が一／万一」が10回であり、政府は「万全(16回)を期す／な対応をしている」ので、国民は安心して、パニック状態にならないよう要請されていることが頻度数の多い言葉からも明らかになる。上記のように、次第に統一されていく文言の推移をみると、政府内で統一した見解が文書などを介して取り交わされ、国策としての原発推進、経済活動促進のための対外的イメージ創りが優先されていく過程が浮かび上がってくる。ここで、上記、枝野氏の敬語表現で明らかにされた経産省の優位性については再度明記しておく必要があるだろう。事態の深刻さが認識されるにつれ、国策として、安全な日本のイメージ創り、不安やパニックを回避する談話が記者会見における枝野氏から発信されていく。また、日本のイメージを損なう発言、情報については、徹底して政府が介入するようにな

る。例えば、京都大学の小出裕章氏が 2011 年 3 月 15 日に東京、台東区で行った線量検査で、1986 年のチェルノブイリの 100 から 1,000 倍の放射線量が計測されたが、原子力安全委員会からパニックをあおることになると言われたと参議院行政監視委員会で語っており[22]（参議院行政監視委員会質疑応答 2011 年 5 月 23 日）、政府や原子力推進派から圧力がかかったことを明らかにしている。

小出氏は参議院行政監視委員会において、政府の対応について以下のような分析をしている。

> 日本の政府がやって来たことは、一貫して事故を過小評価して楽観的な見通しで行動してきました。国際事故評価尺度で当初レベル 4 だとかというようなことを言って、ずーとその評価を変えない、まあレベル 5 と言った時もありましたけども、最後の最後になってレベル 7 だと、あまりにも遅い対応の仕方をする。それから避難区域に関しても、一番初めは 3 キロメートルの住民を、避難指示を出す。これは、万一のことを考えての指示ですと言ったのです。しかししばらくしたら、こんど 10 キロメートルの人たちに避難指示を出しました、その時もこれは万一のことを考えての処置ですと言ったのです。ところがそれからしばらくしたら、20 キロメートルの人たちに避難の指示をだす。そのときも、これは、万一のことを考えての指示ですというようなことを言いながら、どんどん後手後手に対策がなっていったと、いう経過を辿りました。私はパニックを避ける唯一の手段というのは、正確な情報を常に公開するという態度だろうと思います。そうしてはじめて行政や国が住民から信頼を受ける。そしてパニックを回避するのだと私は思ってきたのですが、残念ながら日本の行政はそうではありませんでした。常に情報を隠して、危機的な状況ではないという事を常に言いたがるということでした。（参議院行政監視委員会「原発事故と行政監視の在り方」小出裕章氏）

小出氏が分析するように、枝野氏の記者会見では、原発事故状況に対する楽観的評価、リスクの過小評価が国民に提供され、何よりもパニック回避が優先された。さらに、もう一歩踏み込むと、パニック回避は、国民のためでなく、国民のパニックによりさらけ出される国家の不手際を恐れ、体裁を守ることだったのかもしれない。政府が持つ情報を公開すると国民がパニックを起こすという想定は、むしろ政府にとって好都合なのかもしれない[23]。パニック回避のための政府の情報統制に、主要テレビ局、新聞社はあまり批判的な姿勢を示さず、官の役割を担った。

4. 原発事故収束宣言[24]（野田内閣総理大臣記者会見平成23年12月16日）

　菅内閣総辞職後、2011年9月2日より総理大臣に就任した野田首相が、原子炉の格納容器内の温度が100度以下に保たれている状況をもって、原子炉の安定状態が達成されたとして、福島原発事故の収束宣言をしたが、その内容はどのようなものだったのか。野田首相による収束宣言は、全体として、枝野氏の記者会見同様、「～ております」、「～でございます」、「いたします」などの謙譲語II（丁重語）で語尾が縁取られ官の立場の談話を表明している。この収束宣言で一番に注目されるのは、以下の野田首相自らの謝罪である。

4.1. 収束を印す謝罪

　事故発生以来、福島の皆さまはもちろんのこと、全ての国民の皆さまそして世界中の皆さまに多大なご心配をお掛けし、<u>大変ご迷惑をお掛けをいたしました</u>。<u>申し訳ございませんでした</u>。この度、原子炉の安定状態が達成されたことによって、皆さまに不安を与えてきた大きな要因が解消されることになると考えます。

　この引用箇所が謝罪であるということは、謝罪の定型句である、「申し訳

ございませんでした」と、謝罪に頻繁に用いられる、曖昧で具体性を欠くが、謝罪を構成する上で不可欠な「ご迷惑をお掛けしました」があることで明らかである。具体的に政府のどのような対応が国民に心配や迷惑をかけたのかということに一切触れていないことから誠意に欠けるものであり、パフォーマンスとしての謝罪であると言わざるを得ない。しかしながら、語用論の視点から見ると謝罪や感謝の定型句は、物事の収束を示す機能がある (Ohashi 2008)。人間関係を維持するために、貸し借りのバランスは不可欠で、感謝や謝罪の定型句は、自らの借りや、過失を言葉のレベルで、埋め合わせる機能があり (Ohashi 2013)、貸し借りの均衡に至るには必須の言語表現である。言い換えれば、借りの清算である。そうしなければ場が収まらず次に進めないのである。つまり、この野田首相の謝罪は場を収め国策を進めるという意図があったのである。

次に感謝の定型句が使われている。

4.2. 収束を印す感謝

放射線被ばくの危険に曝されながら、命を削るような思いで事故発生当初に注水作業などに携わっていただいた消防、自衛隊、警察の関係者。夏場には熱中症の恐れもあった過酷な現場において、昼夜を問わず作業を続けていただいた作業員の皆さま。知見や技術を惜しみなく提供していただいた内外の企業や研究機関などの方々。日本を原発事故から救うために行われた英雄的とも言うべき献身的な行為の数々に、国民を代表して改めて感謝を申し上げます。

また、原発の敷地内では、全国各地から届けられた無数の折り鶴や寄せ書き、横断幕などが今も飾られています。これらは厳しい局面で、現場での大きな心の支えになったのではないかと思います。関係者の懸命な取り組みに対して、国民各層から寄せられた温かい心遣いにも併せて感謝をいたします。

謝罪の定型句と同様、感謝の定型句、例えば「ありがとうございます」、「感謝します」なども物事の収束には欠かせない。特に、「ありがとうございます」は、日常の会話の終止符としても頻繁に用いられる。さらに野田首相が国民を代表して、危険を冒して「日本を救うために」尽力した作業員に感謝の意を表すことは首相として国民をまとめ、国家として一体感を共有するには効果がある。

4.3. 収束のための福島再生
次に福島県の再生を目指し、重点項目を3点挙げている。

> 原発の外での今後の課題は除染、健康管理、賠償の三点を徹底し、それによって避難を余儀なくされている住民の皆さまが安心して故郷にお戻りいただき、以前の生活を再建できる環境を一日も早く作り上げることであります。

放射能性物質で汚染された地域の除染、県民の健康管理、賠償を重点項目として挙げている。野田首相にとって、福島の再生とは、放射性物質で汚染された土地を除染し、住民を帰還させ、ホールボディカウンターで被曝量をモニターさせながら損害賠償をし福島を正常化していくことであった。

> 私は官邸で福島産のお米をおいしくいただいています。国民の皆さまにおかれましても、福島の復興を応援するためにも、安全が確認された食品は安心して口にしていただきたいと存じます。

安全が確認できるモニタリングの妥当性などについて、国民が十分納得していない段階[25]でのこのようなメッセージは無責任であり、国策としての原発推進ゆえの福島の復興、正常化を急ぐ官の立場の文言である。

4.4. 収束のための人命人権軽視

　事態を収束させる（事態が収束するのではなく）または、場を収めるには、除染すれば元の住居に戻れ、損害も賠償するという福島県民をはじめ国民が信じたい解決策を用意する必要があったのである。しかし、それが絵に書いた餅であることはすぐに自明の事実となる。除染の効果があまりないことが分かり、年間被曝許容量を1ミリシーベルトから20ミリシーベルトに増やすことで、避難者の帰還と残留者の継続残留のための条件を整えた。この数値はICRP (International Commission on Radiological Protection 国際放射線防護委員会) が提示した最上限の値であり、長期的には、1ミリシーベルトを目指すべきだとしているが[26]、許容値を1ミリシーベルトから20ミリシーベルトに引き上げることは人体への影響を大幅に増やすことに他ならない。3月16日に放射線安全学の小佐古敏荘教授が内閣官房参与に任命され、政府に対して、助言をしてきたが、政府の年間被曝許容量20ミリシーベルト決定に抗議し2011年4月30日に辞任した。原発推進の官の立場を担ってきた[27]小佐古氏の辞任は様々な憶測を可能にするが、原発推進派の学者にとっても20ミリシーベルトの許容値は認められないということである。小佐古氏は以下のように抗議し、辞任した。

> 年間20 mSv（ミリシーベルト）近い被ばくをする人は、約8万4千人の原子力発電所の放射線業務従事者でも、極めて少ないのです。この数値を乳児、幼児、小学生に求めることは、学問上の見地からのみならず、私のヒューマニズムからしても受け入れがたいものです。年間10 mSvの数値も、ウラン鉱山の残土処分場の中の覆土上でも中々見ることのできない数値で（せいぜい年間数 mSv です）、この数値の使用は慎重であるべきであります。<u>小学校等の校庭の利用基準に対して、この年間20 mSv の数値の使用には強く抗議するとともに、再度の見直しを求めます。</u>[28]

　国策としての原子力推進が事態の楽観視、過小評価、早期収束、避難民の

福島への帰還に拍車をかけているが、ここから浮き彫りになるのは人命人権の軽視である。

5. 立場からの離脱、解放——菅氏の本音

　これまで、立場をわきまえた文言について、枝野氏と野田氏の官邸での記者会見での談話を検証した。両氏共、官の立場の言葉を駆使し、枝野氏は大震災直後のパニック回避の役割を担い、野田氏は原発事故の収束を演出した。このような立場と言葉の結び付きが、次の菅氏の立場から離脱した文言へのシフトによってより鮮明に見えてくる。話が前後するが、福島第一原発での度重なる事故を受けて、菅内閣が原発推進から新エネルギー政策へと舵を切り始めると、原発推進派から様々な圧力がかかったと 2011 年 6 月 3 日付けの東京新聞が報じている[29]。続いて 6 月 12 日に首相官邸で行われた総理、有識者オープン懇談会において、菅首相は以下のように冒頭部分で述べている。

　　まあ冒頭ですから、多少固い話をさして<u>いただきます</u>が、えー、我が国はあのーエネルギー基本計画というものを 3 年おきに決めて<u>おります</u>。えー、この原発事故が起きる前の計画では、えー、2030 年に今現在の原子力エネルギーを 53％にすると、同時に自然エネルギーは 20％にすると、まあそういう計画になって<u>おります</u>。(3: 24)

　公式記者会見という場ではないということもあり、予め決められたスクリプトがなく、「まあ」や「えー」などの言い淀みが多く、リラックスしたムードではあるが、インターネット上で生中継され、一般公開された公的な場であり首相としての官の立場が言葉に表れると容易に予想される。現に下線部のような官の立場口調である。しかしながら、各有識者の自然エネルギーへの方向転換を主張する発表の後、次のように語っている。

日本の場合にはある時期から原子力は進める。原子力を進めるうえで結果として邪魔になるものは出来るだけ外していく、私は30年前にそういう実感をしてから、それはずっと感じていました。(…)まぁ、総理大臣だからお前やれと言われるのはまさにその通りなんだけど実は結構分厚い(…)そういうものに対してですね、構造が出来上がっているものですから、それを変える事が出来るかどうかというのが(…)[30](45:30)

この部分の菅首相の談話を見ると、枝野官房長官の官の立場の物言いとは全く質的に異なることが分かる。謙譲語がなく、です・ますの丁寧体となっている。これは、自然エネルギーへの方向転換を主張する参加者に共鳴した菅氏個人としての解放された本音の談話だと言えるのではないだろうか。この時すでに、東京新聞が「菅降ろし」について報じており、政府という組織から排除されることを首相は覚悟していたのかもしれない。もしかすると、菅首相は、このオープン懇談会が国民の支持を得、世論を脱原発に向かわせるための最後の手段だと考えていたのではないだろうか。

推進派の旗頭である電力各社でつくる電気事業連合会と自民党は強い結び付きがあり、政権が自民党に戻った後、国策としての原発推進はさらに勢いを増している[31]。民主党と原発推進派である全国電力関連産業労働組合総連合(電力総連)の結び付きも明らかになっており、政党が変わっても原子力推進という国策は揺るがない仕組みになっている。

以上のように、震災後の枝野氏による記者会見、野田首相の収束宣言から、官の立場の文言を明らかにした。それは、菅首相の有識者オープン懇談会での立場を脱した文言から、より鮮明になった。官の立場の文言で語られるパニック回避、原発事故の収束、国策としての原発推進と安全な日本のイメージ創りが人命や人権の擁護よりも優先されることも分かった。

6. クールジャパン政策[32]

演出された原発事故の収束に続く政策について見渡す時、すぐに視野に

入ってくるのがクールジャパン政策である。大震災直後のパニック回避、原発事故の収束に続く政府の目標は安全な日本のイメージ創りであり、被災地の復興、福島第一原発の安全性を内外に示すことは、経済活動、外交上急務である。その流れがポジティブな日本のイメージを発信し売り込もうとするクールジャパン政策に合流することは自然の成り行きなのかもしれない。しかしながら、大震災後のクールジャパン政策には、質的な変化が見られる。

　クールジャパン政策の原形は 2005 年 2 月 25 日に知的財産戦略本部コンテンツ専門調査会日本ブランド・ワーキンググループによってまとめられた「日本ブランド戦略の推進」、それに続く 6 月 10 日に知的財産戦略本部によって出版された「知的財産推進計画 2005」に垣間見られる。

> 我が国が 21 世紀において世界から愛され尊敬される国となるためには、軍事力や経済力といった強制や報酬ではなく、文化力といった日本の魅力によって望む結果を得る能力（ソフトパワー）を高めることが鍵となる。ここで言う文化力や日本の魅力とは、安全、安心、清潔、高品質といった日本に対する好感度を背景とした、我が国の独創性・伝統・自然との調和に根ざした日本文化がその源泉である。（日本ブランド戦略の推進 p.2）

　この時点で日本の魅力とは「安全、安心、清潔、高品質といった日本に対する好感度を背景とした（…）独創性・伝統・自然との調和に根ざした日本文化」であり、ソフトパワーの枠を超えていない。松井（2010: 87）はクールジャパン政策を「ポップカルチャーを活用したソフトパワーをめぐる、もしくは海外市場開拓を視野にいれたコンテンツ産業などをめぐる中央官庁による政策」と定義しているが、東日本大震災以降クールジャパン政策は大きく方向転換を迫られることになる。2011 年 5 月 12 日にまとめられた 25 ページからなる「クールジャパン官民有識者会議　提言」からは、「被災」、「復興」、「再生」などの語彙がそれぞれ 15 回、22 回、22 回使われており、クールジャパン政策が大震災後の日本の状況に対応するものに変化していったこ

とが分かる[33]。提言の基本的コンセプトの前文として以下のような記述がある。

> 東日本大震災は多くの日本人の心に、母国日本の根幹とは何か、故郷日本の姿は何であってほしいか、未来日本のビジョンはどうあればいいのかという、3つの大きな問いを投げかけた。この問いは被災地域の復興だけでなく日本の今後にかかわる問いになっている。(クールジャパン官民有識者会議　提言 2011 p.4)

「知的財産推進計画2005」では、「安全、安心、清潔、高品質」、「独創性・伝統・自然との調和」など、普遍的な価値が謳われているのに対し、東日本大震災後のクールジャパン政策では、「日本人の心」、「母国日本の根幹」、「故郷日本の姿」など、内向きで、排他的とも言える表現が目を引く。つまり、日本社会が多様化しているのにもかかわらず、日本人でない人、日本を母国としない人、日本が故郷でない人を構想の中から排除しているのである。

　海外に向け日本を宣伝するはずのクールジャパン政策の基礎となる提言がこのように内を向いていることが、今後どのように政策に影響を与えるのか、注意深く動向を追っていく必要があるが、この時点で、原発事故の収束、被災地の復興と正常化を進める政策と知的財産戦略本部の日本ブランド戦略が合流することになる。つまり、日本のポジティブな(安全でクールな)イメージ創りという目的において一致するようになる。日本の好感度を上げれば経済的効果も見込まれるということで、この時点から、福島の原発事故の事実の検証に蓋がされ、復興と正常化の物語にすり替えられ、東日本大震災以降のクールジャパン政策が人を動かして行く。

> 被災者の方々が互いに助け合いながら立ち上がっていく姿、被災した工場を早期に復旧していく従業員や経営者の姿、これらは日本ブランドそのものであり、これを記録し、世界へ向けて情報発信していくことが第

一に、復興への貢献になるのではないだろうか。また、外国人の視点で見た被災地域の姿、復興の過程を映像化し、地域の人々が地元の文化財（平泉など）や景観をいかに大切にしているかを伝える映像を制作することは、東日本への観光客誘致につながるのではないか。（クールジャパン官民有識者会議　提言 2011 p.8）

この提言は日本の国策を反映するもので、これらの内容を具現化するように様々な情報、映像が内外に発信されるようになる。被災者が「互いに助け合いながら立ち上がっていく姿」がニュースや報道番組などに映し出されるようになり、確かに視聴者を感動させ復興を印象付けるが、深い悲しみを抱え、保障もないまま不安な毎日をおくっている被災者は多い。福島の避難者の数は 15 万 2,000 人で、全避難者の 5 割を占めている。内 4 万 5,000 人ほどが避難指定区域以外から自主的に避難している（泉水 2013）。復興の名のもと、ポジティブなイメージ創りのために、前向きな日常の姿だけを商品化し、ましてや「やらせ」を強要して[34]、制作者の意図を押し付けるドキュメンタリー映画は虚偽であり歪んだ復興への有り様を呈している。また虚偽でないにしても、偏った形で様々な政府機関から安全でクールな日本のイメージが創り出され、世界に発信されている。

例えば、文部科学省は、2011 年 5 月 19 日に東京のある国立大学で留学生にインタビューをし、その動画をネットに載せている。これは、クールジャパン官民有識者会議提言がまとめられてから、わずか 1 週間後である。次のインタビューの内容から、東日本大震災以降の日本の抱える諸問題に対する海外の人達の不安を拭い去ることが目的である事が明らかになる。インタビューでは次のような 4 つの質問が投げかけられ、留学生がそれに答えている。1) なぜ日本を留学先として選んだか。2) 大震災があったが、日本に来る前に不安でなかったか。3) 実際に日本に来てどうだったか。4) これから日本に留学をしようとしている人に一言[35]。

それぞれ日本語、英語によるインタビューのリンクが同ページに並んでいるが、3 名の学生の日本語のインタビューだけが文字化され可視化されてい

る。質問の 1) についての答えは各留学生によって様々であるため、2)、3)、4) の質問に対する答えを見てみよう。以下の通り、すべて、震災後の不安を拭い去る内容となっている。(ここでは学生名を A, B, C とそれぞれ表記することにする。

2) 大震災があったが、日本に来る前に不安でなかったか。

親戚は大変心配していたが、父も日本語の教授だから家族は OK だった。だから東京と福島が遠いこともよく分かっていたし、大丈夫だと思った。また、仮に 10 月に来日を延ばすと、半年間勉強できる期間が短くなるので、4 月に来なければと思った。(A)

自分で行く決意をしたので、心配はなかった。(B)

4 月に日本に来たが、留学先のプログラムがちゃんと実施されるかどうかが不安だった。父親はすごく心配したが、日本なら大丈夫だろうと思った。(C)

3) 実際に日本に来てみてどうでしたか？

何も問題ない。CNN や BBC の報道とは違った。途［渡］日前牛乳や食べ物について心配していたが、問題なかった。放射能も大丈夫だった。全て大丈夫だった。(A)

震災の影響はなく大丈夫だった。海外のメディアはすごく大げさに言っていたが実際は違った。(B)

すばらしい国である。震災の影響もなく生活も普通に暮らしている。日本に来てよかった。(C)

4) 日本への留学を目指している外国人の方々に一言お願いします。

　家族や親戚が日本に行かないでと言うかもしれないけど、日本は安全で、心配ないと言ってください。(A)

　日本は良い国。人々は親切でマナーが良い。留学先としてとても良いところだと思う。(B)

　心配しないで下さい。ニュースやインターネットではたくさん情報があるがすぐに信じない方がよい。ちゃんと日本の人に聞いてみて下さい。(C)

以上をまとめると、2) 日本に来る前は不安だったが、3) 放射能の問題、震災の影響もあまりない、4) 日本は安全だから、心配しないでください、となる。

　留学生30万人計画を掲げる文部科学省や、多くの留学生を見込んでいる大学、専修学校にとって留学生の確保は死活問題である。当然日本の経済活動一般にとって、安全な日本をアピールすることは日本のよいイメージ創りに不可欠であり国内外に発信していかなければならないのだろうが、放射能汚染水漏れが続き、現在も解決策がないまま、責任の所在も明らかにされない状態で、それらすべての問題点に蓋をし、人命人権軽視の経済主導の国策に走った場合、クールジャパン政策が単なるプロパガンダになってしまう。

　現在の安倍政権下では、復興を国民に印象付けるようなメッセージが多く発信されている。首相が被災地を訪問、視察する様子を写したビデオが、政府インターネットテレビなどに掲載されており、復興を応援する政府、被災地で頑張る人々の姿が映し出されている。2013年2月9日に安倍首相が岩手、宮城両県を訪問した際の映像[36]では、首相の慰霊碑での献花、仮設住宅訪問、被災後再建された菓子工場や酒蔵の視察などの様子が写しだされている。2014年4月27日の映像[37]では、首相が岩手県の災害公営住宅を視察す

る場面が描かれ、既に入居している人たちと歓談し、首相が感謝されている場面、早いスピードで造成、建築が進む災害公営住宅の様子を写し出している。これらは、明らかに国策により演出されたイメージである。

　このようにクールジャパン政策が原発問題の対極に位置し、日本のポジティブなイメージのみを演出し発信し続ける場合、日本が抱える様々な負の問題から内外の目を逸らしてしまう危険性を多く孕んでいる。震災事故後の保障の問題、老朽化する原子炉の廃炉、使用済み核燃料の処理問題など経済的に大きな負担を国家が背負うことが明確になった。それに加え、現在も続いている放射能汚染水漏れ、長期的な低レベル放射線量被曝問題など深刻な問題が山積みである。東日本大震災後のクールジャパン政策の歩みを考えると、今後、原発推進、原発技術の海外輸出などが盛り込まれないという保障はない。長引く不況の中で、新たな活路を開くためのクールジャパン政策が被災地の復興を後押しするのはよいが、大震災後のクールジャパン政策は、日本人、日本文化の特殊性、優位性を謳った日本人論、日本文化論の台頭、ナショナリズムへの回帰を示唆しているのではないだろうか[38]。

6.1. クールジャパンの再定義——普遍的価値と物語性

　クールジャパン政策に関する文言の中に、実際にクールジャパンを牽引して来た海外にいる日本文化プロダクトの消費者の視点があまり活かされていない。彼らの中に多くの日本語の学習者が含まれるが、これまでのクールジャパン政策に関わる文書に一度も触れられていない。日本語学習者でなくても日本から発信された文化プロダクトを消費する中で、日本語に興味を持ち学習者になる人達も多い。国際交流基金の調べによると、海外に400万人の日本語学習者がいるが（国際交流基金 2012）[39]、全くクールジャパン政策の視野には入っていないのである。そのことだけでも、クールジャパン政策は偏った現状認識の基に構築されていることが分かる。それは、東日本大震災後のクールジャパン政策の方向性を決めた「クールジャパン官民有識者会議　提言」においてもはっきり表れている。つまり「母国日本の根幹とは何か、故郷日本の姿は何であってほしいか、未来日本のビジョンはどうあれば

いいのかという、3つの大きな問い」に答える形で政策が形成されているからだ。民族主義に傾倒した文化論、国家主義的ビジョンは、多くの海外の若者層を魅了したクールジャパンの先駆けであるアニメやマンガのコンテンツから大きく逸脱している。アニメやマンガが多くの国で人気を得たのは、大人でも楽しめる物語性と精緻な構成、それから無国籍性や異質性（ネイピア 2002）、そして普遍性（渡辺 2011）にあると言われている。つまり国籍不明の登場人物が異質な空間で友情や人と人との繋がりなどの普遍的な価値に基づいてドラマが展開されている。そこがソフトパワーの源泉なのだ。クールジャパン政策は、国策として、いわゆる日本文化をプロモートするが、国家主義的匂いが少しでもするものであれば途端に魅力を失ってしまう。

今やアニメやマンガは日本という一国家だけが所有するものではない。日本のクリエーターが様々な文化から影響を受けその作品が海外で消費される。海外の消費者は、日本から発信された文化プロダクトをただ鵜呑みにしているわけではなく、自文化に照らし、ある普遍的な価値において共鳴し、それを共有し、また新たな形で発信する。海外で消費されている日本発の文化プロダクトはトランスナショナルなものとして初めて国境を超え普遍的な価値によって広がっていった。その普遍的価値をめぐる物語性こそが、人気の源でありソフトパワーなのである。

6.2. 復興の物語とクールジャパン政策

復興の物語をクールジャパン政策の1つの戦略として使うのではなく、また、クールジャパン政策を福島第一原発の事故を風化させる術として使うのでもなく、未曾有の天災や人災から得た経験、知恵や反省から人と人との絆、公共益、自然と人間の共生、人権と人命の尊重という普遍的価値を見いだし、それに向かって歩んで行くという物語に、政策の主軸を移したらどうだろうか。一番に優先されるべきは、人災についての反省であり、二度と同じ過ちをしないように徹底した事故の検証と責任の追求が必要である。そのためにも、今までまとめられた4つの事故調査委員会（国会、政府、民間、東電）の調査結果と、東京電力福島第一原子力発電所所長、故吉田昌郎氏が

政府事故調の調べに対して答えた聴取結果書、通称「吉田調書」[40]を基に責任追及がなされることが大切である。

7. 結　語

　官の立場をわきまえた「謙虚な」日本語を介して、パニック回避、原発事故収束の文言が巧妙に国民に発信された。その背後にある原発推進の意図は、被災地の復興、日本の再生という形でソフトパワーに訴えたクールジャパン政策によりさらに推し進められている。つまり「謙虚な」日本語によるパニック回避、原発事故収束の文言とアニメやマンガなどの日本のポピュラーカルチャーの推進に端を発するクールジャパン政策によって、危機感のない楽観的な体裁で政策が押し進められているのである。6. では、現在のクールジャパン政策の基礎となっている「クールジャパン官民有識者会議提言 2011」の内容から憂慮すべき点を指摘したが、すでにその兆候が現れている。「知的財産推進計画 2005」では、「世界から愛され尊敬される国となるためには、軍事力や経済力といった強制や報酬ではなく、文化力といった日本の魅力によって望む結果を得る能力（ソフトパワー）を高めることが鍵となる」と明言しているが、現安倍政権は 2014 年 7 月 1 日に集団的自衛権の行使を閣議決定し、経済主導の戦える日本の実現を目指している。

　原発推進に向けても、着々と準備が進められている。原子力規制委員会唯一の地震学者として厳しい審査で再稼働について慎重な立場を執って来た島崎邦彦委員が退任し、新たに、原発推進をリードしてきた元経済産業省審議会の原子力部会長田中知氏が任命されるなど、規制委員会のあり方が問われるような人事となっている[41]。諮問機関においても政財界が幅を効かせており、倫理的知見からの判断が脅かされているのである。このように現安倍政権は原発推進を国策として全国の原発の再稼働に向けて歩みを速めている。本書はドイツ倫理委員会のメンバーとして、ドイツの脱原発へのプロセスに関わったミランダ・シュラーズ氏に巻頭言をいただいているが、ドイツでは、福島第一原発事故をきっかけとして、緑の党が力を付けドイツ社会民主

党と連立与党となり、脱原発へと加速度をあげ、風力発電を中心とした再生可能エネルギーの普及も進んでいる[42]。これは国民が積極的に政治に参加することで、原発推進から脱原発へと政策転換した例である。本章は、必ずしも反原発を意図するものではなかったが、官の立場の文言を語用論的に分析する中で、原発推進→情報統制→人命人権軽視という構造が浮かび上がって来た以上、原発推進に反対する立場を取らざるを得ない。「吉田調書」の内容からも明らかなように、有事はあり得ないという想定が、いとも簡単に覆され、原子力が人の手には負えないということも明らかになった。原発推進派の頂点に立つ「立場」の人々は、原子炉を守るために、情報を統制し国民の被曝を容認することも分かった。つまり、人命や人権は軽視され国策が優先されるのである。

　語用論の視点から明らかになったことは、日本語の1つの特徴として、話者が自分の立場をどうわきまえたかという判断が、言葉の選択や敬語使用の有無に表れるということである。社会的にも官の立場の人は、その立場をわきまえ「謙虚な」話し方をすることが期待される。日本において、立場という社会組織からの拘束力が大きい分、安冨（2012）の言う立場主義に陥りやすいのではないだろうか。ここから導かれる学びは、「私が枝野氏だったら、『直ちに人体に影響を及ぼすような数値ではございません』とは言わなかっただろう」ではなく、「おそらく私もそう言ったはずだ」である。その認識が、官の立場の文言を批判的に見る第一歩となる。また、これから福島の様々な復興の物語がクールジャパン政策によって、発信されていくだろう。その復興の物語の意図、それによって何が隠されてるのかということも、考えていく必要がある。

注

1　2000年以降、会話分析などの影響を受け、原理やルールが排除され、話者同士の関わり合いの中から流動的かつ暫定的に意味が表出するというポストモダンな意味の解釈が主流となって来ている。振り子現象なのか、近年またノーム（社会規

2　紙面の関係上、彼らが定義する face についての説明は割愛する。
3　本章で意味する「わきまえ」とは社会規範を意識した行動様式（井出 2006）という意味で用いている。ある組織の中の規範に則った行動様式であり、善悪の判断や人としての道理を理解することではない。
4　復興庁平成 26 年 2 月 26 日　全国の避難者等の数 <http://www.reconstruction.go.jp/topics/main-cat2/sub-cat2-1/20140226_hinansha.pdf> 2014.3.1
5　「東北地方太平洋沖を震源とする地震について」平成 23 年 3 月 12 日（土）午前 <http://www.kantei.go.jp/jp/tyoukanpress/201103/12_a.html> 2014.7.4
6　「敬語の指針」文化審議会答申 2007 年 2 月 2 日 <http://www.bunka.go.jp/kokugo_nihongo/bunkasingi/pdf/keigo_tousin.pdf> 2014.3.10
7　語用論の視点からすると敬語の使用は、このように固定的ではなく、文脈や話し手の意図、聞き手の解釈が必ずしも一致しているわけでもない。ここでは、敬語の指針の分類法を 1 つの基準としてのみ採用することにする。
8　謙譲語は 2 つのタイプに分類され、タイプⅠは「自分側から相手側又は第三者に向かう行為・ものごとなどについて，その向かう先の人物を立てて述べるもの」。タイプⅡは、丁重語ともいわれ、「自分側の行為・ものごとなどを，話や文章の相手に対して丁重に述べるもの」と定義されている。（敬語の指針 2007: 64）
9　官房長官記者発表 <http://www.kantei.go.jp/jp/tyoukanpress/201103/index.html> 2014.2.10
10　経産省と官邸の力関係については、元経産省官僚であった古賀茂明氏の著書『原発の倫理学』2013 を参照されたい。
11　東京新聞　再生エネ上積み了承先送り自公案すら経産拒否（2014 年 3 月 29 日朝刊）<http://www. tokyo-np. co. jp/article/politics/news/CK2014032902000146. html> 2014.3.30
12　東京新聞　原発事故で政府と東電が統合本部　首相、対応を批判 2011 年 3 月 15 日 <http://www.tokyo-np.co.jp/article/feature/nucerror/list/CK2011031502100059.html> 2011.3.30
13　官房長官記者発表　平成 23 年 3 月 15 日（火）午前 <http://www.kantei.go.jp/jp/tyoukanpress/201103/15_a.html> 2013.4.30
14　<http://www.kantei.go.jp/jp/tyoukanpress/201103/11_p3.html> 2014.3.5
15　<http://www.kantei.go.jp/jp/tyoukanpress/201103/15_a3.html> 2014.3.5
16　<http://www.kantei.go.jp/jp/tyoukanpress/201103/15_a2.html> 2014.3.5
17　「福島第一震災直後に何が　東電解析結果から」（2011 年 5 月 26 日付け朝日新聞）2011.6.1
18　官房長官記者発表　福島第一原子力発電所について　平成 23 年 3 月 13 日午前

<http://www.kantei.go.jp/jp/tyoukanpress/201103/13_a2.html> 2013.4.30

19　11ch 官房長官記者会見－午前2－内閣官房長官記者会見　平成23年3月13日（日）<http://nettv.gov-online.go.jp/prg/prg4494.html>　動画9分33秒時点(2013.5.1)

20　先行研究として、放射線量の健康に与える影響についての新聞記事を限定辞の用法などから命題と含意の関連性をあきらかにした荒井（2012）も合わせて参照されたい。

21　官房長官記者発表　内閣官房参与の人事について　平成23年3月16日(水)午後 <http://www.kantei.go.jp/jp/tyoukanpress/201103/16_p.html>　文字おこし <http://nettv.gov-online.go.jp/prg/prg4543.html>　官邸ホームページビデオ資料 2011.5.1

22　参議院行政監視委員会「原発事故と行政監視の在り方」小出裕章氏 2/2 <http://hiroakikoide.wordpress.com/page/99/> 2014.2.20

23　Clark and Chess (2008) は政策者などのエリートは災害など危険な状況に陥った人間の引き起こす二次的災害のほうが災害そのものより危険であるかのように振る舞うと指摘している。Tierney (2004, 2007) は災害時に人々がパニック状態になるという想定は、政府などの情報統制や権力の保持には好都合だと述べている。

24　野田内閣総理大臣記者会見平成23年12月16日 <http://www.kantei.go.jp/jp/noda/statement/2011/1216kaiken.html> 2014.3.1

25　例えば、群馬県の取り組みであるが、以下の資料を見ると、放射性物質検査には時間と労力がかかり、安全をアピールするという目的が見えてくる。

　　「群馬県食品安全基本計画 2011–2015」平成23年度事業評価(案)について
　　第16回群馬県食品安全審議会委員からの意見・質問等
　　食品安全課：全部調べるわけにもいかないので、今までどおりリスクコミュニケーションをとおして、100のうちひとつを検査すれば安全ということをより一層アピールしていきたい。
　　（…）
　　委員：放射性物質検査は時間がかかり過ぎる。中には30分から40分もかかる場合もあり、1日に10件も調べると、相当時間がかかり、職員も大変である。国や県にはもっと時間のかからない機械の発明をお願いしたい。
　　（…）
　　委員：放射線のことはリテラシーといっているが、別の食品と同じように、放射線がどのくらいまでであったら安心かということを生産者や行政が一緒になってコミュニケーションを作りながら考え、ある程度の意見のところで収束させていく、というのが今回の経験の教訓だということで、計画の事業にはないが、その方向も是非考えてもらいたい。<http://www.pref.gunma.jp/05/d6200169.html> 2013.4.12

また、水産庁が発表した、魚の汚染状況と、他の第三者的機関が発表するものとの格差も明らかになっている。例えば、岩手県で捕れたマダラのセシウム 134 と 137 の合計は、検出限界未満と表記され、それぞれ、134≦3.00, 137≦4.72 <http://www.jfa.maff.go.jp/j/housyanou/pdf/140701_result.pdf>2013.4.12 であるが、ほぼ同じ時期に岩手県で捕れたマダラがスーパーに流通しており、汚染検査をグリーンピースが検査した資料によると、セシウム 134 と 137 の合計は、7.4 で、それぞれ、134≦4.00, 137≦7.4＋／－1.5 となっている。<http://www.greenpeace.org/japan/Global/japan/pdf/20130423_fss13_result.pdf> 2013.4.12

26　ICRP は、福島の原発事故を受けて、Fukushima Nuclear Power Plant Accident と題した緊急発表を行った。以下原文を載せる。

> When the radiation source is under control contaminated areas may remain. Authorities will often implement all necessary protective measures to allow people to continue to live there rather than abandoning these areas. In this case the Commission continues to recommend choosing reference levels in the band of 1 to 20 mSv per year, with the long-term goal of reducing reference levels to 1 mSv per year (ICRP 2009b, paragraphs 48–50). (ICRP 2011 March 21) <http://www.icrp.org/docs/fukushima%20nuclear%20power%20plant%20accident.pdf> 2011.10.10

27　2011 年 3 月 16 日に行われた枝野官房長官による記者会見で、小佐古氏が内閣官房参与に任命されたことについて、以下の様に述べている。「官の立場をお持ちをいただいた方がいいだろうと、こういうご判断であったというふうに伺っております。」政府インターネットテレビ内閣官房参与の人事について　平成 23 年 3 月 16 日（水）午後 <http://www.kantei.go.jp/jp/tyoukanpress/201103/16_p.html> 2013.3.1.

28　NHK で 2011 年 4 月 29 日（金）付けの「内閣官房参与の辞任にあたって（辞意表明）」を全文掲載している。<http://www9.nhk.or.jp/kabun-blog/200/80519.html> 2013.3.5

29　菅降ろしに原発の影 <http://www.tokyo-np.co.jp/article/tokuho/list/CK2011060302000054.html> <http://voicevoice.cocolog-nifty.com/blog/2011/06/post-864e.html> 2014.2.10
　　菅降ろしの汚い舞台裏 <http://esashib.com/kanorosi01.htm> 2013.4.3

30　総理、有識者オープン懇談会　菅総理の話し　<http://esashib.com/kanorosi03.htm> 2011.6.30
　　政府インターネットテレビ自然エネルギーに関する「総理・有識者オープン懇談会」2011 年 6 月 12 日 <http://nettv.gov-online.go.jp/prg/prg4972.html> 2014.5.5

31　東京新聞「こちら特報部」民主党内原発推進派の母体、電力総連の解剖 2011 年 6

月 18 日付 2011 年 6 月 19 日 参 照 <http://www.tokyo-np.co.jp/article/tokuho/list/CK2011061802000054.html> 2011.6.19
電力総連は、各電力会社の労働組合によって成り立っているが、労使癒着しており、電力総連と電気事業連合会は協調体制となっているという。

32　クールジャパンという言葉が使われるようになった背景に McGray (2002) がある。彼は、バブル崩壊後の経済低迷期の日本にポップカルチャーなどのソフトパワーがあり、成長の可能性を秘めていると主張している。

33　震災や復興という語彙は震災以前の文書には現れていないが、再生については、「遺伝子治療、再生医療」という文脈で 6 回、「経済を再生発達させる必要」という文脈で 1 回だけ知的財産推進計画 2005 で用いられている。

34　東日本大震災の被災地、宮城県南三陸町のラジオ局に密着したドキュメンタリー映画「ガレキとラジオ」で、70 代の女性に普段聴いていないラジオを聴いているふりをするように指示された。<http://www.asahi.com/articles/ASG344VCHG34UNHB00B.html?ref=reca> 2014.3.30
この映画の企画制作は博報堂であり、2013 年 11 月 1 日に「クールジャパン推進室」を設立しクールジャパン関連事業に関する体制を強化するとホームページで発表している。<http://www.hakuhodo.co.jp/archives/newsrelease/14132> 2014.3.30
また電通も 11 月 25 日に「チーム・クールジャパン」を始動させ、国や企業を支援すると発表している。<http://dentsu-ho.com/articles/483> 2014.3.30

35　文部科学省 <http://www.mext.go.jp/a_menu/koutou/ryugaku/1306811.htm> 2014.2.1

36　政府インターネットテレビ 01ch 日々の総理／記録映像庫 2013/2/12 岩手県及び宮城県下訪問 <http://nettv.gov-online.go.jp/prg/prg7583.html> 2014.5.20

37　政府インターネットテレビ 01ch 日々の総理／記録映像庫 2014/4/27 岩手県下訪問 <http://nettv.gov-online.go.jp/prg/prg9751.html?c=01> 2014.5.20

38　中国との間に、尖閣／釣魚諸島領土問題が浮上し、憲法 9 条の見直しが叫ばれ、集団的自衛権の行使が閣議決定された。立憲主義的立場での憲法は、国家権力を制限し、基本的人権を保障することが優先されるべきであるが、全く逆方向に進んでいる。このような流れの中でソフトパワーを全面に出したクールジャパン政策が、筋力を付け始めている。

39　国際交流基金 2012 <http://www.jpf.go.jp/j/japanese/survey/result/survey12.html> 2014.5.2

40　吉田調書に関しては終章を参照のこと

41　朝日新聞デジタル（時時刻刻）嫌われた厳格審査　原子力規制委員、島崎氏退任へ 2014 年 5 月 28 日 <http://digital.asahi.com/articles/DA3S11159072.html> 2014.5.30

42　脱原発「エネルギーシフト実現は『戦い』」ドイツのエネルギー政策　シュタンツェル駐日大使に聞く <http://www.huffingtonpost.jp/2013/10/31/volker-stanzel-

interview-energyshift_n_4186441.html> 2014.2.5

参考文献

荒井文雄 (2012)「重大災害時におけるメディアの役割：東京電力福島第一原子力発電所事故後における放射線健康被害リスク報道の検証」『京都産業大学論集人文科学系列』45, pp.103–145

井出祥子 (2006)『わきまえの語用論』大修館書店

井上史雄 (1999)『敬語はこわくない』講談社

井上史雄・金順任・松田謙次郎 (2012)「岡崎100年間の「ていただく」増加傾向——受恵表現にみる敬語の民主化」『国立国語研究所論集』(NINJAL Research Papers) 4, pp.1–25

古賀茂明 (2013)『原発の倫理学』講談社

佐野真一郎 (2008)「日本語話し言葉コーパスに現れるさ入れ言葉に関する数量的分析」『言語研究』133, pp.77–106

泉水健宏 (2013)「福島の被災者避難者に対する支援策の現状と課題」『立法と調査』6,341, pp.62–69

ネイピア・スーザン (2002)『現代日本のアニメ：「AKIRA」から「千と千尋の神隠しまで」』(神山京子訳) 中央公論新社

野呂香代子・山下仁 (2012)「読めたのに読み解くことのできなかった原発安全神話」『ことばと社会』14, pp.160–191

松井剛 (2010)「ブームとしてのクール・ジャパン」『一ツ橋ビジネスレビュー』58/3, pp.86–105

安冨歩 (2012)『原発危機と「東大話法」——傍観者の論理・欺瞞の言語』明石書店

渡辺靖 (2009)「日本らしさとは何か：アイデンティティと文化外交」『外交フォーラム』July No. 252, pp.12–17

渡辺靖 (2011)「クールジャパンの繁栄と不安」『アステイオン』74, pp.56–65

Austin, J. L. (1962) *How to do things with words*. Oxford: Oxford University Press.

Brown, Penelope and Levinson, Stephen. (1978) Universals in language usage: Politeness phenomena. In Esther Goody (ed.) *Questions and politeness: Strategies in social interaction*, pp.56–310. Cambridge: Cambridge University Press.

Brown, Penelope and Levinson, Stephen. (1987) *Politeness: Some universals in language usage*. Cambridge: Cambridge University Press.

Clarke, Lee and Chess, Caron. (2008) Elites and Panic: More to Fear than Fear Itself. *Social Forces* 87, 2, pp.993–1014.

Goffman, Erving. (1955) On face-work: An analysis of ritual elements in social interaction. *Psychiatry* 18, pp. 213–231.

Grice, H. Paul. (1975) Logic and conversation. In Cole, P., and J. L. Morgan (eds.), *Speech Acts*, pp.41–58. New York: Academic Press.

Haugh, Michael. (2005) The importance of "place" in Japanese politeness: Implications for cross-cultural and intercultural analyses. *Intercultural Pragmatics* 2, 1, pp.41–68.

Hill, B., Ide, S., Ikuta, S., Kawasaki, A., & Ogino, T. (1986) Universals of linguistic politeness: Quantitative evidence from Japanese and American English. *Journal of Pragmatics* 10, pp.347–371.

ICRP (2009) Application of the Commission's Recommendations to the Protection of People Living in Long-term Contaminated Areas after a Nuclear Accident or a Radiation Emergency. *ICRP Publication* 111, Ann ICRP 39(3).

Ide, Sachiko. (1989) Formal forms and discernment: two neglected aspects of universals of linguistic politeness. *Multilingua* 8(2/3), pp.223–248.

Inoue, Fumio. (2013) A Contemporary History of Okazaki Honorifics: Democratization and-te itadaku. *NWAY Asia-Pacific* 2, pp.1–9.

Matsumoto, Yoshiko. (1988) Reexamination of the universality of face: politeness phenomena in Japanese. *Journal of Pragmatics* 12, pp.403–426.

Matsumoto, Yoshiko. (1989) Politeness and conversational universals: observation from Japanese. *Multilingua* 8, pp.207–221.

McGray, Douglas. (2002) Japan's Gross National Cool. *Foreign Policy*. No. 130 May/June, p.44–54.

Ohashi, Jun. (2008) Linguistic rituals for thanking in Japanese: Balancing obligations. *Journal of Pragmatics* 40, pp.2150–2174.

Ohashi, Jun. (2013) *Thanking and politeness in Japanese: Balancing acts in interaction*. Baingstoke: Palgrave Macmillan.

Searle, John. (1969) *Speech acts: An essay in the philosophy of language*. Cambridge: Cambridge University Press.

Tierney, Kathleen. (2004) Disaster beliefs and institutional interests: Recycling disaster myths in the aftermath of 9.11. *Research in Social Problems and Public Policy* 11, pp.33–51.

Tierney, Kathleen. (2007) From the margins to the mainstream?Disaster research at the crossroads. *Annual Review of Sociology* 33, pp.503–25.

資料

朝日新聞デジタル「震災映画でやらせ　女性にラジオ聴くふり強いる」
　　　<http://www.asahi.com/articles/ASG344VCHG34UNHB00B.html?ref=reca> 2014年3月5日 2014.3.30

朝日新聞デジタル「菅降ろしの汚い舞台裏」<http://esashib.com/kanorosi01.htm> 2013.4.3
官房長官記者発表平成 23 年 3 月リスト <http://www.kantei.go.jp/jp/tyoukanpress/201103/index.html>
クールジャパン官民有識者会議「提言　新しい日本の創造」2011 年 5 月 12 日 <http://www.meti.go.jp/committee/kenkyukai/seisan/cool_japan/2011_houkoku_01_00.pdf>
「敬語の指針」文化審議会答申（2007）平成 19 年 2 月 2 日 <http://www.bunka.go.jp/kokugo_nihongo/bunkasingi/pdf/keigo_tousin.pdf>
「原子力緊急事態宣言について」平成 23 年 3 月 11 日（金）午後 <http://www.kantei.go.jp/jp/tyoukanpress/201103/11_p3.html> 2013.5.2
「原子力災害対策特別措置法の規定に基づく住民への避難指示について」平成 23 年 3 月 11 日（金）午後 <http://www.kantei.go.jp/jp/tyoukanpress/201103/11_p4.html> 2013.5.2
国際交流基金 2012<http://www.jpf.go.jp/j/japanese/survey/result/survey12.html>
参議院行政監視委員会「原発事故と行政監視の在り方」小出裕章氏 2/2<http://hiroakikoide.wordpress.com/page/99/> 2011.5.23
朝日新聞デジタル（時時刻刻）「嫌われた厳格審査　原子力規制委員、島崎氏退任へ」<http://digital.asahi.com/articles/DA3S11159072.html> 2014 年 5 月 28 日 2014.5.30
政府インターネットテレビ　官房長官記者会見－午前 2 －「内閣官房長官記者会見」平成 23 年 3 月 13 日（日）<http://nettv.gov-online.go.jp/prg/prg4494.html> 2013.5.1
政府インターネットテレビ「内閣官房参与の人事について」2011 年 3 月 16 日 <http://nettv.gov-online.go.jp/prg/prg4543.html> 2013.5.4
政府インターネットテレビ「日々の総理／記録映像庫 2013/2/12 岩手県及び宮城県下訪問」<http://nettv.gov-online.go.jp/prg/prg7583.html> 2014.5.20
政府インターネットテレビ「日々の総理／記録映像庫 2014/4/27 岩手県下訪問」<http://nettv.gov-online.go.jp/prg/prg9751.html?c=01> 2014.5.20
「総理、有識者オープン懇談会　菅総理の話し」2011 年 6 月 12 日 <http://esashib.com/kanorosi03.htm> 2011.6.30
脱原発「エネルギーシフト実現は『戦い』」ドイツのエネルギー政策　シュタンツェル駐日大使に聞く <http://www.huffingtonpost.jp/2013/10/31/volker-stanzel-interview-energyshift_n_4186441.html> 2014.2.5
「東京電力福島第一原子力発電所第 4 号炉について」平成 23 年 3 月 15 日（火）午前 <http://www.kantei.go.jp/jp/tyoukanpress/201103/15_a3.html> 2011.3.16

東京新聞 2014 年 3 月 29 日朝刊「再生エネ上積み了承先送り自公案すら経産拒否」
    <http://www. tokyo-np. co. jp/article/politics/news/CK2014032902000146. html>
    2014.3.30
東京新聞「原発事故で政府と東電が統合本部　首相、対応を批判」2011 年 3 月 15 日
    <http://www.tokyo-np.co.jp/article/feature/nucerror/list/CK2011031502100059.
    html> 2011.3.16
東京新聞「菅降ろしに原発の影」2011 年 6 月 3 日 <http://www.tokyo-np.co.jp/article/
    tokuho/list/CK2011060302000054.html> 2014.2.10
        <http://voicevoice.cocolog-nifty.com/blog/2011/06/post-864e.html> 2014.2.10
東京新聞「こちら特報部」民主党内原発推進派の母体、電力総連の解剖（2011 年 6 月
    18 日付<http://www.tokyo-np.co.jp/article/tokuho/list/CK2011061802000054.
    html> 2011.6.19
「内閣官房参与の人事について」平成 23 年 3 月 16 日（水）午後 <http://www.kantei.
    go.jp/jp/tyoukanpress/201103/16_p.html> 2013.5.3
「日本ブランド戦略の推進」2005 年 2 月 25 日 <http://www.kantei.go.jp/jp/singi/titeki2/
    tyousakai/contents/houkoku/ 050225hontai.pdf> 2014.1.5
「野田内閣総理大臣記者会見」平成 23 年 12 月 16 日 <http://www.kantei.go.jp/jp/noda/
    statement/2011/1216kaiken.html> 2014.3.1
NHK「内閣官房参与の辞任にあたって」(辞意表明) 2011 年 4 月 29 日 <http://www9.
    nhk.or.jp/kabun-blog/200/80519.html> 2011.8.3
「被災地における燃料等の不足について」平成 23 年 3 月 16 日（水）午前 <http://www.
    kantei.go.jp/jp/tyoukanpress/201103/16_a.html> 2014.2.11
「福島原子力発電所事故対策統合本部の設置について」平成 23 年 3 月 15 日（火）午前
    <http://www.kantei.go.jp/jp/tyoukanpress/201103/15_a.html> 2013.2.13
復興庁「全国の避難者等の数」平成 26 年 2 月 26 日 <http://www.reconstruction.go.jp/
    topics/main-cat2/sub-cat2-1/20140226_hinansha.pdf> 2014.3.1
文部科学省 <http://www.mext.go.jp/a_menu/koutou/ryugaku/1306811.htm> 2014.2.1

第２部　新聞のことば

新聞における原発関連語の使用頻度

庵功雄

1. はじめに

　本章では、福島原発事故が起こる前と後で原発に関連する語の使用にどのような変化があったかを定量的に調査した結果を報告する。

2. 原発関連語の調査対象

　今回調査対象としたのは 2002 年と 2012 年の朝日新聞と読売新聞の全データである。データの出所は以下の通りで、本文中では、朝日 2002 年、朝日 2012 年、読売 2002 年、読売 2012 年と略称する。

（1）　朝日新聞記事データ（学術・研究用）2002 年版、2012 年版
　　　読売新聞 2002 データ集、読売新聞 2012 データ集

　今回これらをデータベースとして選んだのは次の理由による。すなわち、原発事故後の状況を見るために 2012 年度のデータを採用し、それと対照するために、それと 10 年間の間隔を空けたものとを比べることで、原発事故が報道にどのような影響を与えたのかを見るということと、朝日と読売において「原発」関連の報道において言語上の違いがある（あった）のかを見るということである。
　調査対象は、これら 4 つのデータベースに収録されている全記事である

が、見出しと(原発名を除く)固有名詞は調査対象外とした。

2.1 調査対象語

原発事故の影響を見るための語としてはさまざまなものが考えられるが、今回は次の4語を選んだ。

(2) a. 原発
　　b. 発電
　　c. エネルギー
　　d. 原子力

(2)aは「原発」そのものであるが、これに、「原発」を含む複合語と、原発名を加えた。

(2)bは「発電」の種類に関するものであり、「原子力発電」とそれ以外の発電の比率を見ることが目的である。

(2)cは「エネルギー」を含む複合語に関するものであり、「原子力エネルギー」の占める割合を見るのが目的である。

(2)dは「原子力」という語に関するものである。

3. 各語についての調査結果

本節では、2節で挙げた各語についての調査結果を述べる。調査に当たっては、(1)で挙げた各データベース(テキストファイル)を秀丸エディターに付属のGrepを用いて検索した[1]。

3.1 「原発」

本小節では、「原発」とその関連語を扱う。

まず、「原発」という語が(3)(4)のように単独で用いられた場合についてである。

（3）　経済産業省は13日、今夏に原発が動かなければ、関電管内でどれだけ電力不足になるかの新しい試算を発表した。節電をした昨夏並みの需要なら5.5％▽2006～10年の平均需要なら16.0％▽猛暑の10年並みの需要なら18.4％だ。(朝日新聞朝刊2012年4月14日)

（4）　原子力発電所の検査の内容や手法が"十年一日"で時代に即していないとの批判に応え、経済産業省原子力安全・保安院は十二日、専門家らによる検討会を設置し、検査制度の抜本的な見直しに乗り出した。原発でのトラブルの発生回数、老朽度などに応じて検査の間隔や項目を変えるなど、合理的で国民に分かりやすい手法を約一年間かけて検討していく。(読売新聞朝刊2002年2月13日)

この場合の頻度は次のようであった。

表1　「原発」のみの場合

	2012年	2002年
朝日	11,289	887
読売	8,835	925

$\chi^2(1) = 34.08$、$p < .001$[2]

すなわち、2012年は朝日が、2002年は読売が、「原発」を有意に多く使っていたということになる。

次に、「原発」を前要素に持つ複合語を集計すると次のようになる。ここで、各項目の右の数字は、1「原発に対する賛否」に関するもの、2「原発の問題点」に関するもの、3「その他」をそれぞれ表す。

表2 「原発」を前要素に持つ複合語[3]

	朝日 2012		読売 2012		朝日 2002		読売 2002
原発事故2	4,999	原発事故2	4,893	原発トラブル2	85	原発立地3	94
原発ゼロ・廃止1	524	原発ゼロ・廃止1	321	原発立地3	63	原発建設1	58
原発依存3	327	原発立地3	274	原発建設1	36	原発反対1	48
原発問題2	265	原発問題2	227	原発事故2	23	原発事故2	42
原発立地3	147	原発依存3	207	原発推進1	22	原発トラブル2	31
原発再稼働1	125	原発再稼働1	112	原発(新)増設1	20	原発問題2	29
原発災害2	47	原発災害2	33	原発反対1	19	原発推進1	23
原発反対1	44	原発建設1	27	原発関連3	17	原発誘致1	21
原発維持1	39	原発稼働1	25	原発問題2	10	原発施設3	20
原発建設1	36	原発反対1	17	原発容認1	7	原発(新)増設1	17
原発稼働1	27	原発維持1	17	原発施設3	6	原発関連3	16
原発新(増)設1	15	原発マネー3	16	原発検査3	5	原発点検3	16
原発メーカー3	13	原発輸出1	13	原発計画3	5	原発不正2	14
原発廃炉1	12	原発メーカー3	10	原発政策3	5	原発設置3	11
原発輸出1	10	原発廃炉1	5	原発誘致1	4	原発計画3	10
原発マネー3	6	原発新(増)設1	5	原発メーカー3	4	原発不祥事2	10
原発誘致1	5	原発誘致1	2	原発交付金3	4	原発機器3	7
						原発事業3	6
						原発政策3	5
合計	6,641		6,204		335		478

これらを表3のように整理する(右の数字の意味は表2と同じ)。

表3 「原発」に対する見方(全体)

	朝日 2012	読売 2012	朝日 2002	読売 2002
原発の賛否 1	837	544	108	167
原発の問題点 2	5,311	5,153	118	126
その他 3	493	507	109	185
合計	6,641	6,204	335	478

ここで、「原発の賛否に関するもの」を、次の3つに分ける。

(5) a. 原発について肯定的、ないし、原発を必要とするもの
　　 b. 原発について否定的、ないし、原発を不要とするもの
　　 c. 原発についての評価を含まないもの

これらを「原発再稼働」を用いて例示すると、次のようになる。

〈原発について肯定的、ないし、原発を必要とするもの〉
(6)　党エネルギープロジェクトチーム(PT)は3月をめどに、ストレステスト(耐性評価)の厳格化や地元同意などを条件として、「原発再稼働なしには今夏、電力不足に陥る可能性がある」との趣旨の報告書をまとめる方針。(朝日新聞朝刊 2012 年 2 月 16 日)

〈原発について否定的、ないし、原発を不要とするもの〉
(7)　平氏は鳩山由紀夫元首相のグループに属し、原発再稼働に反対する党原発事故収束対策プロジェクトチーム(PT)の事務局次長を務めている。(朝日新聞朝刊 2012 年 6 月 19 日)

〈原発についての評価を含まないもの〉
(8)　国内最多の商業用原発 13 基を抱える福井県は、東京電力福島第一原発の事故後、検査のため停止中の原発再稼働の条件として、福島の事故を反映した暫定的な安全基準を求めている。(朝日新聞朝刊 2012

年2月25日）

この観点から表3を整理すると次のようになる。

表4 「原発」に対する賛否

	朝日2012	読売2012	朝日2002	読売2002
原発賛成	169*	**126**	8	17
原発反対	**429**	**302**	10	29
原発中立	231	123	**90**	**121**
合計	829	551	108	167

$\chi^2(6) = 275.43, p < .001$

　表4の残差分析の結果、2012年では朝日でも読売でも「原発反対」が有意に多く、「原発中立」が有意に少なかった。読売では「原発賛成」も有意に多かったが、朝日では有意差はなかった。2002年では朝日でも読売でも「原発賛成」と「原発反対」が有意に少なく、「原発中立」が有意に多かった[4]。

　ここで、表2のうち、「原発の賛否に関するもの」の部分をより詳しく見ると、次のようになる。

表5　原発の賛否[5]

	朝日 2012		読売 2012		朝日 2002		読売 2002
原発ゼロ・廃止1	524	原発ゼロ・廃止1	321	原発建設1	36	原発建設1	58
賛66 反309 他149		賛65 反185 他71		賛1 反5 他30		賛4 反7 他47	
原発再稼働1	125	原発再稼働1	112	原発推進1	22	原発反対1	48
賛30 反48 他47		賛18 反75 他19		賛1 反1 他20		賛1 反13 他34	
原発反対1	44	原発建設1	27	原発(新)増設1	20	原発推進1	23
賛1 反43 他0		賛10 反5 他12		賛6 反2 他12		賛6 反2 他15	
原発維持1	39	原発稼働1	25	原発反対1	19	原発誘致1	21
賛39 反0 他0		賛3 反17 他5		賛0 反1 他18		賛3 反4 他14	
原発建設1	36	原発反対1	17	原発容認1	7	原発(新)増設1	17
賛11 反3 他22		賛0 反16 他1		賛0 反0 他7		賛3 反3 他11	
原発稼働1	27	原発維持1	17	原発誘致1	4		
賛2 反12 他13		賛16 反0 他1		賛0 反1 他3			
原発新(増)設1	7	原発輸出1	13				
賛5 反2 他0		賛11 反1 他1					
原発廃炉1	12	原発廃炉1	5				
賛1 反11 他0		賛0 反3 他2					
原発輸出1	10	原発新(増)設1	5				
賛9 反1 他0		賛0 反1 他4					
原発誘致1	5	原発誘致1	2				
賛5 反0 他0		賛2 反0 他0					

　次に、「原発」を後要素に持つ複合語について見る。調査結果は次の通りである。

表6 「原発」を後要素に持つ複合語

	朝日 2012		読売 2012		朝日 2002		読売 2002
脱原発	3,381	脱原発	2,130	軽水炉(型)原発	32	反原発	27
反原発	464	卒原発	220	脱原発	29	脱原発	24
卒原発	282	反原発	161	反原発	22	商(業)用原発	4
商業(用)・商用原発	30	商(業)用原発	43	商業用原発	10	軽水炉原発	1
減原発	27	減原発	12	新(規・型)原発	7		
新(規)原発	23	続原発	12	110万キロワット級原発	7		
老朽(化)原発	14	新規原発	9	沸騰水型原発	3		
続原発	9	縮原発	3				
縮原発	6	老朽(化)原発	2				
合計	4,236		2,592		110		56

　ここでは、朝日2002年に原発の種類(軽水炉型、沸騰水型)がかなりあるのに、読売2002年にそれがほとんどないのが目につく。

　最後に、原発名を頻度順に並べると表7のようになる。

　表7で2012年に福島第一原発が多いのは当然だとして、2002年にも福島第一、第二原発が多いのは、この年に同原発で事故があり、その事実が隠されていたことによる。ただし、同様のトラブルは浜岡原発でも起こっており、当時の注目は浜岡原発の方により集まっていたことがわかる。

新聞における原発関連語の使用頻度　147

表7　原発名

	朝日 2012		読売 2012		朝日 2002		読売 2002
福島第一原発	5,378	福島第一原発	5,314	福島第一原発	155	浜岡原発	320
大飯原発	1,531	大飯原発	1,784	浜岡原発	107	柏崎刈羽原発	175
柏崎刈羽原発	1,403	浜岡原発	553	柏崎刈羽原発	95	刈羽原発	175
浜岡原発	1,253	泊原発	428	福島第二原発	86	福島第一原発	161
東海第二原発	510	志賀原発	422	女川原発	39	敦賀原発	112
電力大飯原発	493	島根原発	411	チェルノブイリ原発	31	島根原発	94
福島原発	450	玄海原発	398	福島第一、第二原発	22	伊方原発	77
大間原発	304	柏崎刈羽原発	389	東通原発	9	高浜原発	62
東通原発	253	伊方原発	358	柏崎原発	8	志賀原発	54
敦賀原発	222	敦賀原発	349	志賀原発	7	福島第二原発	50
女川原発	178	川内原発	326	巻原発	7	チェルノブイリ原発	45
泊原発	126	大間原発	220	大間原発	6	女川原発	45
福島第二原発	115	東通原発	209	美浜原発	4	泊原発	35
伊方原発	79	福島原発	201	高浜原発	4	美浜原発	31
美浜原発	77	美浜原発	141	敦賀原発	4	大飯原発	23
志賀原発	70	上関原発	135			川内原発	22
玄海原発	52	高浜原発	122			東通原発	22
上関原発	47	東海第二原発	103			上関原発	21
島根原発	47	女川原発	101			玄海原発	17
東海原発	46	福島第二原発	68			芦浜原発	15
高浜原発	42					シェール原発	13
川内原発	24					巻原発	12
古里原発	22					珠洲原発	10
小高原発	13					大間原発	8
合計	12,735		12,032		584		1,599

3.2　「発電」

　本節では、「発電」を後要素に持つ語を考察する。まず、全体の分布は次のようになった。1は「原子力発電」、2は「化石燃料発電」、3は「自然エネルギー発電」、4は「その他の発電」をそれぞれ表す。

表8 さまざまな発電方法

	朝日2012		読売2012		朝日2002		読売2002
太陽(光)発電 3	648	原子力発電 1	6,407	風力(・風車)発電 3	116	原子力発電 1	1,122
原子力発電 1	532	太陽光発電 3	2,571	原子力発電 1	91	風力発電 3	592
火力発電 2	484	火力発電 2	1,870	太陽(光・熱)発電 3	90	火力発電 2	437
風力発電 3	319	風力発電 3	825	自家(用)発電 4	48	太陽光発電 3	394
水力発電 3	171	自家(用)発電 4	682	水力発電 3	42	ディーゼル発電 2	194
自家発電 4	162	水力発電 3	681	ディーゼル発電 2	38	水力発電 3	175
地熱発電 3	105	地熱発電 3	247	火力発電 2	22	自家(用)発電 4	93
非常用発電 4	76	揚水発電 3	106	廃棄物発電 3	7	地熱発電 3	35
バイオマス発電 3	46	バイオマス発電 3	105	ソーラー発電 3	3	揚水発電 3	28
ディーゼル発電 2	41	ディーゼル発電 2	75	ガスタービン発電 4	2	廃棄物発電 3	26
揚水発電 3	28	温泉発電 3	14	蒸気タービン発電 4	1	バイオマス発電 3	22
(メガ)ソーラー発電 3	18	波力発電 3	10			温泉発電 3	3
海流(・潮流・潮力)発電 3	13	廃棄物発電 3	3			波力発電 3	2
石炭火力発電 2	12						
ガスタービン発電 4	11						
太陽熱発電 3	8						
温泉発電 3	7						
商業発電 4	5						
蒸気タービン発電 4	2						
廃棄物発電 3	1						
蓄熱発電 3	1						
合計	2,690		13,596		460		3,123

　表8から朝日2012年の異なり語数の多さと、読売ののべ語数の多さがわかる。ここで、発電を「原子力発電」「化石燃料発電」「自然エネルギー発電」「その他の発電」に分けて整理すると次のようになる。

表9 発電の種類

	朝日 2012	読売 2012	朝日 2002	読売 2002
原子力発電 1	532	6,407	91	1,122
化石燃料発電 2	537	1,945	60	631
自然エネルギー発電 3	1,365	4,562	258	1,277
その他の発電 4	256	682	51	93
合計	2,690	13,596	460	3,123

さらに、1〜3の発電の種類と4種類のデータベースの間の3×4のカイ二乗検定を行うと、$\chi^2(6) = 826.30, p<.001$ で、残差分析の結果、表10でゴシック体になっているものは有意に多く、そうでないものは有意に少なかった（＊は有意差なし）。

表10 発電の種類（残差分析）

	朝日 2012	読売 2012	朝日 2002	読売 2002
原子力発電 1	532	**6,407**	91	1,122
化石燃料発電 2	**537**	1,945	60＊	**631**
自然エネルギー発電 3	**1,365**	4,562	**258**	**1,277**
合計	2,434	12,914	409	3,030

これを「2012年 vs. 2002年」で整理すると、表11のようになる（$\chi^2(2) = 115.16, p<.001$）。残差分析の結果、2012年では「原子力発電」が有意に多く、「化石燃料発電」と「自然エネルギー発電」が有意に少なかったのに対し、2002年ではその正反対の結果となった。

表11 発電の種類（2012年 vs. 2002年）

	2012年	2002年
原子力発電 1	**6,939**	1,213
化石燃料発電 2	2,482	**691**
自然エネルギー発電 3	5,927	**1,535**
合計	15,348	3,439

一方、これを「朝日 vs. 読売」で整理すると、表12のようになる（$\chi^2(2)$ = 644.08, p<.001）。残差分析の結果、朝日では「原子力発電」が有意に少なく、それ以外が有意に多かったのに対し、読売では「原子力発電」が有意に多く、それ以外が有意に少なかった。

表12　発電の種類（朝日 vs. 読売）

	朝日	読売
原子力発電1	623	**7,529**
化石燃料発電2	**597**	2,576
自然エネルギー発電3	**1,623**	5,839
合計	2,843	15,944

3.3　「エネルギー」

次に、エネルギーに関する語を分析する。まず、「エネルギー」を後要素に持つ複合語の分布は次のようになる。

表13　「エネルギー」を後要素に持つ複合語

	朝日 2012		読売 2012		朝日 2002		読売 2002
再生可能エネルギー	727	再生可能エネルギー	1,907	自然エネルギー	135	自然エネルギー	189
自然エネルギー	636	自然エネルギー	614	省(資源)エネルギー	107	省(資源)エネルギー	162
新エネルギー	155	新エネルギー	242	新エネルギー	86	新エネルギー	156
環境エネルギー	95	省(資源)エネルギー	189	再生可能エネルギー	49	再生可能エネルギー	52
革新的エネルギー	85	革新的エネルギー	170	代替エネルギー	20	太陽(光)エネルギー	37
再生エネルギー	71	代替エネルギー	164	原子力エネルギー	13	代替エネルギー	30
代替エネルギー	64	環境エネルギー	109	電気エネルギー	6	海洋エネルギー	21
省エネルギー	54	再生エネルギー	103	環境エネルギー	6	環境エネルギー	18
原子力エネルギー	24	次世代エネルギー	93	再生エネルギー	3	電気エネルギー	16
次世代エネルギー	18	原子力エネルギー	40	海洋エネルギー	3	原子力エネルギー	14
海洋エネルギー	16	海洋エネルギー	35	次世代エネルギー	2	再生エネルギー	14
電気エネルギー	10	太陽(光)エネルギー	26	太陽光エネルギー	1	次世代エネルギー	5
太陽エネルギー	7	電気エネルギー	15	革新的エネルギー	1	革新的エネルギー	0
合計	1,962		3,707		432		714

ここで、この表を「原子力エネルギー」と「その他のエネルギー」の形に集計し直すと次のようになる[6]（$\chi^2(3) = 22.35, p < .001$）。

表14 「原子力エネルギー」vs.「その他のエネルギー」

	朝日 2012	読売 2012	朝日 2002	読売 2002
原子力エネルギー	24*	40	13	14
その他のエネルギー	1,884*	3,478	312	538
合計	1,908	3,518	325	552

残差分析の結果、読売2012年では「原子力エネルギー」が有意に少なく、朝日、読売とも2002年では「原子力エネルギー」が有意に多かった。朝日2012年では有意差がなかった。

表14を「2012年 vs. 2002年」として2×2のカイ二乗検定を行った結果は$\chi^2(1) = 17.83, p < .001$であり、2002年では「原子力エネルギー」が有意に多く、2012年では「その他のエネルギー」が有意に多かった。

一方、表14を「朝日 vs. 読売」として2×2のカイ二乗検定を行った結果は$\chi^2(1) = 1.03$で有意差はなかった。

3.4 「原子力」

次は、(9)(10)のように「原子力」が単独で使われた場合である。

(9) 前原国家戦略相がTPP参加に賛意を示し、「民主党の公約として掲げて争点化すべきだ」と言うように、TPPに慎重な自民党との対立軸の一つになろう。

　一方で、「野党のマニフェスト」から脱皮できていないのが、エネルギー政策である。

　30年代に「原発稼働ゼロ」を目指す方針を盛り込むというが、代替エネルギーを一体どう確保するのか。脱原発政策に伴う電気料金の値上げや産業空洞化の進行、原子力を担う人材の流出といった懸案にも解決の糸口が見えない。（読売新聞朝刊2012年11月11日）

(10) 地球温暖化は、太古の昔の海の植物により吸収された太陽光のエネルギーを、化石燃料の大量消費によって再び大量放出していることによる。地球の CO_2 濃度を下げてきた植物の長年の営みへの逆流でもある。

　では、CO_2 を放出しない原子力発電は環境に優しいのか。否、生物に有害な放射性物質を生み、事故の危険もある。国は、偏った広告などで、多大な危険を抱える原子力を国民に押し付けるのではなく、真にクリーンで安全なエネルギー政策を模索するべきだ。(朝日新聞朝刊 2002 年 10 月 30 日)

この語の分布は次の通りであり、有意差はなかった。

表15 「原子力」のみの場合

	2012 年	2002 年
朝日	976	346
読売	712	211

$\chi^2(1) = 3.02$、n.s.

4. まとめ

本章では、原発に関連する語に関する定量的な調査の結果を報告した。その結果、次のことがわかった。

(11) a. 「原発」では、2012 年の方が「反対」が有意に多かった。
　　b. 「発電」では、2012 年の方が「原子力発電」が有意に多かった。一方、「朝日 vs. 読売」では読売の方が「原子力発電」が有意に多かった。
　　c. 「エネルギー」では、読売 2012 年の「原子力エネルギー」が有意に少なく、2002 年では朝日も読売も「原子力エネルギー」が有意

に多かった。
  d. 「原子力」では、有意な差は見られなかった。

全体として、データから言えることは、2012年の方が「原発」に関わる語の使用頻度が高いということで、これは当然予想されることであるが、「発電」に関しては、読売の方が朝日よりも「原子力発電」に関する言及が多いという興味深い結論も得られた。一方で、朝日2012年における「発電」の異なり語数の多さは、「脱原発」を提案しようとした朝日の模索の表れなのかもしれない。

〈付録〉
カイ二乗検定

日本語の条件を表す接続助詞に「ば」と「たら」がある。ここで、話しことばのコーパスと書きことばのコーパスを調べたところ、それぞれの形式の出現頻度が次のようになったとしよう(数値は仮)。

表16 「ば」と「たら」

	話しことば	書きことば	合計
ば	200	600	800
たら	150	50	200
合計	350	650	1,000

表16を見ると、「たら」は話しことばでよく使われるように見えるが、それが統計的に正しいかを確かめるために行うのがカイ二乗検定である。つまり、「比率の差」が統計的に有意なものであるかを検定するのがカイ二乗検定である。ここで、カイ二乗値を求めると、$\chi^2(1) = 173.63$ となるが[7]、このことが起こる確率 p は 0.1% より低い。一般に、そのことがらが偶然起こる確率が 5% より小さいとき、その差は統計的に有意であると言うので、

表16の場合の差も統計的に有意な差であると言える。

さて、表16のような2×2(2行×2列)の場合は、有意な差があればどこが有意に多くどこが有意に少ないかが自動的にわかるが、2×2以上の場合はカイ二乗値が有意というだけではどこが多くどこが少ないのかはわからない。例えば、表17を考えてみよう。

表17　発電の種類（朝日 vs. 読売）（＝表12）

	朝日	読売	合計
原子力発電1	623	7,529	8,152
化石燃料発電2	597	2,576	3,173
自然エネルギー発電3	1,623	5,839	7,462
合計	2,843	15,944	18,787

この場合、カイ二乗値を求めると、$\chi^2(2) = 644.08$、$p < .001$となって有意差があることがわかるが、これだけではどこに差があるのかがわからない。その場合には残差分析を行う。残差分析の結果、「朝日」では「化石燃料発電」と「自然エネルギー発電」が有意に多く、「読売」では「原子力発電」が有意に多いことがわかる[8]。

注

1　Grepはテキストファイル（プレーンテキスト）の検索に最もよく用いられるソフトで、文字列検索を行うことができる。また、正規表現を合わせて用いると、かなり強力な検索を行うことができる。正規表現について詳しくは大名（2012）などを参照されたい。

2　この数字の意味、および、カイ二乗検定については、本章末の付録を参照していただきたい。

3　「原発ゼロ・廃止・停止・撤廃」には、見出し語以外に「原発稼働ゼロ・停止」「原発即時ゼロ・停止・廃止・撤廃」「原発廃止・全廃」を含む。

4　表4のゴシック体は有意に多いもの、＊は有意差がないもの、それ以外は有意に少ないものである。有意差がない場合「n. s.」と表記する（n. s. は not significant

の略)。
5 この表における「賛成」はその複合語を含む文全体が「原発賛成」の意味になっていることを、「反対」はそれが「原発反対」になっていることを表す。例えば、次の例は「原発反対」という複合語の「反対」のところに算入した。

　　大間町にある電源開発大間原発の建設現場では、原発事故後に工事が止まるまで 1700 人が働いていた。人口 6 千人の小さな町。町長や町議会は昨年 11 月以降、国を繰り返し訪れて建設再開を求めている。
　　07 年までの 12 年間、町で唯一の反原発町議だった佐藤亮一さん (75) は事故後、原発反対のビラを配った。「原発はない方がいい」と話す漁師も出始めたが、表だった声にはならなかった。(朝日新聞朝刊 2012.2.19)

6 「その他のエネルギー」は表 2 の合計値から「原子力エネルギー」と「省(資源)エネルギー」の数値を引いたものとした。これは、「省(資源)エネルギー」はエネルギーの種類ではないためである。
7 (　) の中の数字を自由度と言う。カイ二乗検定における自由度は、表 16 のような表で合計値がわかっているときに、あといくつ数値がわかれば他の数値がわかるかというものに相当する (一般に、i×j のカイ二乗検定における自由度は「(行の数 −1)×(列の数 −1)」となる)。この場合は自由度 1 である (cf. 山田・村井 2004)。
8 統計の考え方、および、カイ二乗検定、残差分析について詳しくは山田・村井 (2004) などを参照されたい。また、カイ二乗検定を行う際は本章末に挙げたサイト (js-STAR 2012) が有益である (残差分析も自動的に行ってくれる)。

参考文献
大名力 (2012)『言語研究のための正規表現によるコーパス検索』ひつじ書房
山田剛史・村井潤一郎 (2004)『よくわかる心理統計』ミネルヴァ書房

データベース
朝日新聞記事データ (学術・研究用) 2002 年版、2012 年版
読売新聞 2002 データ集、読売新聞 2012 データ集
以上全て、日外アソシエーツから販売されているものを用いた。
URL js-STAR 2012
〈http://www.kisnet.or.jp/nappa/software/star/〉2015.1.19

新聞投稿と新聞社の姿勢
―新聞社は意図的に投稿を選んでいるか―

神田靖子

1. 目的——大衆の意見形成にメディアの誘導はあるのか

　日本は2011年3月11日に起こった東日本大震災によって、地震・津波の被害のみならずそれによって引き起こされた東京電力福島第一原子力発電所の事故(以降、福島原発事故と略)という未曾有の災害に直面することとなった。この福島原発事故はレベル7に達する大事故であり、内外に大きな衝撃を与えたばかりでなく、原発問題[1]を含めた将来のエネルギー政策に対する国民の意見を二分する契機となった。原発および原子力発電という、一般にはあまり知られていなかった科学的事象について大衆の意見が形成されたのにはメディアの関連が指摘されよう。とりわけ事故後は原発推進派または脱原発・反原発派[2]のいずれの立場をとるか、態度を鮮明にしているメディアも多い[3]。本章ではメディアを新聞に限定し、新聞購読者の投稿と当該新聞社の立場との関連をみることによって、メディアの誘導による大衆の意見形成の様相を談話の歴史的分析(Reisigl and Wodak 2009)の手法を援用して検証したいと思う。

2. 新聞投稿というメディアの特徴と分析対象

　そもそも新聞投稿にはブログやツイッターとは異なり匿名性がないため、投稿にはかなりの勇気を必要とする。そのため新聞社は一定の信念を持った意見として積極的に採用している。また投稿者の偏りや編集者による選別・編集などがあるため、世論全体のそのままの縮図ではない(中野2010)とし

ても、上のような事実から結果として、新聞投稿は社会の側面を切り取る資料であり、マスコミによる世論操作に一定の影響力を持つと言えよう。

　本章では分析対象とする新聞として、日本の「原子力の父」とされる正力松太郎を中興の祖と仰ぐ「読売新聞」を選んだ。読売HPには「世界最大部数の高級紙─10,007,440部」[4]という記述がある。使用したデータベース(DB)は、「ヨミダス歴史館」で、2011年3月12日〜2012年7月31日の期間中の「気流」(読者投稿欄)および「社説」を検索語「原発」で検索した。ヒットした数は社説288本、投稿140本である[5]。読売新聞の投稿規程をみると、字数は330字程度で「紙上匿名は不可」「添削することがある」と明記されている。社説については14年3月15日付け分までを参考にした。対立する意見として、朝日新聞DB『聞蔵II』で同時期の「声」(読者投稿欄)を「社説」から検索したものを参考とした。

3. 方法論──談話の歴史的アプローチの援用

　この節では方法論をやや詳しく解説するが、分析結果のみに関心がある場合、この節は読み飛ばし4節に進まれたい。

　本章の目的に合致する方法論として、Reisigl and Wodak (2009)の談話の歴史的アプローチ(discourse-historical approach：以降、DHAと略)を援用する。Wodakらの著作・論評の数は膨大であり、その全容を把握することは筆者の能力の範囲を超えているので、理解する枠内で紹介したい。

　1980年代よりWodakらはオーストリア国内に広がる反ユダヤ主義言説について批判的に分析してきた。それらで提案された方法論を教科書的に *The Discourse-Historical Approach* (DHA) 1st edition (Wodak 2001)[6]としてまとめた。しかしCritical Discourse Analysis (CDA)の方法論の発展に伴って新しい内容を加える必要が生じ8年後に第二版(Reisigl and Wodak 2009)[7]を出版した。そこでは、より具体的な分析手続きが提案されているが、逆に用語が簡易化され詳しい説明は減少している。本章では第二版の枠組みに沿って、適宜、初版やWodakらの他の文献を参考にして補っていく。

DHA は CDA のアプローチの1つであるが、最も際立った特徴は学際的な研究を求める点である。そのため、次の4点を重視する。

①分析対象そのもののコンテクスト、あるいはそれに伴う共ディスコース（co-discourse）や共テクスト（co-text）
②発話、テクスト、ジャンルなどの間の間テクスト的（intertextual）、間ディスコース的（interdiscursive）な関係
③社会的変数という「状況のコンテクスト」
④社会政治的な面での「歴史的コンテクスト」

ここにいう「ディスコース」(discourse)[8]とは、「同時にそして連鎖的にたがいに関連しあう言語的行為の複雑な束」(Reisigl and Wodak 2001: 66)とされる。本章のテーマについて言えば、それぞれ「ディスコース」である「原発推進」と「脱原発・反原発」が共ディスコースの関係にある。さらにそれらの下位に、多様なメディアで取り上げられた「廃炉」「原発のコスト」「電力不足」「再生エネルギー」「事故補償」といったディスコース・トピックが位置する。

「テクスト」とは「物質的に耐久性のある言語的行為の産物」(Reisigl and Wodak 2001: 66)で、具体的には分析対象となる文章そのもののことである。

「ジャンル」とは「慣習化し、多かれ少なかれ図式的に固定した、ある特定の活動に関連する言語使用」(Elich 1983)とされ、本章では、政府計画書、高官談話、新聞記事、読者投稿、社説などが該当する。これらの関係を説明するために作成された第二版の図を「原発」にあてはめた場合を次に示す。

つまり分析対象となるテクストの背景には、他のテクストや他のディスコースが相互に関連している。そのため、分析には複雑に絡み合う社会問題、歴史的背景、経験的観察といった視点を含めるべきで、社会学や心理学の分野にも応用が可能になるわけである[9]。では言語学的観点からの分析とは何か。

Wodak (2001)、Reisigl and Wodak (2009) は、テクストに表れる社会的行

160 神田靖子

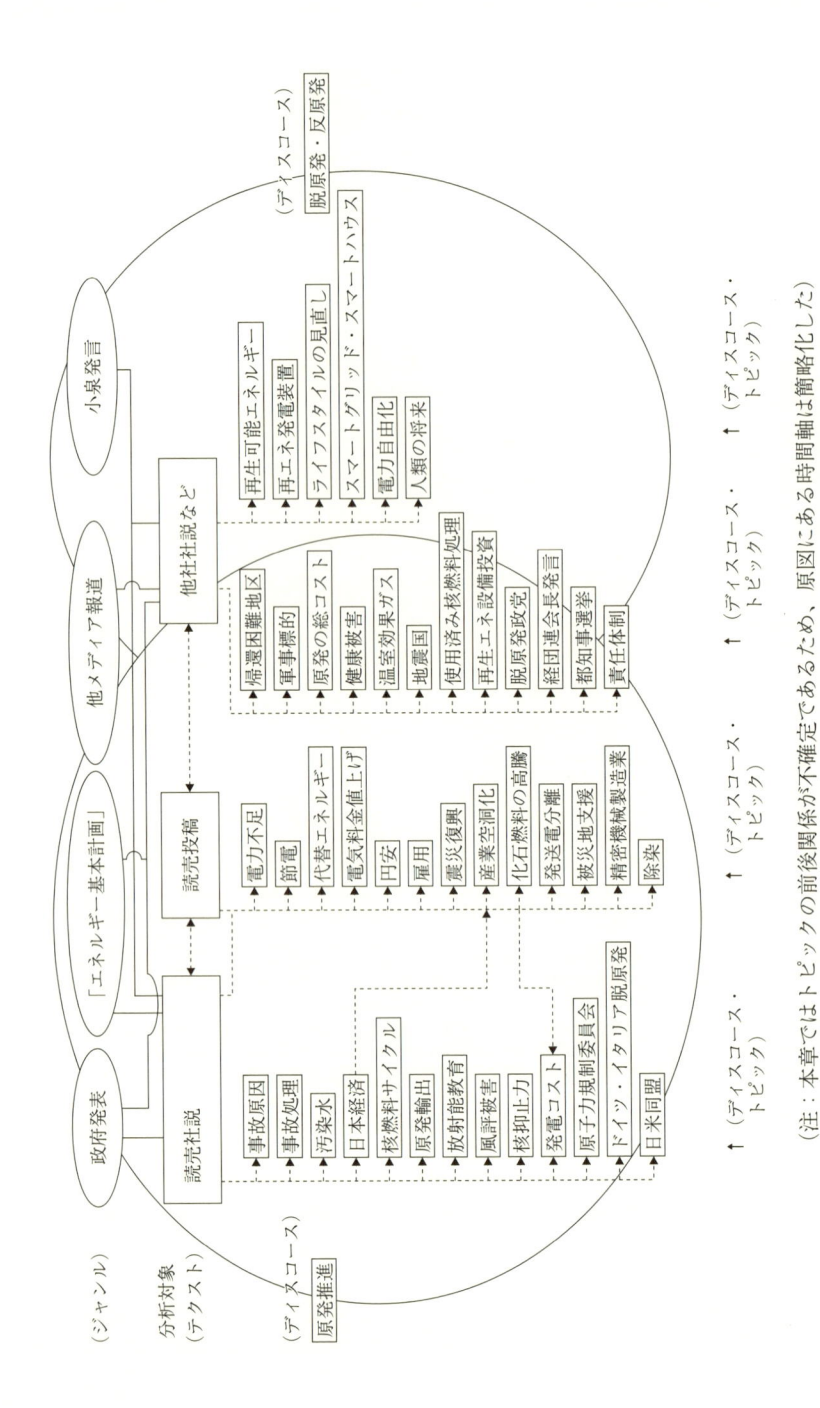

図1 原発をめぐる間テクスト的ディスコース的、間テクスト的関係

(注：本章ではトピックの前後関係が不確定であるため、原図にある時間軸は簡略化した)

↑（ディスコース・トピック）

（ジャンル）
- 政府発表
- 「エネルギー基本計画」
- 他メディア報道
- 小泉発言

（分析対象テクスト）
- 読売社説
- 読売投稿
- 他社社説など

（ディスコース・トピック）

読売社説：
- 事故原因
- 事故処理
- 汚染水
- 日本経済
- 核燃料サイクル
- 原発輸出
- 放射能教育
- 風評被害
- 核抑止力
- 発電コスト
- 原子力規制委員会
- ドイツ・イタリア脱原発
- 日米同盟
- 原発推進

読売投稿：
- 電力不足
- 節電
- 代替エネルギー
- 電気料金値上げ
- 円安
- 雇用
- 震災復興
- 産業空洞化
- 化石燃料の高騰
- 発送電分離
- 被災地支援
- 精密機械製造業
- 除染

他社社説など：
- 帰還困難地区
- 軍事標的
- 原発の総コスト
- 健康被害
- 温室効果ガス
- 地震
- 使用済み核燃料処理
- 再生エネ設備投資
- 脱原発宣言
- 経団連会長発言
- 都知事選挙
- 責任体制

小泉発言：
- 再生可能エネルギー
- 再エネ発電装置
- ライフスタイルの見直し
- スマートグリッド・スマートハウス
- 電力自由化
- 人類の将来

（ディスコース・トピック）
- 脱原発・反原発

表1 ディスコース・ストラテジーの選択

ストラテジー	対象	装置
①指名 Nomination	社会的行為者、対象／現象／出来事および過程／行為の談話構造	・メンバーのカテゴリー化装置、直示体系、名前の呼び方 ・メタファー、メトニミー、シネクドキといった文彩 例）パンドラの箱／必要悪／資源小国
②叙述 Predication	社会的行為者、対象、現象、出来事／過程および行為の談話的修飾語	・否定または肯定的な性向を示すステレオタイプな評価的形容語（形容詞、並置、前置詞句、関係節、分詞節や句） ・明示的叙述または叙述的名詞、形容詞、代名詞 ・コロケーション ・明示的比較、直喩、メタファー、および他の修辞的表象（メトニミー、誇張、緩叙法） ・ほのめかし、喚起、前提、含意 例）<u>無責任な政策</u>／〜ことは<u>残念でならない</u>／見積もりが<u>過大で非現実的だ</u>／発言は<u>見識に欠ける</u>
③論証 Argumentation	真実または規範的公正さの主張に対する疑義や正当化	・トポス(topoi) ・虚偽(fallacy) 例）(後述)
④観点化(フレーミング、ディスコース呈示)Perspectivation, framing or discourse representation	話し手または書き手の観点の位置づけおよび係わり合いと距離の表現	・直示体系、直接・間接話法、自由話法 ・引用符、ディスコースマーカー、心態詞、メタファー／プロソディ 例）<u>国民が知りたいことは</u>／火力発電でカバーする<u>という</u>／<u>国富</u>
⑤強調・緩和 Intensification, mitigation	発話の力、および発話の認識的、義務的状況の調整	・縮小辞、拡大辞 ・心態詞、付加疑問、仮定法、口ごもり、曖昧表現 ・誇張、緩叙法 ・間接発話行為 ・発話・感情・思考の動詞 例）安全が確認<u>されれば</u>／<u>3.6兆円にも</u>／<u>巨額</u>

為者、対象、事象などの言及のしかた、および言及の観点、当該ディスコースにおける議論の様相、陳述や発話の明瞭さ、などを明らかにすることと設定し、そのための5つのストラテジーを提案している。このうち③の「論証ストラテジー」以外は言語学的なツールである。その詳細を本章からの例で示す。

　③の「論証ストラテジー」は議論学[10]にのっとったもので、「トポスまたは虚偽」(topoi or fallacy)が議論の根拠として用いられる。「トポス」とは、検討すべき問題を考察するために一般的に使われる論理や方法という意味である。Wodak and Meyer (2001)[11]は、「トポス」あるいは「場」は、「議論学あるいは議論過程 (argumentation theory) において、義務的で、明示的または推測可能な前提に属する論証の一部」で、「結論と論拠を結びつける、内容上の理由づけまたは「結論規則」である。「もしXならyである」「yである。なぜならXだから」という条件節または原因節で表され、その種類は分析対象の内容によって異なる」としている。初版には以下の15種が挙げられている。例えば、「定義のトポス」の場合、「もし人がXと名付けられたなら、その人はXの（字義通りの）意味が含意する性質や特性、属性を持つはずである」と解釈する。具体的には、オーストリアの移民労働者が「ゲストワーカー」と呼ばれるなら、文字通りの意味が「客としての労働者」であることから、彼らは自分の母国に帰らなければならない、という結論になることを暗に意味しているという。

1 有用性、優越性	2 無用性、不利	3 定義、名前の解釈	
4 危険と脅威	5 人道主義	6 正義	7 責任
8 負担、負荷	9 財政	10 現実	11 数
12 法と権利	13 歴史	14 文化	15 悪用

　「虚偽」(fallacy)とは、一般に抱きがちな誤った考えのことで、理屈が通らないような論証スキーマにはよく用いられる。Reisigl and Wodak (2001) には pragmatic fallacy（語用論的虚偽）として、相手の同情心に訴える「憐れみ

に訴える論証」、大衆迎合的に訴える「大衆に訴える論証」、権威者の名前や言説を論拠として持ち出す「権威に訴える論証」、その人の性行や個人的事情を持ち出す「個人に訴える論証」など[12]が挙げられている。

　第二版には、さらにこのアプローチの特徴となる種々の原則、例えば学際的研究の重要性、問題志向、理論と方法論の組み合わせ、テクストの歴史的解釈などが続き、分析例として「気候変化」のディスコースについての詳細分析が挙げられている。本章では一定のディスコース・トピックについて、上記のストラテジーを適用した分析を試みたい。

4. 日本の原発の歴史と背景

　DHAでは、分析対象とするテクストの位置づけを知るために、その歴史的背景を振り返っている。この節で、まず日本の原発導入の歴史的背景と現在の問題点について述べたい。

　そもそも被爆国である日本が、同じ原子力を利用する原発を導入し、世界有数の原発保有国となったのにはどのような背景があるのだろうか[13]。

　実は戦前の日本にも原爆製造の試みがあったのである。日本が真珠湾攻撃に入る直前の1941年10月、陸軍が後押しする形で、理化学研究所（理研）において原爆開発が秘密裏に始まった。しかし戦局が不利になると天然ウランの確保が困難となり、加えて技術不足もあって1945年1月には原爆製造を断念せざるを得なくなった。

　そして同年8月、米国軍によって広島、長崎と、2度にわたって原爆が投下された。被爆地は広範囲に及び悲惨な状況にあったが、大本営は先進技術における敗北を認めたくなかったため、それが原子爆弾であることを公表しなかったが、敗戦と同時に一転して公式に原爆を認めた。米国政府もまた、その残虐性が国際的に非難されることを恐れて情報統制を敷き、実態を隠し続けてきた。1952年に入り日本が独立を果たした後、メディアに自由な報道が許されるようになって初めて、原爆の惨状が広く伝えられることとなり国民は大きな衝撃を受けた。しかしその2年前に勃発した朝鮮戦争によっ

て日本経済は戦争特需に沸き、実質経済成長率が11％を超えていた。そのため、7年目にして明らかにされた原爆も過去の悲劇として記憶に刻まれたのである。時を同じくして、政府から学界に原子力研究の再開に向けた動きがあったが、科学者たちの人類破滅につながる核兵器への抵抗は強かったという。しかし「核の惨劇を知る唯一の被爆国、日本こそ率先して原子力の平和利用に取り組むべきだ」[14]との意見も若手を中心に出ていた。

　そして1953年。国連総会において米国は、平和利用目的に核技術を提供すると提案した。Atoms for Peace（原子力の平和利用）とよばれるこのメッセージは、実は冷戦下にあるソ連に対抗するものであった。これは、当時、ソ連が共産圏諸国に原子力外交をしかけていたため、これまでの核独占の優位性が崩れる脅威を感じた米国が同盟諸国へ打った核配備の布石であった。その戦略により日本では1954年に政治主導で原子力研究が再開されることとなったのである。

　しかしその直後、帰港した漁船「第五福竜丸」がビキニ環礁で行われた米国の水爆実験によって被曝していたことが判明し、再び核の恐怖が日本を震撼させた。それが後の原水禁運動へと拡大するのであるが、米国は「反共の砦・日本」における反核のうねりが反米や左翼運動に発展することを懸念し、世論沈静化を対日戦略の要と考えた。そこで1955年から、日本のメディアを巻き込み「原子力の平和利用」のキャンペーンを大々的に繰り広げた。その中心となったのが、読売新聞社主であり日本テレビのオーナーであった正力松太郎である。彼は原子力を政界進出の道具として利用し、1957年に発足した科学技術庁の初代長官となり、後に「原子力の父」と呼ばれるほどに、日本の原子力政策を牽引していった。そして紆余曲折の末、英国から技術を導入し、「国策民営事業」[15]としての原発導入を決めたのである。

　その後、安倍晋三[16]の祖父である岸信介が首相に就任し、60年に「日米安全保障条約」の改定を果たして新たな同盟関係を結び、日本は米国の「核の傘」に入った。64年に岸の弟である佐藤栄作が首相の座に着くと、核兵器に転用可能な原発技術を利用した「潜在的な核保有」が検討され始めた。

きっかけは中国の核実験であり、「核の傘による抑止力だけでは不十分」との見方が広がり、極秘裡に核保有の可能性の研究が始められた。佐藤は「核を持たず、作らず、持ち込ませず」の「非核三原則」を明言したが、その裏には原発と核兵器を結びつける議論が行われていたのである[17]。

その後、1966年に運転を開始した東海原発に続いて、経済の高度成長とともに次々と増設され、2011年の時点で54基を保有するまでになった。

では、日本国民が原発に対して拒否反応を示さなかったのはなぜか。津田(2013)は次のような言説を挙げている。

・被爆国として原子力を安全利用することが責務
・日本は資源小国、経済競争に勝つために電気は必要
・原子力は安全、安定した優れたエネルギー源
・電気使用量は経済繁栄の証(バロメーター)
・戦後復興の到達点とは電気を豊富に使う「文化的な」生活

ところが1979年アメリカ、スリーマイル原発で起こった事故は日本にも衝撃を与え、対岸の火事ではないという指摘がメディアで繰り返された。しかし、日本がアメリカを凌駕しつつあった当時の「技術ナショナリズム的な発想」が「自力で「日本型原子炉」を作るぐらいの技術開発を進めるべきだろう」(三谷 2013)といった主張を後押しした。その後、1986年、旧ソ連においてチェルノブイリ事故が起こり、世論にやや変化があり、原発容認の姿勢をとっていたメディアにも原発の安全性に対する懸念の兆しが現れた。しかし多くのメディアは事故原因を人為的ミスに還元することによって、「批判や不安の抑制を図り、人為の範囲を狭く設定することによって、原発の誘致や設置、設計に関わった人の責任を視野の外へと置いた」(津田 2013)のであった。結果として日本の高度な技術では原発事故は起こらないという「原発の安全神話」が広がっていくこととなったのである。

その後、1997年に京都で「地球温暖化防止京都会議(COP3)」が開かれ「京都議定書」が締結され、「温室効果ガス排出量の削減目標」が設定され

た。そのため、原発は二酸化炭素を発生しないクリーンなエネルギーとして評価され、「原発に依存しすぎず、他のエネルギーとのバランスを考えることを指摘しながらも、原発の危険性に言及することがほとんど見られなくなった」（津田 2013）のである。

　これらが事故前まで「当たり前」として一般に共有されてきた認識である。熊谷（2012b）によれば、このように日本人は、原発の危険性に対して認識不足であり無関心、そして神話を盲信してきたという。福島原発の事故後、それがどのように変わったのだろうか。

　2011 年 3 月の福島第一原発事故以降の経緯については、序章の「背景となる諸事情の説明」を参照されたい。追記すべきは、2014 年 1 月の東京都知事選である。発端は、13 年 10 月にフィンランドの使用済み核燃料処理施設オンカロを視察し、日本での使用済み核燃料処理の難しさを実感した小泉純一郎元首相が、「即時原発ゼロ」を訴え始めたのである。小泉は翌年の東京都知事に、彼に賛同する細川護熙元首相を候補として立て、選挙の争点として「即原発ゼロ」を訴えた。結果として落選したが、他の対立候補の多くも「脱原発」を公約の 1 つとして掲げたことによって「原発問題」が世論を賑わせたのは確かである。しかし 14 年 4 月現在、安倍政権はあたかも福島原発事故がなかったかのように原発再稼働を公言し、原子力依存の姿勢を示している。

　原因究明と事故の責任体制を追究することなしに、国民を原発回帰へと導こうとするメディアはどのような論証を用いて、読者を誘導しようとしているのだろうか。

5. 投稿の分析

　この章から、DHA を援用して、日本の原発をめぐるテクストの分析に入る。DHA の手法では 1 つのテクストを取り上げて詳細分析をすることが多いのだが、本章では投稿と社説との相関を見るために、複数の投稿を 1 つ

のテクストとみなし、もう1つのテクストとして社説を取り上げて比較する。
　上に見た歴史的経緯から、事故後も原発推進を主張する読売新聞に焦点をあて、読売の投稿傾向と社説との関連をみることにする。
　読売新聞の購読者層は朝日新聞、毎日新聞と比較すると社会層の幅が広いのが特徴[18]といわれ、記事の文体は平易である。社説は、外見上、一貫した論理をとおし、ある意味「ブレが少ない」主張を展開しているが、批判的にみると、そこに「テクスト内部、あるいは共テクスト内の矛盾」(Reisigl and Wodak 2009: 88) がみられる。そうした姿勢が読者にどのように浸透しているのだろうか。あえて批判的な視点で見ていく。資料収集期間において検索語「原発」にヒットした投稿に扱われたディスコース・トピックは多岐にわたっているが、本章では以下のディスコース・トピックについて論じたものを分析する。

5.1. ディスコース・トピック1「事故について(原因など)」

　今回の事故には国民の多くが衝撃を受け、原発の是非を問い始めた。読売新聞には多くの投稿があった[19]。しかし掲載された投稿の数はわずか26本であった。その中から事故直後の感想を述べたものを扱う。

(1)「原発危機への対処」(S.S.　71歳　110317)[20]

　|福島原発は津波でも流されなかった。|　しかし、圧力抑制室が損傷したとみられる2号機では、作業員が1、3号機の見回りで目を離した間に、海水注入ポンプの燃料が切れて停止し、一時的に空だき状態になったという。これは初歩的な作業ミスと思われ、残念でならない。東京電力の技術者たちは連日の対応で疲労しているように思う。今後、現場の判断ミスがないかも心配だ。全国の原発技術者たちの支援をお願いしたい。

　事故直後は政府・東電もその原因を特定することは困難であったため、報道の多くは推量形で伝えた。この投稿者もそれを伝聞形で述べている。投稿

者の情報源は不明だが、「目を離した間」という短い時間に起こった「海水注入ポンプの燃料切れ」によって、「一時的に」に空だき状態になったと述べているが、下線部は事実とは異なる理解である。同時期の読売新聞の記事にはこのような記述は見当たらない。実際には地震の揺れと津波によって全交流電源を失い、冷却水循環装置が機能しなくなったのである[21]。さらに、事故原因を地震や津波という自然災害ではなく、初歩的な作業ミスという「人為的ミス」に帰している。「残念でならない」という表現からは「人為的ミスがなければ事故は起こらない」、つまり「原発は構造的には安全」という前提があったことがうかがえる。

　次に東電関係者への気遣いが述べられる。疲労によって判断ミスが起こらないことを要求しているが、「お願いしたい」という謙譲語によって技術者への敬意が示され、要求は願望形によって緩和されている。高レベル放射能の危険を冒して対処している現場技術者の尽力は同情に余りあるが、一方、会社という組織には事故責任が問われてもよいであろう。東電について述べた同時期の4本の投稿には東電を非難するものはなく、事故対応に疲労困憊している現場技術者や作業員に同情や支援を寄せ、事故被害者として捉えていることがわかる。

　しかしそれにしても、事故原因についてなぜこのような事実誤認の投稿を採用したのだろうか。確信的にこの投稿を採用したとするなら、素朴な一般市民の感想を掲載するという「大衆迎合の論証」および技術者に対する「憐れみに訴える論証」という、3節「方法論」で挙げた「虚偽ストラテジー」によって、読者の目を技術者に向けさせ、東電および政府への批判の目を逸らさせていると考えられる。

(2)「放射線量　定期的な公表望む」(R. K.　52歳　110316)
　|事故について大変心配としつつ|　政府は周辺半径20キロの住民に避難を呼びかけています。
　でも、国民が今一番知りたいことは、放射線量がどれぐらいあり、それが身体にどう影響するのかということではないでしょうか。高い放射線を浴び

てしまうと、<u>がんなど深刻な健康被害を引き起こすといいます</u>。<u>今後</u>は、政府が各県に測定箇所を決め、定期的に測定した数値や影響を公表して<u>もらえればと思います</u>。

　基本的語彙を用い丁寧体で書かれているため、素朴な印象を与えている。国民にとって放射線量を知ることは緊急の問題であるが、「ではないでしょうか」という言語学でいう垣根表現、つまり婉曲表現が主張を緩和している。さらに放射線への被曝が甲状腺がんの原因になることは一般常識となっているが、「〜といいます」という伝聞表現による観点化ストラテジーによって糾弾を避ける婉曲効果をもたらしている。正確な放射線量の公表についても、「即刻」ではなく「今後は」という猶予を含む表現を用いることによって緊急性が弱められている。要求表現の「公表してもらう」という受益表現からは、自身を政府の指示に従う受身の国民とする位置づけ（alignment）がうかがえる。さらにそれを「〜えばと思います」という仮定表現および思考動詞による緩和表現を用いて表現することによって「おずおずと上申する」という印象となっている。ここに政府の危機管理の不手際や情報機関の不手際を非難する視点はみられない。

5.2.　ディスコース・トピック2「電力不足」

　夏季には電力需要が高まるため、11年6月になると、国民に対する政府からの節電要請が確定的となり、電力供給が議論に上るようになった。「気流」欄ではそうした声を集めて再稼動をめぐる「談論風発」という特集を組んだ。

(3)「解消してほしい　電力供給の不安」(I. M.　88歳　110628)
　福島第一原発の事故以来、安全対策強化を求める声が強まり、九州電力の原発も3基が<u>再稼働できず</u>にいる。今夏は火力発電の増強でカバーするということだが、<u>電力事情が厳しいことに変わりはない</u>。（中略）2年前、オール電化にした知人宅で最新の調理器具を見せてもらったが、節電が呼びかけ

られる今、知人も複雑な思いだろう。電力供給の不安を早く解消してほしい。

　(3)の主旨は「電力供給の不安の解消」である。原発の多くが停止したため、それにかわる電源として火力発電が補完的に使用される予定であった。この投稿は予定の段階で書かれており、実際にはどうなのか不明であったが、それでもなお不安を述べている。震災以前は電力会社のPRに乗ってオール電化の住宅を購入した市民も多い。この投稿もそうした知人の気持ちを代弁し不安を訴えているが、訴えの対象が明示的に示されていないため、単なる願望となっている。ここに見られるのは電力需要者の弱い立場であり、火力・原子力を問わず電力を十分に供給してほしいという、現実的な願いだけが示されている。11年7月には東京電力と東北電力によって「電力使用制限令」[22]が出され、国民も節電に努力したこともあって、電力供給は需要を上回り、危機的状況は回避できたが、翌年の夏も同様に節電が要請された。それに応じて(3)と同様の主旨の投稿がたびたび登場し、「原発停止＝電力不足」という主張が繰り返されている。

(4)「原発再稼働の是非　覚悟と準備が必要」(H. S.　61歳　120428)
　|脱原発が進むと|　身近な例で言えば、エアコンを利かせた部屋で、高校野球のテレビ中継を楽しむようなことはできなくなるだろう。電力使用の集中を避けるため、土日出勤が当たり前になったりしても、がんばり続けることができるだろうか。一般家庭だけでなく、産業や経済、雇用への影響も心配だ。

(5)「寝たきりの妻に電気は必要です」(O. M.　64歳　120430)
　テレビ番組で、ある芸能人が「原発なんかなくして、電力が足らなければ、町が真っ暗になってもいいじゃない」と発言していた。私の妻は寝たきりだ。電動ベッドを使用し、ベッドから車いすへの移動は電動リフト。自力では体温調整が出来ず、冷暖房も一日中必要だ。テレビが唯一の娯楽になっ

ている。そんなわが家で、電気が止まれば困る。町が暗くなるだけでは済まない。(略)原発問題には私も強い関心を持っており、大いに議論を尽くしてもらいたいと思う。でも今、町が真っ暗になっては困るのだ。

　これらに共通するのは「原発停止＝電力不足」という論証スキーマある。「電力不足」という言葉は、11年3月24日の社説ですでに用いられていたことから明らかなように、「事故以前の電力供給量」を基準とした言葉である。同じ主旨の社説は同年8月までに4本掲載されている[23]。11年夏の電力供給量が需要を上回ったことは上述の通りであるが、それでもなお同年9月2日付け社説で「原発の再稼働は、産業空洞化を防ぎ、日本経済が震災から本格的に立ち直る必要条件である」と主張している。(4)(5)の投稿からは、「原発停止＝電力不足」という論証スキーマが読者の間に刷り込まれていたことがみてとれる。

　「電力不足」は、しかし、一般市民にとってよりも、産業従事者にとって、より深刻な問題である。

(6)「震災復興の源」(H. K.　42歳　110619)
　製造業界で働く私たちにとって電力は不可欠だ。それに日本の電力は世界で最も電圧が安定しているとされ、金属を100分の1ミリ単位で切断することや真空や高圧に耐える溶接を可能にしている。日本の工業の根幹を支えるこれら製品が経済力を生み出し、震災復興の源になると考えたい。
　福島第一原発事故の影響で、定期検査を終えた原発の再稼働について地元自治体の了解が得られず、関西電力は15％の節電目標を提示した。住民が不安なのは理解できるが、震災の復興には潤沢な電力が必要であることも知ってほしい。

　製造業、とりわけ精密作業には安定した電力供給が必要であるが、(6)は直截的に電力不足を原発停止によるものとして、原発の再稼働を求める内容

である。原発の危険性について一定の理解は示しているが、現実問題としての電力の安定供給に対する要求のほうが上回っている。つまり「危険・脅威のトポス」に立つと、原発事故は大きな脅威であるが、投稿者にとっては、それよりも安定した電力供給を受けられないほうが大きな脅威であることを示している。同じ「危険・脅威のトポス」に立ってはいるが、その捉え方が異なっている。あるいは潤沢な電力使用をよしとする「文化のトポス」が優先されているとも考えられる。

　「電力不足」というディスコース・トピックを扱った投稿のほとんども「代替電源」については言及しておらず、「原発停止＝電力不足」を主張していた。

5.3. ディスコース・トピック 3「再稼動とエネルギー政策」

　社説は事故の衝撃が冷めやらぬ 11 年 3 月末からすでに原発稼働の必要を主張し始め、5 月 27 日にも「電力不足」のため再稼働を主張している。投稿にも再稼働をめぐる議論が目立った。

(7)「原発の安全強化」(T. K. 39 歳　110619)
　約 3 割の電力を担っている原発を即座に廃止することは困難だ。依存度を下げていくにせよ、有力な新エネルギーの実用化も進めつつ、原発の安全性を高めていくことが何より大切だ。
　原油などエネルギー資源の 8 割以上を輸入に頼る日本の現状を考えると、<u>エネルギー安全保障上の原発の重要性は変わらないはずだ</u>。<u>「脱原発」に一気に進むべきではない</u>。むしろ、今回の事故を教訓に、大地震や津波に対処できる<u>世界で最も安全な原発を開発すべきだろう</u>。これが、<u>技術立国・日本の進むべき道</u>ではないか。

　事故前は原発が総発電量に占める割合が 3 割であったというメディアの報道から、即ゼロは困難との見解を示しつつ、再生エネルギー開発の可能性に言及している。しかし結論は安全性を高めるという前提での原発存続であ

る。「エネルギー安全保障」[24]への不安から、「脱原発に進むべきではない」「安全な原発を開発すべき」「日本の進むべき道」のように当為表現を多用した叙述ストラテジーによって、脱原発を否定する強い主張となっている。その論拠は「技術立国」という指名ストラテジーからうかがえる日本の高い技術力への信頼であるが、その技術力を原発以外の新エネルギー開発に注ぐという発想は見られない。原発という選択肢を消去できない、原発存続を前提とした主張である。

次に、再稼動賛成の主流を占める経済への影響を理由とする投稿をみる。

(8)「脱原発の悪影響」(N. K. 58歳 110706)
　今回の福島事故を受け、自然エネルギーの活用を進めていくのは当然だろう。しかし、「脱原発」を進めれば、電気料金の値上げが想定され、国民生活を圧迫することもある。産業界もコストの増加で有力企業が海外に逃げ出し、雇用不安をもたらす事態になるかもしれない。

(9)「「たかが電気」発言　現実踏まえず疑問」(S. T. 55歳 120719)
　電気は、家庭など身近な所だけで使われるのではなく、あらゆる産業の根幹をなしている。安定して供給されなければ工場などでの生産に影響し、やがては労働者の雇用も危うくなる。雇用が確保されなければ暮らしを維持できず、それこそ命の危険があると思う。

　(8)は先にみた投稿にも共通しているが、一旦代替エネルギーの必要性を認めたうえで、「しかし」という逆接の接続詞を用いて、反論を展開している。(9)は12年の投稿であるが、同様に「脱原発→(火力発電のため)原油に依存→電気の安定供給の不安・価格高騰→電気料金値上げ→企業の海外移住→産業空洞化→国内雇用不安」という論証スキーマで雇用不安を憂え、「命の危険」とまで言っている。この言葉は大飯原発再稼働を決定した当時の野田首相が使った言葉[25]である。メディアによって首相の発言趣旨が国民

に浸透したのであろう。電気料金の値上げという「財政のトポス」が「脅威のトポス」を伴って、脱原発が日本経済に危険をもたらすことを危惧している。これらに共通するのは自然エネルギーの不安定性、および原油確保に対する不安であり、「電力不足＝再稼動が必要」という主張となっている。しかし脱原発の結果が「圧迫する<u>こともある</u>」「事態になる<u>かもしれない</u>」といった蓋然性を表す推量表現で表されているため説得力は弱い。漠然とした不安が述べられているのだが、同様の論拠に立つ主張は既述のとおり、同時期の社説にもみられ、「脅威のトポス」に立った「原発停止＝電力不足＝生活破壊」という論証スキーマが何度も繰り返されている。投稿者たちはおのずとそれに影響されたと考えられる。

　投稿の中には少数派のやや踏み込んだ意見もある。電力業界ではタブー視されてきた「発送電分離」や、再生可能エネルギーへの転換を肯定的にとらえた意見である。

(10)「脱原発は難しい」(N. J.　77歳　110619)
　<u>原子力発電は日本のエネルギー政策の根幹</u>を担ってきたが、東日本大震災の直撃を受け、東京電力の福島第一原子力発電所は深刻な事態に陥った。脱原発の世論が高まる中、太陽光や風力等の自然エネルギーへの転換も検討されている。<u>しかし、原発の存在は大きく、地球温暖化防止やコスト面からも脱原発とするのは難しい</u>と思う。今後は企業や家庭での節電が求められる。原発の安全性を高めるための施策を掲げるとともに、<u>発電所の分散と段階的な縮小も必要だ。将来的には発電、送電の経営分離も考えるべきだろう</u>。

　(10)は自然エネルギーについて自身の意見を表明せず、「原発の存在は大きい」と述べて脱原発を否定している。その論拠は自然エネルギーの不安定さ、地球温暖化の問題、そしてコスト面である。確かに11年時点では自然エネルギー活用の方途や原発に依存しない地球温暖化防止対策については議論が未熟であった。しかしコストについていえば、「財政のトポス」に立つ

論拠は一見、説得力があるようにみえるが、実はコストの一部をとり上げあたかもコスト全体であるかのようにいう虚偽である。7節で詳述するが、現有のウランを使用した場合のランニングコストは低廉かもしれない。しかし実際には、廃炉や使用済み核燃料の処理費用、事故補償など原発に関わる費用などすべてが原発のコストに含まれるもので莫大な額になる。この投稿者も「財政のトポス」に立った「原発は安価」という言説を信じて将来的にも原発に依存することを前提とした上で、歴史的経緯や利権との関係で電力業界でタブーとされてきた発電所の分散や縮小、発送電の分離を提案している。

次に少数ではあるがライフスタイルの見直しを訴える意見もあった。

(11)「資源ないなら　生活見直すべきだ」(K. T.　42歳　120903)
　<u>日本は小さな島国です。資源も少ない</u>。しかし、経済発展の名のもと、資源豊かな国に肩を並べようと無理をしすぎたのではないでしょうか。そして、いつの間にか電気も資源も際限なく使えると勘違いしているのではないでしょうか。(略)原発の再稼働については様々な意見がありますが、<u>電力供給に問題があるのなら、経済や生活のあり方を見直すことも必要です</u>。節電が叫ばれるいま、身の丈に合った暮らしを考えるべきではないでしょうか。

　日本を形容する常套句である「日本は小さな島国で、資源も少ない」というフレーズをこの筆者も使っている。そして「小さな島国らしく」背伸びしない暮らしを提案している。しかし、この視点は世界各国と経済発展の競争を目指す政権や財界とは相いれないものであろう。収集した社説にはこのような論旨のものは見当たらなかった。どの新聞社にも共通することであるが、公平を期すため、社の主張と異なる投稿は少数ながら採用する例と思われる。

5.4. 投稿の傾向

　以上、後述の社説分析との関連でディスコース・トピックを限定して代表的な投稿を見た。

　原発に対する賛否はいずれも、トポスあるいは論証ストラテジーによって議論することができる。トポスの種類は取り上げられる事柄によって異なるものであるが、また同じトポスにも捉え方に両面がある。たとえば投稿で多用されている「現実のトポス」を例にとると、これは「トートロジー的な論証スキーマ」(Wodak 2001: 76) であり、「現実がその通りであるのだから、ある特定の行為／決定がなされなければならない」と言い換えられる。原発に当てはめれば、「今ある」「すでにある」という形容語がつけられるように「原発はすでにあるのだから利用しなければならない」という結論に至っている。しかし同じトポスに立っても別の観点からは正反対の論証を行うことができる。実際には「原発の立地条件、耐震性、構造といった危険性が予測できない」のが現実であり、それを適用すると再稼働には反対という結論が導かれ、先の結論への反証となる。その危険が解消されない限り、「現実のトポス」を論拠とする再稼働賛成意見にはその脆弱性がみえてくるのである。

　「危険・脅威のトポス」においては、投稿の多くは原発自体のもつ事故の危険性や恐怖については触れず、原発停止の「電力不足」による「産業空洞化」「雇用不安」の脅威を主張している。また「人道主義のトポス」においては、もし電気がなければ中小企業経営者、病人・高齢者などの生活弱者は困るといった論を展開している。しかし短絡的なのは、原発が止まれば電気がなくなるという論証スキーマであり、その道筋が欠落しているのである。「文化のトポス」では「豊富な電力を使う豊かな暮らし」が文化的であるという。電気がなくなればそれが不可能になると考えることから、これも「原発停止という脅威のトポス」と表裏一体をなしていることがわかる。これをトポスの表としてまとめたのが表2である。反証は朝日新聞の検索結果からの引用である。

表2　原発をめぐる主張のトポス

トポス	原発推進派の意見(読売新聞)	反証(脱原発・反原発の主張)
有用性	原発＝地球温暖化防止に最適 原発＝安定したエネルギー供給が可能 原発＝核兵器に転用可能、核抑止力となりうる 原発＝エネルギー安全保障上、重要 原発＝CO_2排出なし	
無用性	(言及なし)	原発＝再生可能エネルギーで代替可能
定義	原発＝安全・安定な発電施設	原発＝トイレなきマンション 原発＝必要悪 原発＝パンドラの箱
危険と脅威	(原発＝危険　という言及なし) 原発停止＝電力不足による命の危険 電力不足による大規模停電の危険 国際紛争のため火力発電用燃料輸入が停止する危険	原発＝事故の与える影響多大 事故防止が人知の限界を超える 核燃料サイクルが不備 使用済み核燃料の無毒化がほぼ不可能
安全・安定	原発事故＝高度な技術で克服可能 原発＝安定した発電 代替エネルギー＝不安定	再生可能エネルギー＝安全 再生可能エネルギー＝無尽蔵のため安定
人道主義	原発＝潤沢な電力供給が文化的生活の保証 原発＝潤沢な電力供給が高齢者、社会的弱者、医療に必要	原発＝立地地域の自立を損なう 原発事故＝土地、財産、健康といった人間的生活を奪う
責任	(原子力ムラ＝事故責任　言及なし) 東電＝事故対応の責任あり 菅政権＝事故直後の対応に責任あり 国民＝受益者として東電を救済する責任あり 日本＝技術先進国として技術貢献する責任あり	原子力ムラ＝事故責任あり これまでの政権＝事故責任あり 日本＝被爆国としての責任あり
負担・負荷	原発＝停止による国富3.6兆円の流出 原発＝停止による電気料金の高騰	原発＝使用済み核燃料処理を後世まで残す 原発＝40年という廃炉期間は次世代の負担

財政	原発＝低廉なコスト 再生エネルギー＝実用化に高額投資が必要 再生エネルギー（太陽光発電）＝膨大な敷地が必要	原発＝算出不可能な総コスト 再生エネルギー＝施設増設により安価になる
現実	原発＝すでに存在する 代替施設＝建設に時間がかかる 再生エネルギー＝1％にすぎない	原発＝事故の原因究明、事故処理が未完 再生エネルギー＝種類・規模が拡大
数	原発＝他国で20カ国以上が使用 発展途上国も建設中	多くの国＝原発依存脱却を目指している 国民の多数＝脱原発を望んでいる
歴史	チェルノブイリは旧ソ連の話 技術への過度な信頼は多少の誤り	チェルノブイリの教訓 技術への過度な信頼は誤り
文化	文化的生活＝豊富な電気を使用する生活 高度な技術を信頼した生活	ライフスタイルの見直し 少ない電力消費での生活

　本章で扱ったディスコース・トピックについての投稿を見ると、原発を「当面の間、活用する」は10％、将来的にも新型開発を含め「積極的に活用する」は72％であり、「態度表明なし」、あるいは「再生エネルギーの開発」を訴えるものが17％であった。「当面の間、活用する」という意見が将来的な「ゼロ」を望むのかは不明である。いずれにしろ「原発即時ゼロ」あるいは「段階的脱原発」を前面に出して訴えるものは皆無であった。

　収集期間中288本の投稿内容を見ると、「エネルギー問題」29％、「政権指導力や内紛」16％、「被災者の日常」29％、「市民生活への影響」15％といった傾向であった。佐竹（2008）によれば、読売新聞の投稿欄の特徴[26]の1つに、公的テーマより私的テーマが多い点が挙げられるという。それを裏付けるものであるが、日常生活で見聞きしたことを題材にして原発の必要性を述べるものが多い。生活感を同じくする読者の共感を呼ぶであろうことは想像に難くない。「市民目線のストラテジー」とでも呼べばよいだろうか、声高に論理的に原発推進を訴えるのではなく、身近な投稿が「難しいことはわからないが、現実をみると原発は必要だよね」という世論を作り上げるのではないだろうか。

6. 社説の分析

　次に社説を取り上げる。ここに挙げたものは先に掲げた投稿のディスコース・トピックをすべて含んでいる。13年3月までの期間中、「原発」という検索語にヒットした社説は総計486本であった。そのうち「再稼動」について主張するもの28本、「エネルギー政策」についての主張は17本あったが、いずれも同じ論旨が繰り返されている。ここに取り上げた社説には以下のような背景がある。2012年7月22日、当時の民主党政権はエネルギー基本計画をまとめるにあたって討論型世論調査を開催した結果、国民の90%が長期的には「原発ゼロ」を願っているという結果を得、同年の「エネルギー基本計画」で脱原発を打ち出した。ところが12年12月に政権を奪還した自民党は次第に事故以前の原子力推進方針へと転換していき、翌13年の12月には経済産業省から「エネルギー基本計画案」を打ち出し、原子力回帰の立場を明確にしたのである。ここに掲げるのはその経産省案についての社説である。その後、政権は14年2月にこの原案をもとに政府としての「エネルギー基本計画案」を出し、14年4月11日に閣議決定がされた。政府案では「基盤となる重要なベース電源」が「重要なベースロード電源」と変更された以外はほぼ原案どおりに承認されている。ベースロード電源とは昼夜を問わず一定量の発電を続け、安定供給を支える電源を指す。2月の政府案提出後にも社説が出されているが、この経産省原案のほうに読売新聞の姿勢がより明確に表されているため、これを分析対象とする。

社説「原発の中長期的活用は妥当だ」2013年12月14日
①民主党政権の「原発ゼロ」から明確に転換する大きな一歩である。電力の安定供給へ、現実的なエネルギー政策を推進する姿勢を評価したい。
②経済産業省の有識者会議が中長期的なエネルギー政策の指針となるエネルギー基本計画案をまとめた。安全性の確保を前提に、原子力発電

を「基盤となる重要なベース電源」と位置づけ、引き続き活用していく方針を明記した。原発依存度を「可能な限り低減させる」とする一方、必要な原発は確保する考えも併記した。

③現在、全原発50基が停止中で、深刻な電力不足が続いている。資源の乏しい日本にとっては、原発は安価で安定した電力を得るために欠かせない電源である。計画案は妥当な内容といえよう。

④火力発電所を総動員して電力供給を支えているため、追加燃料費は3.6兆円にのぼり、輸入増で巨額の国富が海外に流出している。震災前に比べ、電気料金は2割上昇し、温室効果ガスの排出用も急増した。弊害は大きい。

⑤安全性の確認できた原発を再稼動し、原発と火力、太陽光など再生可能エネルギーが補完しあう、多様性のある電源構成を確立することが急がれる。

⑥ただ、計画案には電源構成の数値目標が盛り込まれていない。原発の安全審査が遅れている事情はあるが、政府は原発比率の目標を速やかに示すべきだ。

⑦原発の新増設の是非について判断を避けた点も疑問である。新増設せず、原発を稼動40年で廃炉にしていくと、2049年には原発はゼロになる。中長期的に原発を活用するうえで、新増設は不可避のはずだ。古い原発を早めに新型へ更新する方が、安全性向上や技術者育成にもつながるだろう。

⑧高レベル放射性廃棄物の最終処分について「国が前面に立って取り組む」としたのは当然だ。核燃料サイクルを含め、持続可能な原子力政策の推進に、政府は責任を持って当たる必要がある。

⑨計画案は再生エネの導入加速を打ち出したが、具体策はあいまいだ。再生エネは天候による発電量の変動など欠点が多く、導入規模を拡大させるだけでは、原発を代替する電源にはならない。

⑩再生エネで作った電気を買い取る現行の普及制度は、家計や企業に重い料金負担を強いる。早急な見直しが求められる。

まずタイトルの「中長期的活用は妥当だ」という文に注目する。「中長期的」という語は、目下の電力不足を補うための次善の策として再稼働するという意味ではなく、恒久的に原発を利用していくことを指す。「活用」という語には、現在休止あるいは停止しているものを積極的、かつ効果的に動かすという意味があり、「原発の活用」を立案した経産省を社説は「妥当」と評価している。

①「民主党政権の「原発ゼロ」から明確に転換する<u>大きな一歩</u>である。電力の安定供給へ、現実的なエネルギー政策を推進する姿勢を評価したい。」

①節は小見出しで、新たなエネルギー計画を評価している。民主党政権の「原発ゼロ」政策は、使用年限40年を過ぎた原発を順次廃炉にし、2030年代にはエネルギーの原子力依存から脱却するというものであった。安倍政権がこの方針を転換したことを、社説は飛躍的に好ましい事態へと進展することを意味する「大きな一歩」というメタファーでもって肯定的に評価している。

②「経済産業省の有識者会議が中長期的なエネルギー政策の指針となるエネルギー基本計画案をまとめた。<u>安全性の確保を前提</u>に、原子力発電を「基盤となる重要なベース電源」と位置づけ、引き続き活用していく方針を明記した。原発依存度を「可能な限り低減させる」とする一方、必要な原発は確保する考えも併記した。」

②節は経産省経済企画庁案の文言の紹介である。ただ社説は「安全性の確保を前提に」という原案の文言をそのまま引用しており、前提条件が具体的にどのようなものであるかには触れていない。

③「現在、全原発50基が停止中で、<u>深刻な電力不足</u>が続いている。資

源の乏しい日本にとっては、原発は安価で安定した電力を得るために欠かせない電源である。計画案は妥当な内容といえよう。」

　③節では、現状を「深刻な電力不足が続いている」と述べているが、5.2. 節で述べたとおり、11 年夏は官民挙げての節電努力と代替電源によって電力需要は満たされてきた。猛暑であった 12 年夏および 13 年夏も電力供給率は 10％前後の余力があった[27]。13 年末の時点では国民の節電意識も高まっており、電力供給はそれほど切迫したものではなかった。それでも「電力不足」という理由は何だろうか。

　停止した原発を補完する火力発電などは「代替電力」と呼ばれるが、その名づけに問題があるのであろう。つまり、「代替電力」と呼ぶ（指名ストラテジー）ことで、「原発」が電力の主流であり、その他の電力はあくまでも「代わりになる当座のもの」といったニュアンスを帯びてくる。基準となるのは原発による「主流」電力を含んだ事故以前の電力供給量であり、それと比較して「電力不足」と呼んでいるのである。そこからこの用語は原発稼動を前提としたものであることがわかる。冒頭にこのような文を持ってくることによってインパクトを与え、「深刻な」という形容語を付加することによって、「原発停止＝電力不足」という論理を刷り込もうとしているとみられる。曖昧な発話の解釈を不正に変えたり、故意に意味をもてあそび語の意味解釈をすりかえる「多義語による虚偽」であろう。

　次に「資源の乏しい」における「資源」が自然エネルギーではなく化石燃料を指すことは外務省などの公式文書にも慣習的に使われる用語であり[28]、読売社説にも「資源小国」（110423）「エネルギー自給率の低い」（120311）といった表現が頻出する。確かに一次エネルギーのうち原油の輸入の約 9 割を中東に依存しているのは紛れもない事実である。社説は、「燃料費がかさんで電力料金が上れば、産業の競争力低下を招く」（110714）、「政治的に不安定な中東に多くのエネルギーを依存する状況も続く」（120915）とたびたびこの問題を取り上げている。しかし「資源の乏しい日本にとって原発は欠かせない」という論証には飛躍があると思われる。自然エネルギーも資源であ

る。脱原発先進国のドイツなどに比べ、温帯に位置し山地の多い日本は太陽光、水力、風力という資源が豊富であり、事故以降、急速に研究が進められている[29]。11年度においてそうした自然エネルギーの総発電量に占める割合は10％程度であったが、13年度においてはその数字は増加している。別の可能性を排除して「原発は欠かせない」というのは、他を排除するための論理であろう。

　次の「原発は安価で安全」は推進派が好んで用いるフレーズであり、読売社説にも繰り返し登場する。「財政のトポス」に立って原発のコストは低廉であるとする主張であるが、これは多くの経済学者が指摘するように「今国内にあるウランを使用した場合のランニングコスト」のみに当てはまる[30]。現実には、放射性廃棄物の最終処分費用、処理方法の開発および運営費、処理場の用地確保、40年以上かかると言われる廃炉費用、さらには福島原発事故の要賠償額、除染費用などは含まれていない上に、未解決の汚染水処理費用などすべてを含んだものが原発の発電コストとなるのであり、それらを原価に含めれば火力、水力発電を大きく上回り上限知らずであるという[31]。そして、こうした費用は一般消費者が支払う電気代に上積みされたり、あるいは税金から支払われる[32]のであるが、消費者には内訳が知らされていない。不都合な経費は隠蔽し、目先の低廉なコストのみに焦点を当てた論証は、「財政のトポス」に立った「誤った一般化の虚偽」（代表的ではない量的サンプルを基礎にした一般化）と言えよう。

　次の「原発は安定した電力を得る電源として欠かせない」という表現には、他の代替エネルギーは不安定であるという含意がある。再生可能エネルギーについてこれまで、「太陽光パネルや発電用風車を置く適地の確保やコストなど難題が山積している」（110714）、「風力や地熱は開発は立地の厳しい制約もある」（110527）、「日照や風の状況で電力が急激に変動する」（120529）と、繰り返しその欠点を挙げていた。コストの点と同様、代替エネルギーに対する否定的側面を強調し、原発の優位性を信じさせようという意図の表れであろう。強いて言うなら「結果先行の虚偽」（argumentum at consequentiam）とも名づけられる虚偽、つまり、「テーマ自体の正しさを議

論することなしに、起こりうる結果を指摘することによって、テーマに好ましくない光を当てる」論証である。再生エネルギーの否定的側面にのみ光を当てて非難していると思われる。

　④「火力発電所を<u>総動員</u>して電力供給を支えているため、追加燃料費は3.6兆円にのぼり、輸入増で<u>巨額の国富が海外に流出している</u>。震災前に比べ、<u>電気料金は2割上昇</u>し、<u>温室効果ガスの排出量も急増した</u>。<u>弊害は大きい。</u>」

　④節では、すべての原発が停止状態という現状について述べている。叙述ストラテジーである「総動員」というメタファーには、普段は活動していない休止状態にあるものを呼び出し働かせるという意味がある。この語には火力発電をすでに「お蔵入り」した過去のものとみなし、強制的に稼動させることに対する非難の含意が感じられる。燃料費のために「追加3.6兆円」とあるが、その具体的な算出根拠が示されていない。この数字にはアベノミクスの結果として[33]、円相場の公示レートが21.8％の円安となり円換算の輸入額を押し上げたことも影響する。数字だけをみれば大きいが輸入総額に占める燃料費の割合も不明で「巨額」という強調表現が当てはまるかは疑問が残るところであり、「数のトポス」に立った「一般化の虚偽」と言えよう。
　次に「国富の流出」とあるが、「国富」という語は「国益、国運」などとともに、「日本という国」というウチ意識を呼び起こす「観点化ストラテジー」の1つである。どんな物でも輸入をすれば国内資産が出て行くのは当然であるが、「流出」という語には、火力発電に必要な原油や天然ガス輸入のために「大切なみんなの財産が無駄に海外に出て行く」という含意がみえる。そこから「現有の原発を活用すべきだ」という前提がうかがえるのであるが、「国富」とは一体何を指すのだろうか。折りしも本章執筆中に出された2014年5月21日の「大飯原発訴訟判決文」では、「国富の流出」について以下のように述べている。「たとえ本件原発の運転停止によって、多額の貿易赤字が出るとしても、これを国富の流出や喪失というべきではなく、

豊かな国土と、そこに国民が根を下ろして生活していることが国富であり、これを取り戻すことができなくなることが、国富の喪失であると、当裁判所は考えている。」[34] 筆者には高潔な政治理念に基づいた優れた判決だと思われる。

次に「電気料金は2割上昇」と別の数字を持ち出しているが、全国平均なのか地域的なものかは特定されていない。これにも顕著な数字を持ち出す「誤った一般化の虚偽」がみられる。そして「温室効果ガスの排出量も急増した」として「弊害は大きい」と強調表現で述べている。「弊害」という語から、原発を善、火力発電を悪とする排除の論理がうかがえる。温室効果ガスについては日本を含めて世界各国が解決すべき問題であるが、それを改善するための再生可能エネルギーという選択についてはここではまったく触れていない。

⑤「安全性の確認できた原発を再稼動し、原発と火力、太陽光など再生可能エネルギーが補完しあう、多様性のある電源構成を確立することが急がれる。」

⑤節には「安全性の確認できた」とあるが安全性の保証は何であろうか。2012年9月に設置された原子力規制委員会は、原発の地層調査という基本的な立地条件に立ち返り、すべての原発における活断層の有無や耐震性といったハード面の安全性を、時間をかけて審査することになった。それに対し読売新聞は「敦賀原発、「活断層」との結論は拙速だ」(130516)という社説を掲げ、規制委の決定を不服としている。つまり、規制委が敦賀原発の下を走る2本の活断層が地震が起これば連動する可能性を持っているという予測のもとに再調査を命じたため、安全性の確認が遅れていることに対する非難である。しかし地震国における原発立地を考える際、あらゆる危険性を視野に入れ、疑わしきは多方面から調査するべきである。「断層でない」という結論を早急に出すほうが「拙速」と思われる。

次に電源構成について「原発と火力、太陽光などの再生エネルギーが補完

しあう」電源構成の確立を提案している。しかし温室効果ガスを問題にするなら、先の節で断罪した火力という選択肢を入れることは「テクスト内部の矛盾」(Reisigl and Wodak 2009: 88) であると思われる。自説の主張のためには、先に糾弾した事象を都合よく使うというのは、「コンテクスト依存の論証」とでも名づけるべき虚偽といえるかもしれない。

⑥「ただ、計画案には電源構成の数値目標が盛り込まれていない。原発の安全審査が遅れている事情はあるが、政府は原発比率の目標を速やかに示すべきだ。」

⑥節では、電源の構成比率が明らかにされていないことを糾弾し、各エネルギー源の比率を明確にすることを要求している。この要求の根拠には、同年の計画に明記することによって、将来の原発推進策の駆動力としたいという願望がうかがえる。12年に経産省が出した「2030年の電源構成比率」に関する社説に見る「(原子力発電の割合の) 15％案には見過ごせない問題がある。30年以降、原発をさらに減らすのか、更新・新設して活用していくのか、結論を先送りしている点だ。原発の方向性があいまいでは、責任あるエネルギー戦略とはいえまい。」(120529) が根拠であろう。

⑦「原発の新増設の是非について判断を避けた点も疑問である。新増設せず、原発を稼動40年で廃炉にしていくと、2049年には原発はゼロになる。中長期的に原発を活用するうえで、新増設は不可避のはずだ。古い原発を早めに新型へ更新する方が、安全性向上や技術者育成にもつながるだろう。」

⑦節では「新増設せず、原発を稼働40年で廃炉にしていくと、2049年には原発はゼロになる」と述べたうえで、「中長期に活用」という語が出てくる。前文に続けると「長期」は2049年以降をも表すことがわかる。2049年は2014年から計算すると35年後であるが、12年度に民主党が示した案が

2030代に原発ゼロという計画であった。本計画案はそれよりもさらに19年以上長い計画であるが、社説はこれにも反対して、さらに長期に原発を稼働させたいと主張している。そして「新増設は不可避のはずだ」と確信を持って断定している。新設するということは2049年以降、恐らくは恒久的に稼動し続けることを意図している。そして「新設」ばかりでなく「増設」を紛れ込ませている。現在の実質48基より更に増やそうという案である。安倍政権は「最終的には原発を段階的に縮小する」という方針を掲げながら原発依存の政策を進めているが[35]、社説も同じ立場なのだろう。「古い原発を早めに新型へ更新する」という提案にある「早め」とは、現有の原発が「安全性」の上で不安があり、事故を起こす可能性があることを恐れての表現と思われる。また「更新」という語を用いているが、既存原発の敷地内に建設するのであろうか。多くの既存原発はその立地に問題があるとされているにもかかわらずの主張である。

　そして突如として「技術者育成」という言葉が出てくるが、どのような論拠があるのだろうか。この点に関して以前の社説で「日本が脱原発に向うとすれば、原子力技術の衰退は避けられない。将来の展望が開けない分野に人は集まらない」（110704）、「脱原発に向えば、原子力技術が衰退し、科学技術立国もままならなくなる」（110716）、「原子力の技術者になる人材が激減し、原発の安全性向上や、今後の廃炉作業に支障をきたす恐れもある」（121125）といった主張を繰り返している。しかし廃炉が決まった福島原発1～6号機以外の48基についても、耐用年限が過ぎれば廃炉にしなければならないが、廃炉技術はまだ確立されていない。新増設のためだけに技術者が必要なのではなく、廃炉にするための技術者も必要であろう。原発は耐用年数が他の発電施設と同等であったとしても[36]、新設よりも廃止のほうに長い年月と技術を必要とする発電施設なのである。

　⑧「高レベル放射性廃棄物の最終処分について「国が前面に立って取り組む」としたのは当然だ。核燃料サイクルを含め、持続可能な原子力政策の推進に、政府は責任を持って当たる必要がある。」

⑧節は、「高レベル放射性廃棄物の最終処分」と、日本の原発稼働に不可欠な「核燃料サイクル」にも触れているが、具体的な対策については提案がなく、政府に委ねている。社説は、核燃料サイクルについて「使用済み核燃料は再処理し、燃え残りのウランや燃料に使えるプルトニウムは回収する」(110810) 工程であり、「新たな核燃料を生産でき、長期的に「準国産エネルギー源」を得るのに等しい、とされてきた。これを放棄して他に本格的エネルギー源を見つけるのは困難だろう」(110810) としている。しかし 1993 年から建設が続いている青森県六ヶ所村の最終処理施設にはすでに 2.2 兆円がつぎ込まれたが技術的に未解決な問題が多く、いまだ本格稼動には至っていない。さらに六ヶ所村再処理施設が稼動したとしても国内の原発すべてで生まれる使用済み核燃料を処理する能力がないことも判明している[37]。また高速増殖炉「もんじゅ」もトラブル続きであることは周知の事実である。原発推進を主張するからには政府に依存するだけでなく具体案を提示せねばなるまい。

⑨「計画案は再生エネの導入加速を打ち出したが、具体策はあいまいだ。再生エネは天候による発電量の変動など欠点が多く、導入規模を拡大させるだけでは、原発を代替する電源にはならない。
⑩再生エネで作った電気を買い取る現行の普及制度は、家計や企業に重い料金負担を強いる。早急な見直しが求められる。」

最後の⑨⑩節では再生可能エネルギーを取り上げているが、「欠点が多い」と否定的評価を下しているのは既述の通りである。さらに「導入規模の拡大だけでは代替する電源にならない」とあるが、原発減少の方向に進むために再生エネルギーの規模拡大だけではなく、種類の拡大も考慮されている。言葉足らずに「規模」のみに焦点を当てて排斥するのは、「誤った証拠に基づく虚偽」であろう。

そして最後に現行の再生エネ買い取り制度が他の電力消費者を圧迫していると非難している。これも既述のとおり、電気料金に上乗せされる原発維持

管理費用は除外し、目前の現象面にのみ焦点を当てた論証である。これも先に述べた「結果先行の虚偽」であろう。ここから、あくまでも原発に固執し、再生可能エネルギーの可能性を排除したいという思惑がみえてくるようである。

　以上、概して言えば、文章全体が断定的な文体であり、そのことによって、そこで主張されている命題は、事実であり客観的であるという印象を与える。しかし、表2に示したように、すべての論証ストラテジーがトポスの別の観点から、あるいは別のトポスによって反証可能である。逆に言えば、反原発・脱原発派の主張が依拠するトポスについても同じことがいえる。つまりどちらの主張にしろ、トポスを論拠として論証ストラテジーを展開するなら、必ずその反証が可能なのである。そのことから、どの主張をよしとするかは、論証に揺るぎなき根拠があるかが問われ、かつ、どのトポスを優先するかという個人の信念に帰する問題となるであろう。
　読売社説の最も強い主張は「財政のトポス」に基づいた日本の経済状況の悪化と国際競争力の低下という点である。しかし、これらも前述したように原発に関わる総コストは上限知らずであり、今後老朽化した原発を順次廃炉にしていくことも前例のない事業であり、それに伴う費用は予測不可能といわれる。そうしたことには目をつぶっての原発推進志向である。
　ではこれほどまでに原発を推進しようとする根拠は何であろうか。読売新聞社を立て直した人物が日本の原子力事業を牽引してきたという経緯から、原発推進派を擁護するのは当然であろう。しかしエネルギー問題だけであろうか。社説は事故直後から原発稼動を訴えてきた。「脱原発に向えば、（略）、国際的な発言力も大きく低下するだろう」（110714）、「日本は、平和利用を前提に、核兵器材料にもなるプルトニウムの活用を国際的に認められ、高水準の原子力技術を保持してきた。これが、潜在的な核抑止力としても機能している」（110810）、「日本は原子力の平和利用を通じて核拡散防止条約（NPT）体制の強化に努め、核兵器の材料になりえるプルトニウムの利用が認められている。こうした現状が、外交的には、潜在的な核抑止力として機

能していることも事実だ」(110907)と述べている。
　ここから明らかなように、「平和利用」という名目を掲げながら、最終的には核兵器に転用可能な原子力を維持し続けたいという思惑が見えている。信夫隆司氏が指摘するように「この原発と軍事の関係こそ、福島第一原発事故後も政治が原発ゼロを進めることのできない隠された理由になっている」のかもしれない[38]。被爆国日本が1950年代に「原子力の平和利用」という言葉に幻惑され、明るく文化的な未来の夢を託して導入に賛同した原発には「核兵器転用可能」が秘密裏に盛り込まれていたことに改めて気付かされるのである。

7.　投稿と社説の関連──メディアの誘導か

　以上、投稿と社説を分析した。投稿の大半は暫定的措置としての再稼働、中期的活用といった意見であり、社説の主張と合致していた。では読売新聞はどのようなストラテジーを用いているのだろうか。社説が採用したディスコース・トピックと図1に示したディスコース・トピックを比較してみよう。図1のディスコース・トピックには他のメディアで取り上げられたものが含まれている。
　こうしてみると、読売新聞社説が取り上げなかったディスコース・トピックは多い。例えば次のようなものが挙げられる。

　　・原発の危険性　　・廃炉費用と所用時間　　・発送電の分離
　　・使用済み核燃料処理　　・事故補償　　・事故責任の所在

　ここから読売新聞は原発の負の側面に触れることを意図的に回避しており、原発の優位性のみに焦点を当てて読者を誘導しようしていることが明白に見えてくるのである。
　先に述べたように投稿には「日常的」「身近な話題」を題材にした原発賛成論が多い。一般市民としての視点から庶民感覚で論点を論じ、読者に親近

感を持たせる「市民目線のストラテジー」とでも名づけるべきものと思われる。つまり、新聞社の主張と同じ主旨のものを採用し、読者からの声という具体的な事例によって強化したと言えよう。「気流」欄の投稿は「原発の難しいことはわからない、しかし今現在、電気が止まるのは困る、文化的な生活形態は変えたくない」といった庶民感情に訴え、原発の必要性を確認させる装置の1つなのである。

8. まとめ

　以上の分析から DHA の方法論が有効であることが確認された。読売新聞は1950年代に「原子力平和利用」をうたって原発導入に導いた当初の思想を、現在もなお持ち続けている。そしてその見解を繰り返し紙面に掲載している。有馬（2008）の指摘するように、政府や圧力団体が自説に少しでも有利になるようメディアに働きかけ、操作しようとするのは当然である。2015年1月現在、「原発の安全神話」はまた息を吹き返そうとしている。

　読売新聞の読者を含め、我々は経済状況の好転、経済競争力の維持という表面的な社会変化に惑わされ、次第にメディアの主張するところを信じるようになり、メディアが取り上げなかった問題の所在に気付かず、批判精神を失っていくことが危惧される。

　また津田（2013）は「国民の意志形成は「メディアのプロパガンダに帰す」ということは洋の東西を問わずみられる。しかしメディアが人々の思考を自在に操るという主張は裏づけに乏しい。自分たちの責任を軽減したいという願望の反映である」と指摘する。私たちは自分の責任をしっかりと見据え、常に社会に監視の目を向けなければならない。

　原発問題は単にエネルギーの問題ではなく、「これからの暮らし方、子孫に何を残すか。おおげさに言えば文明観の戦いでもあるだろう」[39]。まさに私たちの生き方の問題なのである。

注

1 以降、施設としての原子力発電所を「原発」と略し、発電様式を指す場合は「原子力発電」と記す。
2 本章では「反原発」とは「すべてのエネルギーの原子力依存を拒否する思想」を指し、「脱原発」とは「時間の長短にかかわらず現有の原発依存から脱却することを目指す立場」を指す。
3 新聞については「脱原発」として、朝日新聞は社説で明言（2011 年 4 月 4 日）、毎日新聞は社説の論調、東京新聞は出版物から明白である。「原発推進派」としては、「原子力の父」正力松太郎が率いた読売新聞、財界の後押しのある産経新聞が挙げられる。また、（社）NPJ (News for the People in Japan) の HP に社説一覧がある。
 <http://www.news-pj.net/siryou/shasetsu/2013.html> 2014.5.30
4 「読売新聞 HP」「読売新聞へようこそ」<http://info.yomiuri.co.jp/company/shinjyo.html> 2014.4.3
5 検索語にヒットしたものは「原発」を正面から論じたものばかりではない。別の話題の中で、ついでに触れたものも含まれる。
6 Wodak (2001) *Methods of Critical Discourse Analysis* 第 4 章
7 第二版裏表紙にその旨の説明がある。
8 原文の discourse は「談話」と訳されることも多いが、ここでは「河野談話」「首相談話」といった狭義の言語活動での談話と区別するために、「ディスコース」と訳す。
9 社会学の観点からの分析として、柴田恭子 (2011)「民族的「他者」をめぐる言説政治：ポーランド家族連盟の人種差別的言説 (2001–2007 年)」がある。
10 「議論学」とは前提に基づいて批判的思考を行う論理的推論を通して人はどのように結論に到達すべきか、あるいは到達できるのか、あるいは到達するのかを学際的に研究する学問である。福沢一幸 (2010) 参照。
11 日本語訳は『批判的談話分析』三元社　第 4 章「談話の歴史的アプローチ」（森本郁代訳）による。
12 そのほか、「無知に訴える論証」（命題が論駁されえないことを根拠に、その命題が証明されたとすること）(argumentum adignorance)、「誤った一般化の論証」（代表的でない量的サンプルに基づいて一般化すること）(secumdum quid)、「時間即因果関係の論証」（時間的前後関係をただちに因果関係で置き換えること）(post hoc, ergo propter hoc)、「循環論法」（証明されるべき点を議論の前提とする論点先取）(pretitio principii) がある。
13 以下の記述は、中日新聞社会部編 (2013)『日米同盟と原発』、朝日新聞取材班 (2014)『それでも日本人は原発を選んだ』、有馬哲夫 (2008)『原発・正力・CIA』、

内閣府原子力委員会「昭和 31 年版原子力白書」を参考にした。
14 「　」内は中日新聞社会部編(2013)『日米同盟と原発』からの引用。
15 これは、原発は民間の保有であるが事故が起こった際、一定以上の補償費用を国が負担するというもので、福島事故の際にも適用された。
16 安倍晋三は第 90、第 96、第 97 代総理大臣。
17 この辺りの事情については藤田祐幸(2011)に詳しい。
18 朝日新聞の広告ページには、他紙に比べて講読者層に高学歴が多いことが挙げられている。<http://adv.asahi.com/mobules/ad/index.php/about.html> 2014.4.3
19 読売投稿欄「気流」編集者のコメント「2011 年において大阪本社あての投稿は前年の 10 倍に上った。」とある(2012 年 1 月 31 日)。
20 イニシャルは投稿者名、数字は年月日を表す。この例は 11 年 3 月 17 日を指す。｜｜内は前文脈の概略を示す。
21 日本原子力文化財団「東京電力(株)・福島第一原子力発電所事故」の中の「各号機の状況」<http://www.jaero.or.jp/data/02topic/fukushima/status/dekigoto.html> 2014.4.27 および東京電力 HP <http://www.tepco.co.jp/index-j.html> 2014.4.27 にこのような記述がある。東京電力 HP では、現在は「廃炉プロジェクト」の中の「地震発生と事故」のページ http://www.tepco.co.jp/decommision/accident/index-j.1 2015.1.21 に同様の記述がある。
22 「電力使用制限令」は、大規模な工場や商業施設、オフィスビルについて、最大電力を 2011 年夏より 15％削減するよう求める強制措置。両管内とも 11 年 9 月 9 日午後 8 時で終了。(アサヒ・コム編集部) <http://www.asahi.com/topics/%E9%9B%BB%E5%8A%9B%E4%BD%BF%E7%94%A8%E5%88%B6%E9%99%90%E4%BB%A4.php> 2014.4.27
23 「電力不足」に関する社説は、110324、110527、110714、110819。
24 外務省経済安全保障課 HP「エネルギー安全保障」<http://www.mofa.go.jp/mofaj/gaiko/energy/> 2014.4.27
一次エネルギーの 8 割以上を輸入に依存し、その輸送のほとんどが海上輸送によるという現状から、資源外交の重要性を指摘するものである。
25 当時の野田首相は 2011 年 6 月 8 日の「大飯原発再稼動容認」宣言において、「仮に計画停電を余儀なくされ、突発的な停電が起これば、命の危険にさらされる人も出ます」と発言している。(朝日新聞 2012 年 6 月 9 日「野田首相会見の要旨」)
26 佐竹(2008)によれば、投稿のテーマとして、「気流」では社会的、政治的な問題を扱った公的なもの(44.9％)、身の回りの出来事や体験を扱った私的なもの(55.1％)という数値であった。ちなみに朝日「声」では公的(56.2％)、私的(43.8％)である。語彙、異なり語数でも「気流」は限定的という結果である。また中野(2010)も、読売投稿欄「気流」の特徴として、①投稿者の年齢層が 30

〜40代と60代の山が双極分布をなす②主婦層の率が高い③朝日投稿欄「声」と比較して話題や語彙が限定されていることを挙げている。

27 朝日新聞14年4月18日付け記事「夏の原発ゼロ　なぜ余力？」
28 外務省経済安全保障課HP「わが国の資源外交とエネルギー安全保障」(2014年4月26日)、経財産業省資源エネルギー庁「エネルギー白書」平成25年度版(2014年4月26日)。
29 再生可能エネルギーの種類については、資源エネルギー庁HPによれば、水力、太陽光、バイオマス、風力、地熱などが挙げられており、「平成25年度エネルギー白書」ではわずかながら言及されている。
   <http://www.enecho.meti.go.jp/about/whitepaper/2014gaiyou/whitepaper2014pdf_h25_nenji.pdf> 2014.5.20
   スマートジャパンHPは、13年度に再生可能エネルギーの総発電量に対する比率が上昇したことを報じている。
   <http://www.itmedia.co.jp/smartjapan/> 2014.4.23
30 金子勝(2012)、大島堅一(2011)、加藤寛(2013)など。
31 山岡淳一郎「原発の発電コスト再検証—「安い」はまやかし」(AERA2014年3月17日号)による。
32 「総括原価方式」と呼ばれる。
33 日本貿易振興会(JETRO)「2013年貿易収支」の中の1-2「世界と日本の貿易」による。
34 2014年5月21日福井地裁「関西電力大飯原発の再稼働差し止め請求訴訟」判決文。樋口英明裁判長。
35 「衆院代表質問：首相、原発の必要性強調」(毎日新聞2014年1月28日)「首相は、原発について「海外からの化石燃料への依存度が高くなっている現実を考えると、そう簡単に『原発はやめる』と言うわけにはいかない」と述べ、再稼働の必要性に理解を求めた。」
36 資源エネルギー庁資料「発電コストをめぐる現状と課題について」(平成23年3月10日)の中に「原子力16年、火力15年、水力40年」の記述がある。
   <http://www.meti.go.jp/committee/sougouenergy/denkijigyou/hatsuden_cost/001_05_00.pdf> 2014.4.27
   「原子力規制庁」HPでは「高経年化事象」は30年以上を指す。
   <http://www.nsr.go.jp/archive/jnes/tokusyu/keinen/grandmother/01.html> 2014.4.27
37 日本原燃HPによれば、六ヶ所村施設の使用済み核燃料の最大処理能力は800トンで、原発40基分とある。既存原発は48基である。
   <http://www.jnfl.co.jp/business-cycle/recycle/plant.html> 2014.4.27
38 中日新聞社会部編(2013)『日米同盟と原発』p.128.

39　東京新聞 2014 年 1 月 23 日付朝刊

参考文献

AERA　2014 年 3 月 17 日号　特集「3・11 から 3 年」朝日新聞社
朝日ジャーナル 2012 年 3 月 20 日号「わたしたちと原発」朝日新聞社
朝日新聞取材班(2014)『それでも日本人は原発を選んだ』朝日新聞出版
朝日新聞「夏の原発ゼロ　なぜ余力？」2014 年 4 月 18 日付け記事
有馬哲夫(2008)『原発・正力・CIA』新潮新書、新潮社
粟屋憲太郎他(1994)『戦争責任・戦後責任』朝日選書 506、朝日新聞出版
池上彰(2014)『池上彰が読む小泉元首相の「原発ゼロ」宣言』径書房
石原克彦編(2011)『原発を終わらせる』岩波新書 1315、岩波書店
遠藤薫(2012)『メディアは大震災・原発事故をどう語ったか』東京電機大学出版局
大島堅一(2011)『原発のコスト―エネルギー転換への視点』岩波新書 1342、岩波書店
片野優(2012)『フクシマは世界を変えたか―ヨーロッパ脱原発事情―』河出書房新社
加藤寛(2013)『日本再生最終勧告―原発即時ゼロで未来を拓く』ビジネス社
金子勝(2012)『原発は不良債権である』岩波ブックレット No. 836、岩波書店
川崎泰資・柴田鉄治(2004)『検証　日本の組織ジャーナリズム―NHK と朝日新聞―』岩波書店
熊谷徹(2012a)『なぜメルケルは「転向」したのか―ドイツ原子力四〇年戦争の真実』日経 BP 社
熊谷徹(2012b)『脱原発を決めたドイツの挑戦』角川 SSC 新書、角川書店
原子力安全システム研究所社会システム研究所編(2004)『データが語る原子力の世論―10 年にわたる継続調査』プレジデント社
小出裕章(2010)『隠される原子力　核の真実』創史社
古賀茂明(2013)『原発の倫理学』講談社
佐竹秀雄(2008)「新聞投書欄の新聞社別語彙比較」『武庫川女子大学言語文化研究所年報』第 20 号
佐竹秀雄(2002)「新聞投書欄の語彙―1999 年の新聞 3 紙を比較して」『武庫川女子大学言語文化研究所年報』第 14 号
柴田恭子(2011)「民族的「他者」をめぐる言説政治：ポーランド家族連盟の人種差別的言説(2001–2007 年)」Japanese Slavic and East European studies31, 35–80, 2011–03–31
週刊ダイヤモンド 2013 年 12 月 21 日号
高木仁三郎(1986)『原発事故　日本では？』岩波ブックレット No. 75、岩波書店
中日新聞社会部編(2013)『日米同盟と原発―隠された核の戦後史』東京新聞社
津田正太郎(2013)「原発神話は実在したか？―朝日・読売両紙における「虚偽」と「油

断」の神話」『2011 年度　公募委託調査研究報告書　大震災・原発とメディアの役割』(公)新聞通信調査会
東京新聞編集局編(2012)『原発報道　東京新聞はこう伝えた』東京新聞社
中野康人(2010)「読者投稿の記述的計量テキスト分析─「声」と「気流」─」『関西学院大学　先端社会研究所紀要』第 2 号
野呂香代子(2014)「批判的談話分析」渡辺学他編『講座ドイツ語学』第三巻「ドイツ語の社会語用論」pp.133-161. ひつじ書房
福沢一吉(2010)『議論のルール』日本放送出版協会
藤田祐幸(2011)『藤田祐幸が検証する原発と原爆の間』本の泉社
三谷文栄(2013)「地球温暖化対策としての原発─京都議定書をめぐるマスメディア報道の分析」『2011 年度　公募委託調査研究報告書　大震災・原発とメディアの役割』(公)新聞通信調査会
ミランダ・A・シュラーズ(2011)『ドイツは脱原発を選んだ』岩波ブックレット No. 818、岩波書店
メディア総合研究所放送レポート編集委員会編(2011)『大震災・原発事故とメディア』大月書店
安冨歩(2012)『原発危機と東大話法』明石書店
山岡淳一郎(2014)「原発の発電コスト再検討─『安い』はまやかし」『AERA』2014 年 3 月 17 日号
山家公雄(2013)『再生可能エネルギーの真実』エネルギーフォーラム
山口正紀(2004)『メディアが市民の敵になる─さようなら読売新聞』現代人文社
吉岡斉(2011)『原発と日本の未来　原子力は温暖化対策の切り札か』岩波ブックレット No. 802
吉岡友治(2006)『だまされない〈議論力〉』講談社現代新書、講談社
吉田文和、M. シュラーズ編訳(2013)『ドイツ脱原発倫理委員会報告』大月書店
読売新聞論説委員会編著(2004)『読売 VS 朝日 21 世紀・社説対決』中公新書ラクレ 143、中央公論新社
Augoustinos, Martha et al. (2010) Genetically Modified Food in the News: Media Representations of the GM Debate in the UK. In Wodak, R. (2013) *Critical Discourse Analysis.* Vol. IV. pp.1–22. London: Sage
Cameron, Deborah. (2007) *Working with Spoken Discourse.* London: Sage (カメロン・デボラ著　林宅男監訳(2012)『話し言葉の談話分析』ひつじ書房)
Ehlich, K. (1983) Text und sprachliches Handeln. Die Entstehung von Texten aus dem Bedürfnis nach Überlieferung. In A. Assman, J. Assman and C. Hardmeier (eds.), *Schrift und Gedächtnis. Beiträge zur Archäologie der literarischen Kommunikation.* Munich: Fink, pp.24-43.

Kienpointer, Manfred and Walther Kindt. (1997) On the Problem of Bias in Political Argumentation: An Investigation into Discussions about Political Asylum in Germany and Austria. In Wodak, R. (2013) *Critical Discourse Analysis*. Vol. IV. pp.167–200. London: Sage

Krzyzanowski, Michal. (2010) Discourses and Concepts: Interfaces and Synergies between Begriffsgeschichte and the Discourse-Historical Approach in CDA. In Wodak, R. (2013) *Critical Discourse Analysis*. Vol. IV. pp.201–214. London: Sage

Mautner, Gerlinde. (2005) Time to Get Wired: Using Web-based Corpora in Critical Discourse Analysis. In Wodak, R. (2013) *Critical Discourse Analysis*. Vol. II. pp.253–274. London: Sage

Reisigl, Martin. (2008) Rhetoric of Political Speeches. In Wodak, R. (2013) *Critical Discourse Analysis*. Vol. II. pp.349–374. London: Sage

Reisigl, Martin and Ruth Wodak. (2001) *Discourse and Discrimination*. London: Routledge

Reisigl, M. and R. Wodak (2009) The discourse-historical approach (DHA). In Wodak, Ruth and Michael Meyer. (2009). *Methods of Critical Discourse Analysis* 2nd edition. pp.87–121. London. Sage

Simon-Vandenbergen, Anne-Marie. (2007) Presupposition and'taking-for-granted'in mass communicated political argument. An illustration from British, Flemish and Swedish political colloquy. In Anita Fetzer and G. Lauerbach (eds.) *Political Discourse in the Media: Cross-cultural Perspectives/* Part 2, pp.31–74. Amsterdam: John Benjamin

Wodak, Ruth. (2001). The discourse-historical approach. In Wodak, Ruth and Michael Meyer. (2001) *Methods of Critical Discourse Analysis* 1st edition. pp.63–94. London: Sage（ヴォダック、R.、マイヤー、M. 編著、野呂香代子監訳（2001）『批判的談話分析入門』三元社）

朝日新聞社広告局 HP「朝日新聞はどんなメディア？」<http://adv.asahi.com/modules/ad/index.php/about.html> 2014.4.3

外務省「経済安全保障課」HP「わが国の資源外交とエネルギー安全保障」
<http://www.mofa.go.jp/mofaj/gaiko/energy/> 2014.4.27

経済産業省資源エネルギー庁 HP「エネルギー白書」13 年度版
<http://www.enecho.meti.go.jp/about/whitepaper/2013p> 2014.4.26

資源エネルギー庁 HP「発電コストをめぐる現状と課題について」<http://www.meti.go.jp/committee/sougouenergy/denkijigyou/hatsuden_cost/001_05_00.pdf> 2014.4.26

原子力規制委員会 HP「原子力発電所の寿命って何年なの？」<http://www.nsr.go.jp/archive/jnes/tokushu/keinen/grandmother/01.html> 2014.5.12

原子力資料室 <http://www.cnic.jp/rokkasho/what/>

財務省 HP「平成 25 年分貿易収支統計（速報）」<http://www.customs.go.jp/toukei/shinbun/trade-st/gaiyo2013.pdf> 2014.1.26

スマートジャパン HP「再生可能エネルギーの未来予測 (2)：太陽光発電：10 年でコスト半減、2020 年には石油火力と同水準」<http://www.itmedia.co.jp/smartjapan/> 2014.3.30

東京電力 HP トップページ <http://www.tepco.co.jp/index-j.html> 2014.4.27

内閣府原子力委員会 HP「昭和 31 年版原子力白書」<http://www.aec.go.jp/jist/NC/about/hakusho/wp1956/index.htm> 2014.4.27

日本経済新聞「13 年貿易赤字、最大の 11.4 兆円燃料輸入額膨らむ」<http://www.nikkei.com/article/DGXNASFS2700E_X20C14A1MM0000/> 2014.1.27

日本原子力文化財団 HP「東京電力（株）・福島第一原子力発電所事故」<http://www.jaero.or.jp/data/02topic/fukushima> 2014.4.27

日本原燃 HP <http://www.jnfl.co.jp/business-cycle/recycle/plant.html> 2014.4.27

日本貿易振興会 JETRO HP「2013 年貿易収支」<http://www.jetro.go.jp/world/gtir/2013/pdf/shiryo2013.pdf> 2014.4.27

読売新聞 HP「読売新聞へようこそ」<http://info.yomiuri.co.jp/company/shinjyo.html> 2014.4.3

福島第一原子力発電所事故に関する新聞記事報道が社会にもたらす効果について
―見出しが誘発する読者の解釈―

名嶋義直

1. なぜ事故は風化し、再稼働は進むのか

1.1. 新聞記事が社会にもたらすものは何か

　序章の「背景となる諸事象の説明」や資料の「原発事故をめぐる年表」を見るとわかるように、福島第一原発事故後、日本社会において脱原発の流れが急速に広がった。最近の世論調査でも、その数こそやや低下しているものの、依然として世論の過半数は原発への依存を否定的に考えている。しかし、原発再稼働と輸出を目指す動きが今の社会に広がっている。2014年4月11日の「エネルギー基本計画」閣議決定が示すように、政権は世論とは正反対の方向をはっきりと示し歩み出している。電力会社は競うかのように再稼働に向けて突っ走っている。本章ではこれらの集団を、van Dijk (1996)に従い、「権力」と呼ぶ。それは「社会的集団・機関・組織間における関係の実体」(van Dijk 1996: 84、筆者訳)であり、より具体的に言えば、政府・政治家・電力会社・経済界・マスコミなどがそれに含まれる[1]。

　なぜ権力は原発の再稼働をなしうる力を取り戻したのであろうか。この問いに対して多くの人々は「時間の経過が人々を無関心にさせたからである」と答えるかもしれない。確かにそのことは見て取れる。序章の「背景となる諸事情の説明」で取り上げている朝日新聞社の世論調査でも、「国民の間で福島第一原発事故の被災者への関心が薄れ、風化しつつあると思いますか。そうは思いませんか」という問いに対し、「関心が薄れ、風化しつつある」という回答が69%、「そうは思わない」という回答は27%であった。しか

し、仮にそうだとしても、その3年という時間の経過の中で、「何が」「どう」作用して人々を無関心にさせたのかを明らかにする必要がある。

　筆者はその要因の1つに「報道」の影響があると考える。一般に、報道は事実をありのままに伝えるものであると考えられている。しかし、事実を伝えるとされる報道には、その報道される事態に直接的に関わる行為者や関係者が存在し、その上で、報道する組織・機関や記事を執筆・報道する担当者も関わっている。したがって、「報道」には複数の第三者の「意図」が何らかの形で反映されていると考えるべきである[2]。事態が深刻で複雑であればあるほど関係者の人間関係や利害関係も複雑になり、その結果、意図も複雑になり、より巧妙に表現されるであろう。

　原発事故の報道には、「誰の」「どのような」「意図」が「どのような形で」組み込まれているのであろうか。それらの意図は読者に「どう作用している」と見なせるのであろうか。それらを明らかにするのが本章の目的である。それを明らかにすることができれば、人々のメディア・リテラシーを高めることにも寄与できると思われる。福島第一原発事故によって社会や人々が持っていた既存の価値観や考え方が激変した今、言語研究者としてもこの課題に取り組み、研究成果を社会へ還元する責任がある。それこそが研究者の持つべき倫理観であると筆者は考える。

1.2. 批判的談話分析という研究姿勢

　テクストを分析する手法や観点にはさまざまなものがあるが、本章が社会的な内容のテクストを扱うこと、また、本章の課題が「権力」の振る舞いを明らかにしようとするものであることを考えると、「批判的談話分析」(Critical Discourse Analysis、以下CDA) の立場に立つことが最もふさわしいと思われた。van Dijk (2008) や Fairclough (2010) は CDA について以下のように述べている。それらによれば、本章を CDA の立場に立つ研究と見なすことに問題はなさそうである。

　　CDA は談話分析の1つのタイプであり、主として、テキストや談話に

よって、社会における権力の濫用・支配・不平等が生じ再生産される手法とそれに対する抵抗の手法とを、社会的・政治的文脈において分析する。その反体制的分析と共に、CDA は自分自身の立つポジションを明示し、そしてそれ故に、社会の不平等を理解し、人々の眼前にさらけ出し、究極的にはそれに抵抗しようとする。(van Dijk 2008: 85 筆者訳)

1. 単なる談話(より具体的にはテクスト)の分析ではなく、談話と社会的過程の要素との統合的学際的分析の一部を成すものであること。
2. 談話の一般的な説明だけではなく、テクストの体系的な分析を含むものであること。
3. 記述的であるだけではなく規範的でもあること。談話的側面から社会的な悪に焦点を当て、その悪を正したり軽減させたりすることに目標を置くものであること。(Fairclough 2010: 10–11 筆者訳)

本章は、CDA という「視点・立ち位置・姿勢」(Dijk 2009: 62 筆者訳)を採り、筆者がこれまで行ってきた現代日本語学研究・語用論研究の考え方を用い、テクストの中に観察される言語形式や表現されている内容を手掛かりにして、そこに権力のどういう意図が見出せるかについて考察を行う。そしてその意図が我々にどう作用するのかを明らかにしたい。

本章が分析の対象とするテクストは新聞記事である。テクストが国民にどういう影響を与えうるかを研究するという目的を考えれば、発行部数が多く社会に影響力を持つテクストであること、多くの人がアクセスすることができるテクストを分析することが重要である。新聞記事はこの条件を満たしていると考えられる。この点だけを言えばテレビによるニュース報道も候補となるが、新聞記事はテレビのニュース報道に比べると、文字で構成されるテクストであるため保存性も高く後日に読むこともたやすい上に談話構造も可視化しやすいという利点がある。

本章では毎日新聞・東京新聞・朝日新聞・読売新聞・産経新聞の記事を分析対象とすることとした。これらを選択した理由として、発行部数が多いこ

とが挙げられる[3]。つまり、多くの人に影響を与えることが可能な新聞であるということである。脱原発寄りの立場が読み取れる新聞社と原発推進の立場が読み取れる新聞社の双方を視野に入れ、偏りを防ぐためにそれぞれ複数紙を取り上げた[4]。テクストは全て筆者が各新聞社のwebページを閲覧して収集した。テクストの収集は期限を設けず、収集と分析とを並行して行った。

　代表的な新聞の読み方として、まず見出しをざっと読んで興味を持つ記事を探し、続いて記事本文を読み、大意を把握したり詳しく読んだりするという読み方がある。この読み方を踏まえると、web版新聞の読者の行動として、「新着記事」欄で記事タイトルを確認し、興味を持った記事があったらクリックして本文を読む、という行動が想定できる。新聞によっては紙面と同じイメージで読むサービスもあるが、多くの場合それは有料サービスである。無料で読む人の多くは、記事タイトルを基に興味ある記事を選び出し本文を読むという読み方をしているのではないだろうか。そこで本章も同じ形で記事を収集した。

　資料を複数の新聞記事から偏りを防いでバランスよく収集するためには、どの新聞においても共通する範囲内で収集することが望ましい。そこで基本的にはどの新聞においても存在しアクセスしやすい「新着記事」ページから記事を集めることとした。集めたテクストは、記事の中で最初に目にする「見出し」に焦点を当てて分析を行うこととした。新聞記事というテクストの特性と上で述べたweb版新聞の読み方を踏まえると、ざっと読む見出しの数とじっくり本文を読む記事の数とを比較した場合、前者の方が多くなる。この特徴は、web媒体の新聞ではそのリンクによる階層構造上、特に顕著になり、見出しの持つ影響力はより大きくなると考えたからである。

2. 談話行動と意図

2.1. 興味・関心の弱体化と分断・風化との関係

　見出しに使われている言語形式などを分析することを通して、読者の解釈

の可能性を推察したところ、多くの見出しには権力による何らかの意図が介在しうる余地があり、そのある意図に動機づけられた談話行動が行われていると見なせることがわかった[5]。全体的に言うと、8つの談話行動の実践が確認され、それらは4つずつがそれぞれ1つにまとめられ、2つのグループに大別される。ここではその概略を述べる。

まず「前提化」・「権威化」・「低評価」・「負の側面の焦点化」という4つの談話行動の実践が確認された。これらは当該事態について積極的に言及していくという点において「本来の事態を前景化する(見せる)」方向での実践という共通点を持ち、「事態の既成事実化(存在の容認)」という意図が関わるものとしてまとめることができる。

残りの4つは「全体の中での部分化」・「焦点のすり替え」・「事態のすり替え」・「別事態の焦点化」という実践である。これらは「関連のある事態」を語ることによって当該事態について積極的な言及を避けるものである。その点において「本来の事態を背景化する(見えなくする)」方向での実践であるという点で共通性を持ち、「事態の非存在化(存在の非容認)」という意図が関わるものとしてまとめることができる。つまり、「事態の既成事実化(存在の容認)」と「事態の非存在化(存在の非容認)」という、表面的には対極的な2つの意図に動機づけられた8つの談話行動の実践が確認できたということである。

これらの「事態の既成事実化(存在の容認)／事態の非存在化(存在の非容認)」という表面的には対極的な意図も本質的には1つの意図に収斂すると考えられる。それは「事態からの『心理的な分断』」という意図である。「事態の既成事実化(存在の容認)」によって当該事態は「当たり前のこと」となり、もはや話題に上がったり批判や疑問の対象になったりしなくなる。一方、「事態の非存在化(存在の非容認)」によって当該事態は「見えにくく」なり、やはり話題に上がったり批判や疑問の対象になったりしなくなる。「事態の既成事実化(存在の容認)」と「事態の非存在化(存在の非容認)」という対極的な2つの意図が、上で挙げた8つの個別の談話行動の実践を促し、それらの実践が事態に対する関心や興味を弱体化する効果を持つことで

「事態からの『心理的な分断』」を促進し、結果的に読者を「風化」や「忘却」に誘導する効果を持ちうる、というのが本章の主張である。

　読者は記事にアクセスすることによってこれらの談話行動を模倣して実践する候補者になる。そして、見出しや記事本文を読むことによって、自分自身の意図や理念や賛否判断にかかわらず、記事と同様の談話行動を実践する当事者となる。テクストというものは主体者の意図的な言語行動の産物である。そのため、あるテクストを読むという談話行動の実践は、その背後に存在する「誰か」の「ある意図」を一旦は受け入れることになる。したがって、国民をコントロールしようとする権力が、ある意図をテクストの中に組み込み、それを読ませることで読者にある談話行動を実践させ、それを通してその意図を受け入れさせ、特定の方向へ誘導していこうと考えることは、1つの方策として、充分に可能性のあることであろう。ここに権力がテクストを使って読者を誘導することを可能にするメカニズムが存在する。これが本章の考え方である。

　以下では具体的な見出しを例として個別の分析と考察とを行う。

2.2. 事態を既成事実化する
2.2.1. 事態を前提化する

　多少比喩的に言えば、我々の情報伝達行動は、「お互いにとって当たり前のこと、既に知っていること」を前提とし、「相手に知らせたいこと」に焦点を当て、それをその前提の上に載せて相手に差し出すような行動である。この前提というものは情報の伝達の過程の中で否定されたり、真か偽かという疑問の対象になったりしないものである。つまり、あるできごとは前提化されることで既成事実として存在することになる。

　この特性を利用すれば、権力は自分にとって都合の悪いできごとを前提とし、その前提の下でそれ以外のできごとに焦点を当てて語ることで、自分にとって都合の悪いその事実を既成事実化して巧妙に国民に認めさせることが可能になる。そのような実例を見てみる。例文の下線は全て筆者が付したものである（以下同様）。

（1）　次の早期再稼働期待　大飯原発　定検入りで潤う地元
　　　<http://sankei.jp.msn.com/life/news/130916/trd13091610500013-n1.htm> 2013.9.16

　言及されている大飯原発は現在定期検査のために運転を停止しているが、施設の直下や周辺に活断層があるのではないかということが問題になっており再稼働が行われるかどうかはまだ不透明である。にもかかわらず、見出しの「次」は大飯原発の再稼働が既定路線であるという解釈を読み手に与える。「早期」という語の使用は「早いか遅いか」に焦点を当てている。再稼働の時期を問題にするということは再稼働そのものの実現は前提とされていることであり、既定路線という解釈を読み手に与える結果となる。また「期待」という表現が使われていることも解釈に影響する。我々は「望ましいことはその実現を期待するが望ましくないことは期待しない」ので、より、再稼働が実現する方向で前提とされているという読みに傾きやすくなるからである。「(経済的に)潤う」も「原発と経済の関係」と「それが望ましいこと」を想起させる。
　同じように、例文(2)の「再び」という副詞は「過去にもそういう事態があった」時でないと使えないため、「原発ゼロ」が今の社会において繰り返されており前提となっていると受け取られる可能性がある。

（2）　大飯4号機、15日夜に停止　稼働原発再びゼロに
　　　<http://digital.asahi.com/articles/OSK201309140042.html> 2014.2.25

　次の(3)の見出しの前半では「原発ゼロ」と、後半では「12基再稼働申請中」と書かれている[6]。日本語の文は文末の述語が文全体を統括する機能を持ちやすいという構造上の特徴があるため、「原発ゼロ」よりも「再稼働申請中」の方に情報の重点がある印象を与える。「申請中」という語から、申請が「却下される」よりも「認められる」という事態の展開の方を想起しやすいので、「再稼働」を前提として受け入れやすい。

（3）　原発ゼロ　大飯４号機定検入り　12基再稼働申請中
　　　<http://www.tokyo-np.co.jp/article/national/news/CK2013091602000135.html> 2013.9.16

　一方、(4)の見出しを読むと、「活気が戻る」のは良いことであると受け取られるであろうが、後半部分が、再稼働が一致した方向ではないという否定的な解釈をもたらすため、(3)に比べると「再稼働は必ずしも前提とはなっていない」という解釈を導き出す可能性がある。

（4）　大飯原発：「地元に活気戻る」一方で不信根強い住民も
　　　<http://mainichi.jp/select/news/20130903k0000m040077000c.html>
　　　2013.9.2

　(3)と(4)は、一見すると中立に思える記事であっても、語や表現の提示順序を操作することで、特定の解釈を誘発させようという記者や新聞社の意図を実践に移すことが可能であることを示している。
　(5)に見られる「盛り返す」は「それより以前には勢力が弱体化していたこと」を前提とする。付加されている「？」は「盛り返した」ことに疑念を呈している。「今は原発抗議団体の勢力が弱くなっている」という解釈が読者に受け取られやすい例である。

（5）　原発抗議団体、盛り返す？　大江氏が都内で集会、「祝う会」は15日に
　　　<http://sankei.jp.msn.com/affairs/news/130915/dst13091513180008-n1.htm> 2013.9.15

　ここからは、放射性物質で汚染された地域への住民の帰還に関する記事に観察された前提を見てみたい。まず(6)のように、ある事態が前提であることを明示的に示している場合があった。(7)では「帰還」を「先に見据える

もの」、そのための「土台作り」と表現することで、また、(8)の「予定」のように実現に先だって必要とされる行動を描くことで、目標である「帰還」が既定路線となっていることを示している。

（6）　帰還困難区域、戻れないとの前提で一括賠償へ
　　　<http://www.yomiuri.co.jp/national/news/20130910-OYT1T00634.htm>
　　　2013.9.10
（7）　福島県川俣町：帰還見すえ土台作り　避難区域再編
　　　<http://mainichi.jp/select/news/20130809k0000m040091000c.html>
　　　2013.8.8
（8）　福島の避難指示区域の再編完了　予定より１年以上遅れる
　　　<http://digital.asahi.com/articles/TKY201308070576.html> 2014.2.25

　ただし(8)の見出しからは「帰還が既定」という解釈が導き出されるとは限らない。それは「完了」という肯定的表現と「遅れる」という否定的表現とを対比的に使用しているからである。(3)・(4)と同様の例であり、バランスをとっているとも言えるが、一定の方向に進むことを前提とはしないという記者や新聞社の意図が介在している可能性もある。
　最後に、固有名称に前提が表されている例を挙げる。(9)に見られる「避難指示解除準備区域」という名称は政府が作ったものである。

（9）　３カ月の自宅滞在可能に　避難指示解除準備区域の福島・田村市
　　　<http://sankei.jp.msn.com/affairs/news/130802/dst13080200170000-n1.htm> 2013.8.2

　「準備」という語が示すように、それは「近い将来、避難指示を解除する」という前提を有していると言える。それゆえ(10)にあるような「協議」という「実質的な準備」の動きが生じてくるわけである。

(10)　福島県田村市　避難指示解除、協議へ
　　　<http://sankei.jp.msn.com/affairs/news/130802/dst13080209380002-n1.htm> 2013.8.2

　この区域編成に関して言うと、本来であれば「帰還するのか移住するのか」という点から議論するべきであるにもかかわらず、避難している住民のニーズに配慮していることなどを報じて、再編自体を問題化することなく「帰還すること・帰還できること」を既成事実として扱っている報道が観察された。そこには少しでも早く「平常時」であることを既成事実化したい権力の意図が存在しうると言えよう[7]。これらの記事から半年後の2014年2月18日の毎日新聞web版に「福島第1原発事故：避難指示解除『来年春以降』の声47％」という記事が配信された。記事の中に「政府と市は23日、住民説明会で、解除の日程を『4月1日』とする案を示す方針」という文があった。権力側にとって帰還が既定の方針であったことを裏付けている[8]。そして、果たして23日に国が4月1日の避難指示解除を決め説明会で通告したことを各紙が報じている[9]。
　この23日の説明会に関し毎日新聞が(11)の見出しで記事を配信した。

(11)　避難解除：「官僚は頭がいいんです」、判断押し切る　福島
　　　<http://mainichi.jp/select/news/20140224k0000e040240000c.html>
　　　2014.2.24

　その中に以下のような文章がある。

　　会合が2時間を過ぎようとした時、それまで黙っていた官僚たちがせきを切ったように一斉に「4月解除」を語りだし、再考の余地なしという構えを住民に示した。会の流れを経済産業省の職員はこうふり返った。「ま、官僚は頭がいいんですよ」((11)の記事より一部抜粋)

そこからも住民の意見を聞きそれを尊重して避難指示解除を決めたのではなく、最初から「解除が前提」であり時期を見て通告したと考えられる。記事を読むと権力側にとって「帰還」が既定方針であったことがわかる。

2.2.2. 事態を権威化する

「権威を付与する」という意図と談話行動の実践も観察された。たとえば、一定の高い地位を有していたり名声を博していたり名誉的地位にあったりする人物や組織が、原発事故そのものや事故の負の影響を否定するかのような言動を取ったことを報道するような例である。

IAEA（International Atomic Energy Agency）という「原子力の利用を世界的に推進する国際的権威」を筆頭に、局長・専門家・研究所・学会・米国・欧米といった「権威的」名称が現れている見出しは多い。

(12) IAEA 事務局長、海洋モニタリングの専門家を派遣へ　福島第一汚染水問題
<http://digital.asahi.com/articles/TKY201309270762.html?ref=comkiji_redirect> 2014.2.26

(13) 日本の原子力政策「信頼回復を」…米研究所長
<http://www.yomiuri.co.jp/politics/news/20130831-OYT1T00046.htm>
2013.8.31

(14) 汚染水放出、トリチウム薄める必要…原子力学会
<http://www.yomiuri.co.jp/science/news/20130902-OYT1T00594.htm>
2013.9.2

(15) 廃炉機構：欧米と連携　汚染水対策で技術開発や成果収集
<http://mainichi.jp/select/news/20130911k0000m040115000c.html>
2013.9.11

「権威化された場所」で行われた行動も権威化される。(16) では、IAEA 総会で説明したということが、その説明内容にかかわらず、一定の権威をそ

の行動に与え、それを読者に読み取らせる。

(16) 「政府が抜本解決」IAEA 総会で日本
<http://sankei.jp.msn.com/life/news/130916/trd13091620470017-n1.htm> 2013.9.16
(17) 福島汚染水：各国から厳しい指摘　IAEA 説明会
<http://mainichi.jp/select/news/20130917k0000e010137000c.html> 2013.9.17

　実は(17)にあるように、この総会で日本の説明は各国から批判を受けた。しかし、その報道は批判する立場にある IAEA の権威を高める効果をもたらし、ひいては今後の記事の中で IAEA の権威を利用しようとする権力を将来的に支援する効果を与えていると見ることもできる。「(日本を批判したあの) IAEA が評価をした」とか「(日本を批判したあの) IAEA が協力をしているということはその厳しい目に認められたということだ」といったような解釈が導き出されやすくなり、その権威化の効果はさらに高くなるということである。(18)のように、その「IAEA の助言」となれば、信頼性は高いと解釈するであろう。

(18) 「年 1 ミリシーベルトは長期目標」IAEA 除染調査、線量の基準周知を助言
<http://digital.asahi.com/articles/TKY201310220661.html?iref=comkiji_redirect> 2014.2.26

　(18)の見出しは IAEA が「年 1 ミリシーベルトは長期目標」だと述べていると報道している。読者の中には見出しを読んで「IAEA は短期的には年 1 ミリシーベルトが達成できなくても仕方ないと述べている」と解釈する人も出てくるであろう。実際、記事の中では「長期的な目標として政府が掲げる年 1 ミリシーベルト以下の被曝線量は、除染だけで短期間に達成できな

いと住民に説明する努力をすべきだと求めた」とある。見出しから生じる解釈が、前民主党政権の定めた基準を厳格すぎると否定することを通して原発事故に関する社会の見方を緩やかにしていこうとする現政権の意図に合致したものとなっていることが見て取れる例である。そしてその意図は原発容認へとつながるものである点に注意を向けなければならない。

　科学的な記述や数字の提示によって客観的印象を与え、それによって権威を高めることも可能である。特に一般の読者がその妥当性を確かめることが困難な専門的内容になればなるほど、見出しから受ける印象は客観的なものになる。最近の記事から例を挙げる。

(19)　福島原発事故、「がんへの影響ごく小さい」京大が住民460人被ばく分析調査
　　　<http://sankei.jp.msn.com/life/news/140225/bdy14022514050004-n1.htm> 2014.2.25

　(19) では「460人」という数字が規模として大きく感じられることが作用している。この数字が変われば見出しから受ける印象も変わるであろう。さらに「京大」の「調査分析」であることが示されており権威づけも行われている。日本国内における大学の序列によるネームバリューが作用している。また、「影響がごく小さい」ということは一般読者には確かめようのないことであるが、これは次節で述べる「低評価」という談話行動の実践例でもある。作例 (20) と比較してみるとよくわかる。「京都の団体」だけでは何の権威もないし、「46人」は調査対象者の人数としてはごく少数であると考えられるであろう。そのため受ける印象が (19) とは異なることになる。

(20)　福島原発事故、「がんへの影響小さい」京都の団体が住民46人被ばく分析調査

　(21) も数字を示すことで客観性が高くなっていると言えるが、「平均線量

最大 2.5 ミリシーベルト」という数字の持つ意味が分からない読者にとっては、客観性こそ感じられてもそれが望ましいことなのかそうでないのか判断できず、中立的な印象に留まる見出しである。

(21) 12 年の避難区域隣接地、平均線量最大 <u>2.5 ミリシーベルト</u>
    <http://digital.asahi.com/articles/DA3S10999163.html?iref=comkiji_redirect> 2014.2.26

　なお見出しだけを見ると (19) と (21) とは別の記事に見えるが、実は同じことを報じている記事である。見出しが異なると受け取り方も異なることがよくわかる例である。
　一般に人は権威に影響を受けやすい。したがって、権威づけられた記事に正当性を見出しやすくなる。あるできごとが正当化されるということはそのできごとに対して正しいものとしての動かない位置づけを与えることになる。権力がある意図を持って報道に介入してこのような過程を利用すれば、読者にある事実を既成事実化させることが可能になる。

2.2.3. 負の側面を焦点化する

　できごとがあまりにも巨大だったり困難だったり深刻だったりすると、人々は焦ったり解決にやっきになったり、逆に、萎縮してそれに向き合う意欲を失ったりすることがある。人間の持つそのような性向を利用し、ある事態の持つ「負の側面」に焦点を当てることで人々を短絡的にさせたり保守的にさせたり、逆に「なんとかしなければ」という気持ちにさせたりしようとしていると考えられる意図や談話行動の実践が「負の側面の焦点化」である。以下の見出しには否定的な印象を与える語や表現が複数観察される。

(22) 汚染水貯蔵、<u>16 年度末</u>に <u>160 万トン</u>も…東電
    <http://www.yomiuri.co.jp/science/news/20130915-OYT1T00487.htm>
    2013.9.15

(22) は「16 年末」という差し迫った時限と「160 トン」という途方もない量、想像以上であるという捉え方を示す「も」の存在と、繰り返し報じられている「汚染水問題」という文脈知識から「急がなければ溢れてしまう。大変だ。海に流すのも仕方ない」という解釈を誘発しうる。

(23)　政府「原発ゼロ」長期化懸念　汚染水漏れ…再稼働の道筋も不透明
　　　<http://sankei.jp.msn.com/politics/news/130914/plc13091421530012-n1.htm> 2013.9.14

　(23) は「原発ゼロ長期化懸念」と、それとは無関係な「汚染水漏れ」とを並べ、「…」で「再稼働の道筋が不透明なこと」と連結している。ここで注意が必要なのは、誰にとってもよくないことである「汚染水漏れ」と人によって意見が分かれる「原発ゼロ長期化懸念」・「再稼働道筋不透明」とが、あたかも関連があるかのような構成になっている点である。読者の中には「懸念は解消した方がよい」「汚染水問題は解決しなければならない」「不透明なものはよくない」という理解のもとで、「再稼働を検討してもいいのではないか」という解釈を抱く可能性がある。

(24)　九州の再生可能エネルギー　稼働、買い取り認定の1割にとどまる
　　　<http://sankei.jp.msn.com/science/news/130910/scn13091021070001-n1.htm> 2013.9.10

　(24) では、「1 割」という数字の小ささと「とどまる」という動詞がもたらす「停滞感」がその作用に寄与している。原発エネルギーの対極に位置づけられている自然エネルギーを取り上げ、それに関する負の側面を提示することで、自然エネルギーの持つ潜在的な可能性を低く評価し、原発エネルギーの優位性に読者を導こうとしている可能性がある。自分に対峙する相手を否定的に記述するという古今東西でよく使われる古典的・普遍的な方法である。

露骨に原発回帰への談話行動を実践していると考えられるものもある。次の３例は「原発再稼働しないと停電しますよ、電気代が上がりますよ」という消費者に対する経済的な脅しとも取れるものである。

(25)　再稼働ないなら「今冬需給厳しい」…電事連会長
　　　<http://www.yomiuri.co.jp/atmoney/news/20130913-OYT1T01155.htm> 2013.9.13
(26)　電気料金、原発稼働困難なら再値上げも　四国電社長
　　　<http://sankei.jp.msn.com/economy/news/130807/biz13080712550007-n1.htm> 2013.8.7
(27)　東電、8.5％の再値上げ試算「原発再稼働なければ」
　　　<http://digital.asahi.com/articles/TKY201308130095.html> 2014.2.26

　興味深いことに(25)〜(27)では「〜なら」「〜ば」という条件表現が使用されている。日常生活の中での条件表現の使い方を考えると、この発言をする主体はまず「再稼働しなければ値上げする」という解釈を誘発させ、次に「再稼働すれば値上げしない。値上げが嫌なら再稼働を認めなさい」という内容を導き出させようと考えていると言えよう。

(28)　廃炉費用の不足、電気料金で…秋にも改正方針
　　　<http://www.yomiuri.co.jp/atmoney/news/20130806-OYT1T01078.htm> 2013.8.6

　(28)は条件表現こそ使われていないが、「廃炉費用」という脱原発を主張する人々にとって「望ましい」支出項目を挙げることによって、料金への転嫁を「正当化」し相手に納得させようと意図している可能性がある。当然、「脱原発の対価です。当然払ってもらいます。払うのが嫌なら脱原発と言うのは止めなさい」というメッセージにもなっている。
　次の２例は先に述べた「権威化」という意図や談話行動の実践とも関係

する。共に市民が原告となって政治家・官僚・東京電力などを訴えた裁判に関する記事の見出しである。

(29) 東電原発事故　菅元首相ら42人を不起訴　検察当局「地震、津波の予見困難」
<http://sankei.jp.msn.com/politics/news/130909/stt13090919220004-n1.htm> 2013.9.9

(30) 国民目線どう判断　難しい過失認定　東電原発事故　有罪獲得に高いハードル
<http://sankei.jp.msn.com/affairs/news/130909/crm13090921570008-n1.htm> 2013.9.9

　検察や裁判に関われる組織は権威を有していると認められている。それらの組織が述べる「困難」という意見はそれなりの正当化を持って受け取られることになる。そのような「高いハードル」なら司法に訴える行動を諦める人も出てくるであろう。(30)では「国民目線」で裁判を勝ち抜くことに「高いハードル」があると述べており、読者に「国民目線」というものがそもそも原発問題にはそぐわないのだという解釈を与えようとしている可能性もある。読者は「権威」から突き放されている印象を持つのではないだろうか。
　このように「負の側面を焦点化」することにより、人々を妥協させたり諦めさせたり転向させたりする効果が期待できる。それを利用すれば、権力にとって都合の良い状況が生まれやすくなるであろう。

2.2.4. 事態を低く評価する

　先に 2.2.2 節で触れたが、ある事態や影響を「低く見積もる」ことも「既成事実化」を達成するために選択される意図や談話行動の実践の1つとして観察された。低く見積もるということは低く評価することでもある。評価とは事態の存在を容認した上で行う判断や行動なので評価の対象となる事態は「問題ないもの」として既成事実化される。また、何を低く評価するかと

いう点にも注意が必要である。一般に、マイナスの影響を与える事象に対して低評価を行うということは、その負の影響を懸念しなくても良いという方向の解釈を誘発しやすい。この点においても、「低評価」は「既成事実化」を促進する作用をもたらすと言える。

　以下の記事は台風の影響を受けて福島第一原発で汚染された水が海に流された記事に関する見出しである。それぞれの記事の「排出した対象物」に対する位置づけの違いが見て取れる例である。

(31)　放射性濃度低い雨水、地面に放出…福島第一
　　　<http://www.yomiuri.co.jp/science/news/20130917-OYT1T00526.htm>
　　　2013.9.17
(32)　タンク周辺の雨水、海に　福島第一　台風で堰の弁開放
　　　<http://www.tokyo-np.co.jp/article/national/news/CK2013091702000127.html> 2013.9.17
(33)　タンクのせきから排水　福島第1原発、敷地から海へ
　　　<http://sankei.jp.msn.com/affairs/news/130916/dst13091617320030-n1.htm> 2013.9.16
(34)　福島第一、汚染水タンク周囲の水放出　台風で緊急措置
　　　<http://digital.asahi.com/articles/TKY201309160123.html> 2014.2.26

　(31)は「放射性濃度低い雨水」、(32)は「雨水」と報道されている。一方、(33)では「何を」という対象は言語的には言及されていない。ただし、「排水」という語から「不要な液体」であるとの読みが誘発される。(34)の「周囲の水」もそれだけでは汚染の有無は分からない。それにより、当然、読者の導き出す解釈にも違いが生じる。

　海に流した意図的行動を「放出／弁開放／排水」という表現でそれぞれ異なる行為として記述している点にも注意を向けておきたい。「放出／弁開放」はそれらが意図的な行動であることを述べているに過ぎないが、「排水」の場合はすぐ上で述べたようにその対象が「用済みで不要な液体」であ

ることを前提としている。一般に我々は、不要なものは捨てるという行動様式を持っているので、たとえ汚染水を海に流したとしても、それが「排水」であることによって一種の正当化が行われる余地がある。(34)の「放出」に関してはその後ろに「台風で緊急措置」とあり、自然災害に対する「緊急措置」であったことにより二重の意味で「免責」的な解釈が誘発されやすくなっていると言えよう。

　深刻な問題についておおざっぱな捉え方をしていることが示されている例もあった。(35)である。

(35)　汚染水「影響は全体として制御」経産相が強調
　　　<http://www.yomiuri.co.jp/atmoney/news/20130917-OYT1T01082.htm> 2013.9.17

　(35)の「全体として」という副詞的表現は「小さな個別の問題はあるが」という解釈を読者に与える可能性がある。それは問題の存在を低く見積もっていることであり、それで安心する人もいれば、逆に言い訳していると思う人もいるであろう。より事実に即して記述した作例(36)とを比較をしてみるとその違いがわかる。

(36)　汚染水「影響はいろいろなところで制御できていない」経産相が強調

　(37)の見出しでは、「〜れば」という条件表現と「他のものもある」ことを示す副助詞「も」に着目したい。作例(38)と比較をしてほしい。

(37)　除染完了地域、線量高ければ再除染も…環境省
　　　<http://www.yomiuri.co.jp/national/news/20130801-OYT1T00259.htm>
　　　2013.8.1
(38)　除染完了地域、線量高く再除染を…環境省

条件文とは「もし〜ならば」という仮定を述べた上で後半につなげる文なので、「高ければ」ということは「高くない」可能性を否定せず、「再除染も（ありうる）」ということは「再除染はしない」ということを排除していない。つまり、低く見積もられた事態の存在を否定せず、そういう状態もありうるということを読者に想定させる表現になっている。

「低く見積もる」という談話行動には2つの意図が存在しうる。1つはあるできごとを既成事実化することであり、もう1つは、低く見積もることで読者の不安や怒りなどを抑制することである。評価を与えることで容易には認めにくいできごとが問題なく読者に既成事実として広く受け入れられれば、権力にとって非常に都合のよいことになるであろう。

2.3. 事態を非存在化する
2.3.1. 焦点をすり替える

ある事態を報じる際に、心暖まる「美談」的側面に特に焦点を当てたり、同情や哀れみを誘う「悲話」的側面に特に焦点を当てたりすると、当該事態本来の姿が見えにくくなる。焦点をすり替えることで、その事態をあたかも別の事態であるかのように解釈させることが可能になる。

(39) 列島駆けるがれき列車「処理完了」の終着駅へ
　　　<http://sankei.jp.msn.com/affairs/news/130911/dst13091109000000-n1.htm> 2013.9.11

(39)は被災地のがれきを日本全国各地に運び広域で処理をしたという内容の記事の見出しである。「列島」という語からはこれが日本全国に関わるものであることをイメージさせ、「挙国一致体制」であったことを感じさせる。「駆ける」という動詞からは一所懸命さが伝わる。「完了」や「終着駅」という語の使用が「事態収束」という解釈を誘発し、既成事実化させていく。以上から、全国が力を合わせたという美談的印象が生まれる。我々は一般に美談に対し批判的な意見を述べることを躊躇する面がある。そのため

「がれきに付着していた放射性物質がその移動に伴って本来の事故では降下しなかった地域に拡散した」という負の事実を批判しにくくなる[10]。

　事故から2年半経過した時にこの記事が配信されたことにも意図があるであろう。さらにそれから約5ヶ月後には (40) の記事も配信された。見出しを読むと、読者は「がれきの処理が終わった」という解釈を得るであろう。

(40)　がれきの最終貨物列車が東京に到着
　　　<http://sankei.jp.msn.com/affairs/news/140113/dst14011308400000-n1.htm> 2014.2.26

　しかし (40) 記事本文は「専用列車の運行はきょうまでだが、震災の災害廃棄物の運搬が終わったわけではない。都は最後まで廃棄物の受け入れ処理をしていく」と述べている。決して処理が終わったわけではないということである。見出しと記事の中身とが異なっているため、見出しが読者の違った解釈を誘発することがよくわかる。見出しを読むという談話行動の実践を通して読者を特定の解釈に導いていくことが可能になる例である。
　(41)〜(44)も「復興が進んでいる」ことを実感できる「いい話」である。しかし各地域は放射線量の高い地域であり「いい話」で終わるものではない。美談に仕立てることで負の側面が見えにくくなっている。

(41)　原発事故：飯舘村から避難の酪農家　福島「復興牧場」で汗
　　　<http://mainichi.jp/select/news/20130911k0000m040107000c.html>
　　　2013.9.11
(42)　避難指示区域に初のコンビニ…楢葉町
　　　<http://www.yomiuri.co.jp/national/news/20130826-OYT1T00518.htm>
　　　2013.8.26
(43)　避難指示解除準備区域の家々に久しぶりの明かり
　　　<http://www.yomiuri.co.jp/national/news/20130801-OYT1T01610.htm>
　　　2013.8.1

(44) 福島第1原発事故：<u>帰還困難区域で初の墓参り</u>…大熊町など
      <http://mainichi.jp/select/news/20130813k0000m040048000c.html>
      2013.8.12

　美談と同様に、一般に我々は、情にほだされると批判的な目を向けにくくなる面があり、それによって思考停止に陥る場合がある。

(45) コメ作付け、解除されても<u>再開わずか1割</u>…福島
      <http://www.yomiuri.co.jp/national/news/20130915-OYT1T00353.htm>
      2013.9.15

　そのため、「再開わずか1割」なのは誰の責任かという思考よりも、「農家の人がかわいそう」というような同情的・情緒的解釈に留まりがちである。そこに、誰かの意図とそれに動機づけられた談話行動の実践が介在しうる危うさを読み取ることができる。
　最後に、事故当時、福島第一原発の所長であり、現場で政府や東京電力本社と対峙しながら事故対応に当たったとされる人物が死去し、そのお別れ会が行われたという記事の見出しを挙げる。

(46) <u>極限状態、原発と闘う　東電本店・官邸とも　吉田元所長死去</u>
      <http://digital.asahi.com/articles/TKY201307090760.html?ref=comkiji_redirect> 2014.2.26

　元所長はその言動により、生前から一種の「英雄」として権威化されていたが、それは見出しからも読み取れる。「原発・東電本店・官邸」と「極限状態」で「闘」い、私たちを守り救ってくれた命の恩人という評価である。よって氏の死去のニュースは「悲話」でもあり「美談」にもなっているというのが筆者の考えである。

(47) 吉田元所長、お別れの会…遺影は作業服姿
<http://www.yomiuri.co.jp/national/news/20130823-OYT1T00905.htm>
2013.8.23

　(47)の見出しでは「遺影は作業服姿」という表現で親しみやすさや一般市民側の人物である印象を与えているが、その実体は東京電力側のエリート社員であり、良くも悪くも事故の内実を知っていながらほとんどを市民には語ることのなかった人物であることを見えなくしている。そして、その人物の「お別れ会」ということが事故に1つの終止符が打たれたことを意味し、その終わりを既成事実化している。
　その吉田氏の死去で事実は闇の中になるかと思われたが、2014年5月19日に朝日新聞が「〈吉田調書〉」を入手し特集を開始すると報じた。吉田氏は現場の最前線にいて事故対応の指揮をとったため事故後長時間に渡り事情聴取を受けている。その記録は400ページになるという。その調書の内容はほとんど国民には知らされていないが、国や東電が隠している事実が多く含まれているとのことである。この朝日新聞による吉田調書報道のその後の展開については、改めて終章で取り上げる。
　あるできごとを、「美談」的側面に焦点を当てて報道したり「悲話」的側面に焦点を当てて報道したりすることは、焦点を本来当てるべき点から外すことにつながり、本来目を向けなければならない側面を見えにくくする効果がある。もし権力がそれを意図してそのような談話行動を実践しているとしたら、読者は権力にとって都合の良い一面的な解釈に誘導されうる。それによって当該事態が既成事実化していくとしたら、誰にとって望ましいことなのか答えは明白である。

2.3.2. 事態をすり替える

　「事態のすり替え」とは、1つの事態の中で焦点をすり替えるのではなく、本来の事態とは異なる別事態にすり替え、権力がその事態に関わっていないかのような解釈を読み手に誘発させる意図や談話行動の実践である。この種

の実践は、特に食品や観光関係の記事に多く観察された。

　たとえば、「風評／風評被害」という語が農産物・水産物・食品に関する多くの記事に観察された。辞書の記述によると「風評」とは「（よくない）うわさ」とされることが多いが、原発記事中での意味はwikipediaにあるような「噂の中でも、正確に事実や正確な情報（ママ）を伝えていない噂が広まったことで、被害を被ったと考えられる場合に、その被害や一連の事象を呼ぶためにもちいている呼称」として使われている[11]。着目すべき点は「正確に事実や正確な情報（ママ）を伝えていない」という点である。つまり、実際は放射性物質汚染があったとしてもその事態を「風評」と呼び（呼ばせ）、その被害を実害ではなく風評被害と呼ぶ（呼ばせる）ことで、汚染や実害は存在しないことになり（事態がすり替わり）、生産者や販売者が被っている損害の原因は、権力にあるのではなく不当な噂に基づいて購入しない消費者にあるということになる。

　そのことは(48)の見出しに明確に現れている。

(48)　茨城産シラス：買いたたかれ3割安　汚染水漏れで風評被害
　　　<http://mainichi.jp/select/news/20130919k0000e040207000c.html>
　　　2013.9.19

　(48)では「買いたたく」という語と「〜れる」という被害を受けた時によく使う受身文が使用されている。買いたたくのは仲買人であり被害を受けるのは漁師である。その関係の中に政府や東電は出て来ない。

(49)　汚染水、風評の波紋　韓国、福島などの水産物輸入禁止
　　　<http://digital.asahi.com/articles/TKY201309060575.html?ref=comkiji_redirect> 2014.2.26

　(48)(49)には「汚染水」という語が使われており、一見すると「風評」が生じている理由を正確に伝えているように見えるが、その当事者の政府や

東電は出て来ないし、逆に原発事故によって生じた生産者や消費者をめぐる問題を、汚染水が海に流れ込んでいるという部分的で小さな問題にすり替えていることになる。
　(50)(51)のように「原因」に触れていない見出しもある。

(50)　各県知事、韓国禁輸「正確な情報を」風評拡大にいらだち　東北
　　　<http://sankei.jp.msn.com/life/news/130907/trd13090704330002-n1.htm> 2013.9.7
(51)　漁業者、遠のく復興「また風評被害広がるのか」
　　　<http://sankei.jp.msn.com/affairs/news/130823/dst13082313110009-n1.htm> 2013.8.23

　「権威のある人」がその地域を訪れたり食材を食したりすることがある。その行動が純粋なものだとしても、権力がメディアにアクセスし、「風評被害」を抑えるためにその様子を示すということは古くからよく行われる談話行動の実践である。それによって当該事態を「(安全であるという)別事態」にすり替え、すり替えた「(安全であるという)別事態」を存在するものとして見せることで、本来の「(安全ではない)事態」を存在しないものとするわけである。
　(52)から(54)は同じ事態に関する報道であるが、「両陛下が桃を食べた」と見出しに挙げているのは(52)である。(53)(54)は本文中には食べたという記述があるが見出しにはない。

(52)　福島の桃「おいしい」と両陛下…農家と懇談
　　　<http://www.yomiuri.co.jp/national/news/20130723-OYT1T00338.htm> 2014.2.26
(53)　両陛下、福島の桃農家と懇談　農園視察は大雨で中止
　　　<http://digital.asahi.com/articles/TKY201307230122.html> 2014.2.26
(54)　両陛下、桃畑ご視察中止　福島豪雨ご考慮

<http://sankei.jp.msn.com/region/news/130723/fks13072314370002-n1.htm> 2013.7.23

(55)は(52)とは別の記事で食べた人物も異なるが同様の例である。

(55)　<u>首相</u>、<u>福島の桃</u>に「とても甘い！」
　　　<http://sankei.jp.msn.com/politics/news/130731/plc13073119080019-n1.htm> 2013.7.31

　これらの権力による談話行動の実践に隠された意図は「消費者に責任を転嫁する」ことで自らを非当事者化し、それによって「自らの責任を逃れようとする」意図である。地域や程度の差こそあれ、東日本において放射性物質が降下し、環境や多くの食品が汚染されたのは事実であり、生産者への補償や消費者への安全確保は国家や東京電力が担うべきものである。また、序章の「背景となる諸事象の説明」で述べているように、将来における低線量被曝の影響が現時点の科学では不確かな以上、そのような食品を避ける消費者の行動は一定の合理性を有している。しかし汚染地域で生産された食品を避ける消費者の行動を「風評」と見なすことで、生産者に「被害」を与えて困窮させているのは消費者であって原発事故の当事者ではないという位置づけを作り出し、権力は巧妙に自らの責任を免れている。
　風評払拭のため「食べて応援しよう」というキャンペーンも展開されている。新聞記事ではないが、農林水産省のHPでもアピールを行っている。サイトには(56)「食べて応援しよう！」の文章が掲載されている。

(56)　東日本大震災の被災地及びその周辺地域で生産・製造されている農林水産物、加工食品(以下「被災地産食品」)を販売するフェアや、社内食堂・外食産業などでもこれを<u>優先的に</u>利用しようという取組が<u>全国に広がっています</u>。<u>国民全体</u>で被災地の復興を<u>応援していこう</u>というこれら取組みに対して、心から感謝申し上げます。農林水産省では、

被災地産食品を積極的に消費することによって、産地の活力再生を通じた被災地の復興を応援するため、多様な関係者間で一体感を醸成できるよう共通のキャッチフレーズ「食べて応援しよう！」の利用をフード・アクション・ニッポンと連携して呼びかけております。
<http://www.maff.go.jp/j/shokusan/eat/> 2014.2.26

「優先的」・「全国」・「広がっています」・「国民全体」・「応援」・「積極的に消費」・「一体感」・「共通の」という語は、読み手に「同調」的なイメージを与える。「～ていこう」・「利用を呼びかける」は国民に対する消費の要求である。両者を合わせることで「優先せず消極的で応援しないことは協調性がなく望ましくない、食べないことは悪いこと」というような解釈を生み出すことができる。悪いことを避けようとし、「食べて応援」に同調する人も出てくるであろう。それによって権力が自らの責任を曖昧にし、責任を回避することが可能になる[12]。ここでも事態のすり替えが行われていることが確かめられる。

2.3.3. 事態を全体の中で部分化する

「全体の中での部分化」は、日本各地の原子力関連の諸問題を報道することで福島第一原発事故を関連のあるより大きな文脈の中に埋没させ、結果的に、当該事態を「部分化・矮小化」してしまう意図や談話行動の実践である。「全体の中への拡散」と言っても良い。

その1つは他電力会社や他の原子力関係施設を取り上げ、政治やエネルギー政策というより大きな関連する文脈の中に位置づける方法である。そして、以下の例はここまで指摘してきた談話行動の実践も観察できる複合的な行動である。(57)の東海村は茨城県にあり日本初の原発が立てられた象徴的な場所である。(58)の伊方原発は四国にある原発である。

(57) 東海村長選：再稼働「中立」の山田前副村長が初当選
　　　<http://mainichi.jp/select/news/20130909k0000e010089000c.html>

2013.9.9
(58) 「原発活用」政府方針明記　年明け伊方などの再稼働に弾み
　　　<http://sankei.jp.msn.com/economy/news/130905/biz13090513320009-n1.htm> 2013.9.5

　(57)(58)は、2.2.1節で指摘した、できごとを「ありのまま」伝えることで「前提化」するという談話行動の実践も観察できる例である。(57)の「前副村長」という社会的階級を表す身分語は「権威付け」でもある。(58)の「弾み」という語も事態が勢いよく望ましい方向に展開していることを前提として使われる語である。

(59)　排水管の漏れレベル1　東海村の核燃料再処理施設
　　　<http://sankei.jp.msn.com/affairs/news/130911/dst13091112510002-n1.htm> 2013.9.11

　(59)は「レベル1」という事故の「評価の低さ」を表に出している。レベル0からレベル7までの尺度の中でレベル1というのは低めであることから、読者はあまり深刻に受け取らないであろう。

(60)　北海道電力：値上げ　原発推進のツケ、消費者に　上げ幅大きいオール電化、家計に深刻な影響
　　　<http://mainichi.jp/select/news/20130901mog00m020006000c.html> 2013.9.1
(61)　中部電力が来年4月に家庭向け電気料金を値上げへ　3期連続赤字回避へ
　　　<http://sankei.jp.msn.com/economy/news/130917/biz13091718260016-n1.htm> 2013.9.17

　(60)(61)は脱原発の「負の側面」を指摘することで読み手に「値上げは

嫌だ。再稼働すれば料金が下がる。だから再稼働した方がよい」という解釈を誘発させることが可能な例で、2.2.3 節で挙げた例と共通の特徴を有している。

　もし権力が、関連する他のもっと広い文脈の中から自らの意図に都合の良い内容を取り出し、報道というシステムにアクセスすることで、その都合の良い内容を基にして談話行動を実践することができたとしたら、福島第一原発事故に関する事態は全体の中に埋没させられる。再稼働の方向で動いている政府・自治体・他電力会社の動向といった、福島第一原発事故に関係のある、しかし別の内容の報道を、繰り返しインプットされていくうちに、我々はその状況を既定のことや避けられないこととして見なしたり、消極的であっても受け入れたりしていくようになっていくおそれがある。知らず知らずのうちに事故を特別なものとは考えなくなり、やがてそれに対する興味を消失していくかもしれない。大きな文脈で描かれている事態が既定のものとなったときには、当然その中に埋め込まれてしまった個別の事態も既定のものとなってしまう。そこに権力がある意図を持って介入する動機づけがあると言ってよいであろう。

2.3.4. 別事態を焦点化する

　原発関係の記事を見ていると、被災地を舞台として事故前と何ら変わらない「行事や祭り」などが行われたという類いの報道が一定数存在することに気づく。(62)(63) の見出しはフラダンスに関する記事のものである。福島県いわき市は福島第一原発から南に 45 キロ弱の距離にある。いわき市にはフラダンスを売り物にしているリゾート施設があり、開業時のエピソードが映画になったこともあって全国的に知名度が高い。

(62)　フラガールズ甲子園：笑顔と元気で観衆魅了　福島・いわき
　　　<http://mainichi.jp/select/news/20130826k0000m040087000c.html>
　　　2013.8.25

(63)　復興の力に…フラガール 7 人、華やかデビュー

\<http://www.yomiuri.co.jp/national/news/20130802-OYT1T00485.htm\>
2013.8.2

　(62)は全国の高校生によるフラダンス大会(それを「フラガールズ甲子園」と呼んでいる)がいわき市で行われたという記事の見出しである。「甲子園」という喩えから読者は若い世代のひたむきさを想像するであろう。(63)は「復興の力に(なりたい)」という思いを持って新人ダンサーがデビューしたという内容の記事の見出しである。どちらも元気や希望を感じるもので、「美談」としても位置づけることができる。
　(64)もイベントが開催され参加者が楽しんだことを伝えている。

(64)　フェスティバル FUKUSHIMA！：福島市で芸術の祭典　オリジナル盆踊りを披露「ええじゃないか音頭」など楽しむ　／福島
\<http://mainichi.jp/area/fukushima/news/20130816ddlk07040104000c.html\> 2013.8.16

　誤解のないように書くが、筆者は原発事故の被災地で楽しいイベントが開催されることを批判しているのではない。指摘したいのは、被災地から地理的・心理的に距離のある読者がこのような報道を目にすると、被災地は普通の生活が送れるようになって事故以前の状態に戻っているという解釈や、事故があったことを忘れてしまうような解釈さえ招きかねない、ということである。
　(62)から(64)までを読んで受ける印象と(65)を読んで受ける印象を比べてみたり、同じ地域の海水浴のことを記事にしている(65)と(66)とを比べてみたりすると、同じ「楽しいイベント」でもそれを通して見えてくる被災地の姿が大きく異なることが確かめられる。(65)からは「まだまだ厳しい」という解釈が導き出されやすいのに対し、(66)からは「事故前に戻った」という解釈が導き出されやすいであろう。

(65) 海水浴客3.5万人、震災前の1割強　いわき
2013.8.26 朝日新聞朝刊29面掲載。URLは長いため省略。2014.2.27
(66) いわき・四倉　3年ぶり海開き
<http://www.yomiuri.co.jp/feature/eq2011/information/20130716-OYT8T00429.htm> 2013.7.16

　以上の比較から分かるように、原発事故とは表面的に無関係に見える別事態を繰り返し報道していくことで、読み手に気づかせることなく、事故が収束して従来の生活が戻って来たという解釈や事故などなかったかのような印象を持たせることが可能である。そこに権力が介入する余地があると考えられる。もし権力がそのような解釈を広めることを意図して談話行動を実践しているとしたら、そこには原発事故という事実を消し去ろうという意図が存在するかもしれない。

3. ここまでの整理とその応用

3.1. ここまでの整理

　2節では、CDAの特定の理論や分析手法を援用せずに、現代日本語学的・語用論的観点から分析と考察とを行った。興味深いことに、その主張は、本書収録の神田論文が採用している理論的枠組みの1つ「トポス」、すなわち「もし〜ならば〜だ／〜だから〜だ」というような形で「主張と論拠を結びつける」「結論規則」（ヴォダック2010: 106）を用いても同様のことを指摘することができると思われる。たとえば、「前提化」は「現実のトポス」、「負の側面の焦点化」は「負担、または負荷軽減のトポス」や「財政のトポス」、「美談・悲話」は「人道主義のトポス」と関係があるといったようにである。その上で本節では、ここまでの個別的考察で取り上げた意図と談話行動の実践が体系的に整理できることを論じていきたい。

　当該事態そのものを「前景化」させて「見せる」意図で行動しているのは「前提」・「権威化」・「負の側面の焦点化」・「低評価」である。これらは「事

態の既成事実化」としてまとめることができる。逆に、当該事態とは異なるものを見せ、それによって当該事態そのものは「背景化」させて「見せない」ようにする意図で行動しているのが、「焦点のすり替え」・「事態のすり替え」・「全体の中での部分化」「別事態の焦点化」である。これらは「事態の非存在化」としてまとめることができる。

　「事態の既成事実化」に関わる4つの類型は、「肯定的な面」を取り上げるか「否定的な面」を取り上げるかという点で対立する特徴を持っている。「権威化」は「肯定的な面」を取り上げ、「負の側面の焦点化」・「低評価」はそれよりも相対的に「否定的な面」を取り上げる行動である。「前提化」はそのどちらもありうる。一方、「事態の非存在化」に関わる4つの類型は、何に焦点をすり替えるか・どのような事態にすり替えるか・どのような大きな事態を持ってくるか・どのような別事態を取り上げるかによって、さまざまな内容が取り上げられうるので、一概に肯定面を取り上げるか否定面を取り上げるかという特徴を決めることはできない。ただし、「別事態の焦点化」については、その効果を考えると肯定的な内容が多くなる傾向があると言えそうである。

　「事態の既成事実化」は、その4類型とも「元の事態」を取り上げているが、「事態の非存在化」は、「見えなくさせる手法」として「元の事態」を取り上げているか「別の事態」を取り上げているかという観点から体系化が可能である。「焦点のすり替え」は1つの当該事態の中で、ある側面から別の側面に焦点をすり替えるものである。そのため1つの事態を描いているが、表面上は別事態が存在することになる。「事態のすり替え」も別事態が前面に出てくるが、焦点を当てる側面だけをすり替えるのではなく事態全体をすり替えて描くために、元の事態が少し見えにくくなっている。「全体の中での部分化」は当該事態を、それと密接に関連する「より大きな事態」に埋没させて描くため、さらに元の事態が見えにくくなる。とはいえ、描かれているのは元の事態と容易に関連が認められる事態である。「別事態の焦点化」になると、本来問題にすべき事態はもはや完全に姿を消してしまい、表面に現れているのはそれとは関連が稀薄な別事態である。描かれた事態と元の事

態との関連は見出しからは読み取れないことも多い。

以上をまとめると表1になる。「既成事実化」させて「見せる」実践よりも「非存在化」させて「見せない」実践の方が、談話行動を行う意図や主体の存在が捉えにくくなっていることがわかる。言い方を換えれば、「見せない」実践の方に権力の意図がより巧妙に仕組まれうるとも言える。

表1　8つの意図・談話行動のまとめ

		前景化	背景化	肯定	否定	肯否両方	元の事態	別の事態
事態の既成事実化（見せる）	前提化	○				○	○	
	権威化	○		○			○	
	負の側面の焦点化	○			○		○	
	低評価	○				○	○	
事態の非存在化（見せない）	焦点のすり替え		○			○	○	○
	事態のすり替え		○				(○)	○
	全体の中での部分化		○			○	((○))	○
	別事態の焦点化			○	○		(((○)))	○

凡例：○は本章においてその特徴が顕著に観察されたことを表す。（　）はその存在が見えにくいことを表す。数が多いほどその存在が見えにくいことを表す。

3.2. オリンピック報道を読み解く

これらの意図や談話行動の実践は通常複数が絡み合って機能していると考えられる。本章の考え方によれば、それがうまく説明できることを示し、それを通して本章の主張の妥当性を検証する。

(67)のIOCはオリンピック委員会のことである。汚染水とオリンピックという通常であれば無縁とも思える2つの事象が1つの記事の見出しの中に現れているのは、五輪開催地を東京に決める過程で、福島第一原発事故、特に汚染水問題が重要な要因となったからである。

(67) 汚染水「全く問題ない」首相強調「思いは IOC 委員に届いた」
<http://sankei.jp.msn.com/sports/news/130908/oth13090800080000-n1.htm> 2013.9.8

　(67)の見出しに見られる意図と談話行動の実践は、これまでの考察を当てはめると、「首相」という「権威を持つ人物」が、事態を「(汚染水による影響は)全く問題ない」と「低く見積もり」、汚染水問題がいわば「風評」であって実害はないものであることを強調することで安全を「前提化」し「既成事実化」している考えることができる。さらに、「IOC 委員」という「権威」に対して「思い」が「届いた」という表現も熱意が実った成功談として情緒的な意味を加味し「美談」的ニュアンスを醸し出して「焦点のすり替え」を行っている。もう一歩踏み込んだ見方をすれば、オリンピック招致の問題を福島第一原発事故と巧妙に絡めることで、「事態のすり替え」を行ったとも分析できるものである。
　つまり、「汚染水で行き詰まった事態」を「汚染水は問題ないという正反対の事態」にすり替えることで本来の「汚染水で行き詰まった事態」を「背景化」し、「汚染水は問題ないという別事態」を「前景化」している。そして福島第一原発事故の問題を五輪開催地としての安全性という「関連のあるより大きな別事態」の中に位置づけ「全体の中での部分化」を実践したわけである。さらに言うと、この談話行動は「別事態の焦点化」であると考えることもできる。この報道以前の数週間で福島第一原発の汚染水問題が大きく取り上げられていたことを思い出してみよう。この談話行動は、五輪開催地決定という福島第一原発事故とは本質的に関連の薄い別事態を、日本社会のみならず国際社会という非常に大きなコンテクスト内で活性化させ、それによって国民や世界の目を汚染水問題から、一時的にせよ、背けさせたと考えることができるからである。
　それらの談話行動の実践が権力によって意図的に行われているとするならば、それは福島第一原発の問題を社会から「分断」したということになる。その証拠にそれに続く報道では次のような見出しも観察された。

(68) 五輪招致委「250キロ離れ東京は安全」福島県民「差別的」
　　　<http://www.tokyo-np.co.jp/article/national/news/CK2013090702000127.html> 2013.9.7

　「東京は安全」という表現は副助詞「は」の持つ対比効果ゆえに「福島はその限りではない」という意味を暗示する。それが言い過ぎなら、少なくとも「東京」を「は」で主題化して「東京」についてのみ語ることで、その時だけであっても福島を主題から外し非存在化している。だからこそ福島県民がその言動を「差別的」だと感じるわけである。
　ここで言う「分断」とは、「250キロ」という地理的な距離の遠さだけに起因するものではなく、福島第一原発の問題に対する関心や興味を弱体化することで起こる「人と事態との『心理的な分断』」である。このような考察に対し「そこまで考えていないのではないか。無意識にしゃべっただけではないか」という反論もあろう。しかし無意識だとしても、むしろ無意識だからこそ、そこに本質が現れていると考えられる。なぜなら、発言した招致委員であれ記事を書いた記者であれ、日本語母語話者であると考えられるからである。母語話者であれば、「は」の意味機能を、他者に説明するような言い方で言語化できる知識として認識していなくても、その言語形式の本質に基づいた言語運用ができるはずである。したがって、「東京は安全」という談話行動の実践には、東京と福島と対比させたり、東京だけを取り上げて福島は取り上げなかったりする潜在的な意図があったと見ることができる。よって、(68)はその「心理的な分断」という意図が、それに動機づけられた談話行動の実践を通して、見出しの中で顕在化したわかりやすい例であると言える。

4. 心理的な分断とその再生産

　ここまでの考察で、効果的な装置として機能する「心理的な分断」という手法を見出した。次の課題として、それら複数の要素がどのような関係で作

用しあっているのか、その作用のあり方と「心理的な分断」との関係を考えなければならない。本章はそれを以下のように考えている。

　筆者は、その「心理的な分析」を複数の意図と談話行動とが動的に作用し合って展開するものと考える。「見せる」意図や実践はもちろんのこと、「見せない」意図や実践も「見せたくないできごと」を陰に隠すことで当該事態を既成事実化する意図で行われており、種々の意図と談話行動の実践は、単純な横並びの関係にあるのではなく、あるものが他のものに作用して別のものを生み出していく関係にあると捉えるわけである。

　見出しや記事の中に、いくら巧妙にその意図が組み込まれ、いかに狡猾で巧妙な談話行動が実践されているとしても、個々の読者における新聞記事の解釈は多様であり、全ての読者が権力の意図通りの方向に導かれていくとは限らない。しかし、1つの社会を、被災地と非被災地、被災者と非被災者、積極的な脱原発派とその他、というように、「関心を持つ（持てる）集団」と「関心を持たない（持てない）集団」とに「分断」することで、全てではないにせよ、社会やその構成員の内部に「無関心」を作り出し、その「無関心」によって当該の個別事態を既成事実化するという効果をもたらすことは充分に可能である。一旦既成事実となったものは、もはや主張されることはなく、否定されることもなく、疑問を持たれることもない。つまりあまり話題には上がらなくなる。そして当該事態が話題に上がらないのと同時に多くの別の話題が情報の洪水のように押し寄せてくる。当然のごとく、話題に上がらないものはどんどん背景に遠ざかっていく。一旦「非存在化」されたものも同じ扱いを受ける。

　このように、種々の意図や談話行動の実践は、個別の効果を達成するが、それだけではなく、さらに大きな効果である「風化」や「忘却」を達成しようとする権力の意図のもと、1つの談話行動の実践として収斂され統合されていくと考えられる。そして、その統合を実践する根本的な動機づけと効果的な装置として機能するのが「心理的な分断」という手法であり、それによってもたらされた「風化」や「忘却」は、その心理的な距離の遠さから人をさらに無関心にし、「福島第一原発事故はもう終わった」という解釈に導

く。それは、権力によって意図され実践された既成事実化・非存在化を強化する談話行動として、読み手の内部において権力の関わらない形で機能し続け、テクストを読むという実践を行うたびに更なる「心理的な分断」を引き起こし、より一層の「風化」や「忘却」を押し進めていく。つまり、「心理的な分断」も「風化」や「忘却」も読み手の心内において再生産されるということである。こうして「事態の既成事実化」と「事態の非存在化」とは共に「心理的な分断」を通して「風化」や「忘却」を進展させていくに充分な力を有することになる。その流れは図1のようになる。

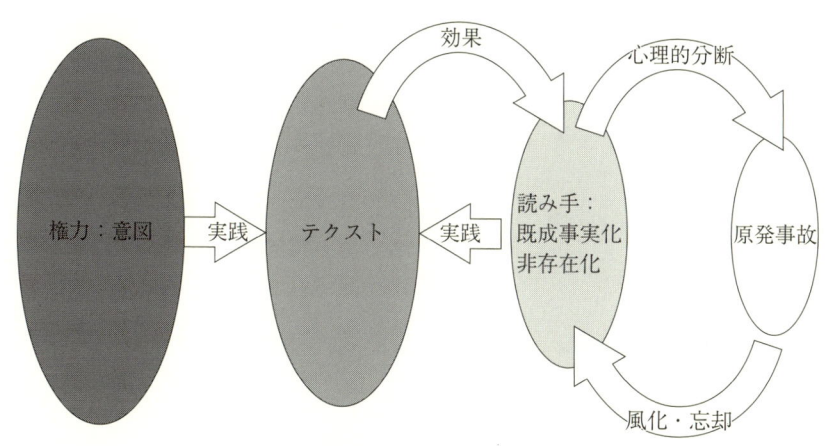

図1　権力や読み手による談話行動のモデル化

　このように考えると、マスメディアの報道には、仮にそれが福島第一原発事故の事実を伝え、被災者を支え、事故を風化させないようにしようという純粋な姿勢や使命感で報道しているものであっても、実際には聞き手の解釈次第で「風化」や「忘却」を促す効果を与えかねないおそれをはらんでいると言える。残念ながら、これは避けようがないことである。そこに政府・電力会社等の権力が、ある意図を持って介入する余地があり、果たしてその介入が実現した場合、当該報道は、単なる事実報道としてだけではなく、権力の持つ何らかの意図に動機づけられた談話行動の実践という側面を併せ持つことになる。そして、それを通して我々は知らず知らずのうちに権力の望む

ある方向へ意図的に導かれていく。そこに、この4年の間に、権力が力を取り戻し、政治や社会への影響力を再生産し、強化していくことができた原因の1つがある。

5. 権力の誘導から自由になるために

　本章は、福島第一原発事故関係の新聞記事に着目し、批判的談話分析の立場に立ち、日本語学・語用論的観点からその見出しを分析した。そして、権力がメディアにアクセスすることができれば、「人と事態との『心理的な分断』」という意図の下、種々の談話行動の実践を通して「事態を既成事実化」したり「事態を非存在化」させたりすることを通して、結果的に国民を「風化」や「忘却」に誘導していくことが可能であることを確かめた。新聞記事の見出しを読むだけでも読者は無意識のうちにそのような隠された意図に動機づけられた談話行動の実践を模倣させられるおそれがある。それを認識することが重要である。

　自然でごく普通に見える新聞記事の見出しの中に権力の意図が巧妙に組み込まれうること、それによってそれらの意図に動機づけられた談話行動の実践が可能になるということは、裏返せば、我々読者がそれに気づき、必要に応じてそれに抵抗するといった行動が求められることを意味し、さらには、そういう行動が取れれば、権力の誘導から自由になれるということも意味する。

　そのような自律的で自立した読者となるためには、自分自身のリテラシーを高め、批判的に談話行動を実践することが必要である。このことは原発事故に関する報道に限ったことではないし、新聞記事を読む場合に限ったことでもない。また、日本だけに限ったことでもなく、世界のどの国ででも重要なことである。成熟した社会を作るためには自律的で自立した市民の存在が不可欠である。市民は、政治・経済・環境・福祉・教育・格差などといった社会の重要な問題に向き合っていくために、メディアを批判的に読む能力を身につけ、その能力を活用して批判的な読みを実践し、広く議論を行い、自

ら意思を決定し行動していくことが求められる。そのためにも、メディア・リテラシー教育の充実が求められる。これは全世界的な課題である。本章がその一助になれば幸いである。

＊本章は、2013年9月8日～13日に開催されたInternational Pragmatics Association 13th Conference（於インド・ニューデリー）におけるポスター発表と、2013年10月15日に開催された「ベトナムにおける日本語教育・日本研究―過去・現在・未来―」（於ベトナム・ハノイ大学）での口頭発表の内容をさらに発展させたものである。会場において建設的なコメントをくださった皆様に御礼申し上げる。また、本章は、科学研究費補助金事業（学術研究助成基金助成金）挑戦的萌芽研究　課題番号：25580084 代表者：名嶋義直、による研究成果の一部である。

注
1　また、本章では「権力」という語をそれらの組織単体ではなく、「社会をコントロールする力を有している個人や組織の複合体」を指す意味で用いることがある。
2　フェアクラフ（2012）の p.15 にそれと同様の記述がある。
3　「新聞広告データアーカイブ」によると、毎日新聞341万部、読売新聞985万部、産経新聞160万部、東京新聞324万部（ブロック紙のため中日新聞との合計）、朝日新聞795万部。数字は概数 <http://www.pressnet.or.jp/adarc/data/data03/01.html> 2013.9.17
4　本章末に付記したように、本章は2013年10月15日にハノイ大学で行った口頭発表の内容をさらに発展させたものである。全国紙で脱原発寄りの新聞としては朝日新聞があるが、口頭発表時の研究においては朝日新聞の記事はデータ収集の対象とはしなかった。その理由はアクセス性の低さである。しかし発表後の質疑応答で、朝日新聞の記事をデータに加えないのは問題があるという意見をいただいた。そこで改稿する際から朝日新聞の記事もデータに加えることとした。したがって、朝日新聞の記事だけは「新着」を日々チェックして収集したもの以外に、過去記事検索によって収集したものを含んでいる。なお、検索にする際には配信時期に他紙記事と大きな差が出ないように配慮した。
5　筆者は、本来であれば、意図と談話行動の実践とは厳密には区別すべきものであると考えている。談話行動の実践は実践者が持つ何らかの意図に動機づけられるからである。しかし、意図を論証することは非常に難しい。また、本章の目的は

「読者がどう誘導されうるか」を示すことにある。そこで、本章では1つの類型名で意図と談話行動の実践との両方を区別せずに指すこととする。

6　見出しに「再稼働申請」とあるが、これは序章の「背景となる諸事象の説明」注23で述べているように「規制基準への適合性審査」であり、正確ではない表現である。その指摘を行った東京新聞自身が「再稼働申請」と書いていることはこの問題の根深さを示している。

7　本章執筆中、本章の主張を裏付けるかのように、地方紙「福島民報」に以下の2つの記事が掲載された。
・年内に基本的考え提示　原子力規制委検討チーム　帰還へ放射線対策
<http://www.minpo.jp/news/detail/2013091810956> 2013.9.19
・帰還可能性を示唆　除染目標完全達成前でも　宮本富岡町長
<http://www.minpo.jp/news/detail/2013091810955> 2013.9.19

8　毎日新聞より。
<http://mainichi.jp/select/news/20140218k0000m040147000c.html> 2014.2.18

9　以下、各紙の報道である。
震災3年、初の避難指示解除へ　福島・田村市の都路地区
<http://digital.asahi.com/articles/ASG2R5HNKG2RUTIL00X.html> 2014.2.23
初の避難指示解除へ…福島・田村市の都路町地区
<http://www.yomiuri.co.jp/national/news/20140223-OYT1T00407.htm> 2014.2.23
福島原発事故：田村・都路、4月1日に避難指示解除
<http://mainichi.jp/select/news/20140224k0000m040067000c.html> 2014.2.23
旧警戒区域で避難指示、初の解除4月、田村市都路地区
<http://www.tokyo-np.co.jp/article/politics/news/CK2014022402000123.html> 2014.2.23
避難指示、4月1日解除へ　旧警戒区域初
<http://photo.sankei.jp.msn.com/highlight/data/2014/02/23/29fukushima/> 2014.2.23

10　がれきを埋め立てではなく焼却処理した場合、放射性物質が大幅に濃縮される点から考えても「がれきの広域処理は行うべきではなかった」というのが筆者の意見である。

11　『新明解　国語辞典　第五版』(1997、三省堂)、『日本語大辞典　第二版』(1995、講談社)、wikipedia
<http://ja.wikipedia.org/wiki/%E9%A2%A8%E8%A9%95%E8%A2%AB%E5%AE%B3> 2014.4.18

12　さらにいえば、放射性物質による汚染を懸念する消費者を、明示的ではなく暗示的に批判しているとも言えるものである。

参考文献

今中哲二 (2012)『叢書　震災と社会　低線量放射線被曝—チェルノブイリから福島へ』岩波書店

小出裕章・高野孟 (2014)『アウト・オブ・コントロール—福島原発事故のあまりに過酷な現実』花伝社

後藤忍 (編著)、福島大学放射線副読本研究会 (監修)(2013)『みんなで学ぶ放射線副読本—科学的・倫理的態度と論理を理解する』合同出版

名嶋義直 (2013)「福島第一原子力発電所事故に関する新聞記事報道が社会にもたらす効果について」、『ハノイ大学第二回国際シンポジウム紀要』pp.247–260. ハノイ大学

ノーマン・フェアクラフ (著) 日本メディア英語学会メディア英語談話分析研究分科会 (訳)(2012)『ディスコースを分析する—社会研究のためのテクスト分析』くろしお出版

ルート・ヴォダック (2010)「第 4 章　談話の歴史的アプローチ」ルート・ヴォダック、ミヒャエル・マイヤー (編著)、野呂香代子 (監訳)(2010)『批判的談話分析入門—クリティカル・ディスコース・アナリシスの方法』pp.93–131. 三元社

ルート・ヴォダック、ミヒャエル・マイヤー (編著)、野呂香代子 (監訳)(2010)『批判的談話分析入門—クリティカル・ディスコース・アナリシスの方法』三元社

Fairclough, Norman. (2010) *Critical Discourse Analysis: The Critical Study of Language*. London: Longman.

Najima, Yoshinao. (2013) Critical Discourse Analysis of Newspaper Articles about the Fukushima Nuclear Power Plant Accident-How the Power is Going to be Maintained-, poster presentation, International Pragmatics Association 13th Conference, 2013.9.8–13, New Delhi, India.

van Dijk, T. A. (1996) Discourse, Power and Access. Carmen Rosa Caldas-Coulthard and Malcom Coulthard. (eds.) *Texts and Practices: Readings in Critical Discourse Analysis*. pp.84–104. London: Routledge.

van Dijk, T. A. (2008) *Discourse and Power*. Houndmils: Palgrave Macmillan.

van Dijk, T. A. (2009) Critical Discourse Studies: A Sociocognitive Approach. In. Wodak, Ruth and Meyer, Michael. (eds) *Methods of Critical Discourse Analysis — Second Edition*. pp.62–86. London: Sage.

Wodak, Ruth and Meyer, Michael. (eds.) (2009) *Methods of Critical Discourse Analysis — Second Edition*. London: Sage.

終章　吉田調書をめぐるできごとを読み解く

名嶋義直

1.　民・官・新聞のことばがまとまるものは何か

　本書ではここまで、民のことば・官のことば・新聞のことばの分析と考察を行い、さまざまな主体のさまざまな意図や談話的な営みを明らかにしてきた。それらはそれぞれ独立して存在しているものなのだろうか、それともお互いに影響を与え合っているのであろうか。終章では、この問題の答えを探すべく、吉田調書をめぐるできごとを取り上げて読み解いてみたい。

　吉田調書とは、第2部名嶋論文の2.3.1節に説明があるように、福島第一原子力発電所事故が発生した時に、福島第一原子力発電所の所長であった吉田昌郎氏(故人)が「東京電力福島原子力発電所における事故調査・検証委員会」の聴取に応じた際の記録のことで、その呼び方は通称である。一方、本章で言う「吉田調書をめぐるできごと」とは、吉田調書をもとに朝日新聞が連載した特集記事の一部が、事実とは異なるという他メディアからの批判を受け、朝日新聞がその中の記事を誤報であると認めて謝罪して取り消し、最終的には社長等の経営陣や責任者の人事異動にまで至った一連の事態を指して言う。

　本章では、この吉田調書をめぐるできごとを分析し、その中にさまざまな主体による、さまざまな談話行動の実践が観察できることを明らかにする。そして、民のことば・官のことば・新聞のことばが、ある1点において1つに重なり作用しているとみなせることを述べ、本書のまとめとしたい。

　次節ではまず吉田調書をめぐるできごとの経緯を概ね時間の流れに沿って

確認する。先に筆者が経緯を簡単に文章でまとめ、次にそれと関連する新聞記事の見出しを挙げる[1]。読者の皆さんには実際に記事を読んで自分の目で確かめてほしいと願い、記事内容に関しては補足説明を除いて極力論評を行なわずに記すこととする。本章に挙がっていない新聞記事をネット上で検索して探し、筆者が挙げた記事と対比して自分なりに読み解いてみるのも、よい批判的読みの実践となるであろう。そういう意味で本章は応用問題でもある。手間はかかるがぜひ取り組んでみてほしい。

　資料となる新聞記事は2014年5月19日から2015年1月29日までの期間に、読売新聞・朝日新聞・毎日新聞・産経新聞・東京新聞のwebサイトで新着記事欄から筆者が手作業で収集したものである。コーパスを利用した電子的な検索で収集したものではないので、収集期間内の記事を完全に網羅しているとは言えないが、毎日数回にわたって閲覧と収集を繰り返しており、ある程度の新着記事をカバーしていると考えている。

2. 吉田調書をめぐるできごとの経緯

2.1. 吉田調書未公開時の経緯

　2014年5月19日、朝日新聞に吉田調書に関する特集記事の連載が予告され[2]、調書の存在が広く明らかになった。連載は翌20日に始まった。

（1）　福島第一の原発所員、命令違反し撤退　吉田調書で判明
　　　<http://digital.asahi.com/articles/ASG5L51KCG5LUEHF003.html>
　　　2014.5.20（下線、引用者。以下同様）

　政府は調書の存在は認めたものの、理由を明らかにせず非公開の方針を示した。公開を求める声が政治家などから上がったが、政府は本人が開示を望んでいなかったという説明を行なった。その一方で、遺族の承諾があれば開示するとも述べた。

終章　吉田調書をめぐるできごとを読み解く　243

（2）　菅官房長官、吉田調書は「公開しない」理由は明言せず
　　　 <http://digital.asahi.com/articles/ASG5N3T4VG5NUTFK007.html>
　　　 2014.5.21
（3）　吉田調書の公開、政権内で認識分かれる　公表求める声も
　　　 <http://digital.asahi.com/articles/ASG5N3SXLG5NUTFK006.html>
　　　 2014.5.21
（4）　調書「吉田氏、外部開示望まず」菅官房長官が説明
　　　 <http://digital.asahi.com/articles/ASG5N77GQG5NUTFK01H.html>
　　　 2014.5.21
（5）　維新・橋下氏「吉田調書は全文公開すべき」政府を批判
　　　 <http://digital.asahi.com/articles/ASG5P65ZQG5PPTIL02D.html>
　　　 2014.5.22
（6）　吉田調書「遺族から申し出あれば開示検討」菅官房長官
　　　 <http://digital.asahi.com/articles/ASG5Q3T47G5QUTFK001.html>
　　　 2014.5.22

　その後、自民党合同部会が閲覧請求を行なう方針を決めたが、政府は本人が書いたという上申書（筆者注：署名や押印部分は黒塗りが施されている）の画像ファイルを内閣官房のHPに掲載までして公開を拒んだ[3]。

（7）　福島原発事故：吉田元所長「聴取書」閲覧請求へ　自民部会
　　　 <http://mainichi.jp/select/news/20140523k0000e010185000c.html>
　　　 2014.5.23
（8）　吉田元所長が「第三者への公表望まない」とした上申書、政府が公開
　　　 <http://sankei.jp.msn.com/science/news/140523/scn14052320090002-n1.htm> 2014.5.23
（9）　政府、吉田元所長の上申書公表　福島第1原発、証言は開示せず
　　　 <http://www.tokyo-np.co.jp/s/article/2014052301002306.html>
　　　 2014.5.24

しかし、調査時には開示する方針を申し合わせて聞き取り調査が行なわれていたことが明らかになり、菅元首相などの政治家が開示を求めたり、自らも聞き取り調査を受けた民主党議員細野氏が自分の調書について公開されるべきだと発言したりしたが、それでも政府は吉田氏本人が希望していなかったことを理由に自民党議員にさえ公開を拒否し続けた。

(10) 原発事故調、<u>調査時は開示方針</u>　吉田調書など全772人分
　　 <http://digital.asahi.com/articles/ASG5W4S6NG5WUTFK00V.html>
　　 2014.5.27

(11) 吉田調書、<u>菅元首相らが公開求める</u>　内閣官房は拒否
　　 <http://digital.asahi.com/articles/ASG5W4S6NG5WUTFK00V.html>
　　 2014.5.27

(12) <u>自分の調書「公開されるべきだ」</u>　細野証言の詳報
　　 <http://digital.asahi.com/articles/ASG61664PG61UEHF009.html>
　　 2014.6.2

(13) 吉田調書、<u>自民議員も閲覧ダメ</u>　政府が拒否
　　 <http://digital.asahi.com/articles/ASG6351Y4G63UTFK00F.html>
　　 2014.6.4

　ところが、一部の被害者団体や市民団体が公開を求めて提訴や情報公開請求を行なうという報道が流れると、政府は方針転換し、聞き取りを受けた本人の同意が得られたものについては情報公開法の規定に基づいて必要な範囲で開示をすると態度を改めた。ただし吉田調書は公開しないとされたため、自分が聞き取りを受けた調書の公開を容認する民主党議員の発言や被害者団体・市民団体の公開要求発言も繰り返された。

(14) 吉田調書など<u>開示求め提訴へ</u>　東電株主訴訟の原告ら
　　 <http://digital.asahi.com/articles/ASG643F24G64UUPI001.html>
　　 2014.6.5

(15) 福島原発告訴団：政府事故調の全聴取書の情報公開を請求
 <http://mainichi.jp/select/news/20140606k0000m040037000c.html>
 2016.6.5
(16) 原発事故調書、公開へ意思確認　772 人分、政府が指示
 <http://digital.asahi.com/articles/ASG653R8CG65UTFK009.html>
 2014.6.5
(17) 調書公開、民主元閣僚ら 11 人中 10 人容認　原発事故
 <http://digital.asahi.com/articles/ASG653PL5G65UTFK006.html>
 2014.6.6

　この時期に朝日新聞は、吉田調書報道を虚偽だと批判する雑誌社に対して抗議を行なっている。

(18) 週刊ポスト記事に朝日新聞社抗議　吉田調書めぐる報道
 <http://digital.asahi.com/articles/ASG695J36G69UUPI00C.html>
 2014.6.10
(19) FLASH に朝日新聞社抗議　吉田調書めぐる記事
 <http://digital.asahi.com/articles/ASG6B4TZ6G6BUUPI001.html>
 2014.6.11

　6 月 16 日に朝日新聞は新たに「福山調書」[4] を入手したと発表し、17 日から連載記事を掲載した。

(20) 福島原発事故、新たな調書を入手　政治判断の裏側詳しく
 <http://digital.asahi.com/articles/ASG6J53JTG6JUEHF00W.html>
 2014.6.16
(21) 避難区域、乏しい情報で決断　責任者の「福山調書」入手
 <http://digital.asahi.com/articles/ASG6J4QKHG6JUUPI004.html?iref=comtop_6_01>2014.6.17

6月末には東京電力の株主総会があり、そこで株主から会社の再建のためにも東電で何があったのか吉田氏が何を書いたのか明らかにしてほしいという要望が出されたことも記事になった。(22) の記事を読むとわかるが、東電の廣瀬社長は公開に積極的ではないようであった。政府の調書公開は年内にも行なわれる見通しになったが、この段階でもやはり吉田調書はこれまでと同じ理由で非公開とされた。

(22) 　東電(2)故吉田所長の調書公表めぐるやりとりも
　　　<http://sankei.jp.msn.com/economy/news/140626/biz14062613030013-n1.htm>2014.6.26
(23) 　福島原発事故調の聴取結果公開へ　政府、本人同意分をHPで
　　　<http://www.tokyo-np.co.jp/s/article/2014062701001717.html>
　　　2014.6.28

　7月28日になると、朝日新聞は関西電力の元副社長による歴代首相への献金事実の告白を記事にして掲載し新たな連載を始めた。連載は8月半ばになっても続いた。いくつか記事を例に挙げる。

(24) 　関電、歴代首相7人に年2千万円献金　元副社長が証言
　　　<http://digital.asahi.com/articles/ASG7N029QG7MUUPI00B.html>
　　　2014.7.28
(25) 　関電からの2千万円　元首相側「初耳」「わからない」
　　　<http://digital.asahi.com/articles/ASG7T7S9RG7TULZU00P.html>
　　　2014.7.28
(26) 　(原発利権を追う)政治献金、じわじわ効く漢方薬
　　　<http://digital.asahi.com/articles/ASG7N6THHG7NUUPI008.html>
　　　2014.8.2
(27) 　(原発利権を追う)官僚接待「建前は割り勘」だけど
　　　<http://digital.asahi.com/articles/ASG70161FG7ZULZU00S.html>

2014.8.7
(28) （原発利権を追う）核のごみ処分「離島を買おう」
<http://digital.asahi.com/articles/ASG7T7JY8G7TULZU00M.html>2014.8.8
(29) （原発利権を追う）「原子力は隠し事が多すぎる」
<http://digital.asahi.com/articles/ASG847753G84PTIL034.html>
2014.8.14

　見てわかるように、その連載で言及された主体は電力会社・政治家・官僚であり、明らかになった言動は献金や接待や土地買収などであった。それらは普通の人には見えない原子力行政のいわば裏の部分であった。朝日新聞のいわゆる「原子力ムラ」[5]への切り込みはますます先鋭化していったと言えよう。

2.2. 吉田調書公開決定に至る経緯
　8月18日に大きな動きが起こった。産経新聞も独自に吉田調書を入手し連載を開始した。その中で特に焦点となったのは、東京電力社員が吉田氏の職務命令に反して職場放棄を行ない福島第一原発から福島第二原発に逃げたという朝日新聞記事報道の真偽であった。

(30) 【主張】吉田調書　世界の原発安全性の糧に　極限状況下の事故対応を学べ
<http://sankei.jp.msn.com/life/news/140818/trd14081803080002-n1.htm>2014.8.18
(31) 【吉田調書】吉田所長、「全面撤退」明確に否定　福島第1原発事故
<http://sankei.jp.msn.com/politics/news/140818/plc14081805000001-n1.htm>2014.8.18

　産経新聞は吉田調書を引用した記事を数多く発表し、その中で朝日新聞の

記事が事実と異なると主張する記事を掲載したり、朝日新聞を批判するジャーナリストの発言を報じたり、「吉田氏の判断は正しかった」という元福島第一原子力発電所所員の発言を紹介したりした。

(32) 【吉田調書】「あのおっさんに発言する権利があるんですか」吉田所長、菅元首相に強い憤り
 <http://sankei.jp.msn.com/politics/news/140818/plc14081805000002-n1.htm>2014.8.18

(33) 【吉田調書】「水素爆発の仕組みは？」最前線に空疎な質問…官邸が招いた混乱
 <http://sankei.jp.msn.com/politics/news/140818/plc14081808390008-n1.htm>2014.8.18

(34) 【吉田調書】朝日新聞の報道は「所長命令に違反し、所員の9割が原発撤退」
 <http://sankei.jp.msn.com/affairs/news/140818/dst14081810040005-n1.htm>2014.8.18

(35) 【吉田調書】「朝日新聞は事実を曲げてまで日本人をおとしめたいのか」 ジャーナリスト、門田隆将氏
 <http://sankei.jp.msn.com/affairs/news/140818/dst14081811160008-n1.htm>2014.8.18

(36) 【吉田調書】第2への退避、吉田氏「正しかった」 元所員「命令違反ではない」本紙に証言
 <http://sankei.jp.msn.com/affairs/news/140818/dst14081816000013-n1.htm>2014.8.18

(37) 吉田調書の真実　8月19日
 <http://sankei.jp.msn.com/affairs/news/140819/dst14081903040001-n1.htm>2014.8.19

　それに対し、朝日新聞は産経新聞に抗議を行なった。その抗議に対する反

論もあった。公開を求める関係自治体や市民団体などの声もさらに大きくなり、提訴も行なわれた。

(38) 産経記事巡り朝日新聞社が抗議書　「吉田調書」報道
　　　<http://digital.asahi.com/articles/ASG8L5S9DG8LUUPI006.html>
　　　2014.8.19

(39) 【吉田調書】門田隆将氏、朝日新聞抗議に「全く的外れ！」「自らの姿勢を問い直してほしい」
　　　<http://sankei.jp.msn.com/affairs/news/140819/dst14081917420009-n1.htm>20114.8.19

(40) 大半が「吉田調書」公開要求　原発事故時の周辺首長ら
　　　<http://digital.asahi.com/articles/ASG8N45Z8G8NUTFK004.html>2014.8.21

(41) 被災者ら、開示求め東京地裁に提訴
　　　<http://www.yomiuri.co.jp/national/20140820-OYT1T50081.html>
　　　2014.8.20

　8月22日、政府は、新聞社によって調書の報道内容に食い違いが生じているため、方針を転換して吉田調書を公開する決定をした。

(42) 政府、吉田調書公開へ
　　　<http://sankei.jp.msn.com/politics/news/140823/plc14082305000001-n1.htm>2014.8.23

(43) 「吉田調書」の公開検討　政府、報道受け方針を転換
　　　<http://digital.asahi.com/articles/ASG8Q76Y0G8QUTFK00P.html>
　　　2014.8.23

(44) 「吉田元所長調書」政府開示へ方針転換
　　　<http://www.yomiuri.co.jp/politics/20140823-OYT1T50067.html>
　　　2014.8.23

(45) 福島原発事故：「吉田調書」政府が一転公開へ
　　　<http://mainichi.jp/select/news/20140824k0000m010064000c.html>
　　　2014.8.23
(46) 「吉田調書」公開へ　政府、9月中旬にも
　　　<http://www.tokyo-np.co.jp/s/article/2014082201002101.html>
　　　2014.8.24

　政府は25日には、調書の一部のみが報じられて吉田氏の心配していた内容の「独り歩き」が起こっていること、それによって非公開とすることが本人の意思に反する結果を招いていること、複数の新聞で報じられもはや非公開とする必要がなくなったこと、遺族に問い合わせたところ公開を容認する意向が示されたことなどを理由として挙げ、他の調書にさきがけ最も早いタイミングで公開することを明らかにした。

(47) 吉田調書を公開へ　政府「聴取対象者中、最も早く」
　　　<http://digital.asahi.com/articles/ASG8T3CJ0G8TUTFK002.html>
　　　2014.8.25
(48) 吉田調書を公開　「9月のできるだけ早いタイミング」菅長官
　　　<http://sankei.jp.msn.com/politics/news/140825/plc14082511410011-n1.htm>2014.8.25
(49) 「吉田調書」9月上旬に公開…菅官房長官が表明
　　　<http://www.yomiuri.co.jp/politics/20140825-OYT1T50080.html>
　　　2014.8.25
(50) 原発事故吉田調書：菅官房長官　9月に公開と発表
　　　<http://mainichi.jp/select/news/20140825k0000e010192000c.html>
　　　2015.8.25
(51) 「吉田調書」を来月公開　一部報道受け方針転換
　　　<http://www.tokyo-np.co.jp/article/politics/news/CK2014082502000221.html>2014.8.26

しかし、詳細は報じられていないのでわからないが、実際には政府による公開を待たずに各新聞が吉田調書の概要を把握したようで、事態は次の段階に進んだ。

2.3. 吉田調書公開前後の経緯

8月末には産経新聞以外の新聞も吉田調書の概略を把握し記事にした。その中で読売新聞は、産経新聞と同様の姿勢をとり、吉田調書の内容そのものを報道することはもちろんであったが、それに加えて朝日新聞の報道内容を問題視する記事や吉田氏の行動を肯定的に評価し名誉回復を求める内容の記事など掲載した。毎日新聞記事の中にもそのような姿勢の読み取れるところがあった。吉田調書が明らかになったことで、朝日新聞はそれまで以上に激しい指摘と批判を受けることになった。

(52) 元所長「イメージは東日本壊滅」「吉田調書」の全容判明
 <http://www.tokyo-np.co.jp/s/article/2014083001001605.html>
 2014.8.31

(53) 吉田調書:「東日本壊滅と思った」"全面撤退"は否定
 <http://mainichi.jp/select/news/20140831k0000m040123000c.html>
 2014.8.31

(54) 吉田調書:元東電社員「戦う所長が支え」
 <http://mainichi.jp/select/news/20140831k0000m040123000c.html>2014.8.31

(55) 福島第一原発事故、吉田昌郎元所長調書の要旨
 <http://www.yomiuri.co.jp/national/20140901-OYT1T50044.html>
 2014.9.1

(56) 原発事故調書、吉田元所長「全面撤退」強く否定
 <http://www.yomiuri.co.jp/politics/20140829-OYT1T50151.html>
 2014.8.30

(57) 朝日の「命令違反・撤退」報道、吉田調書とズレ

  　　<http://www.yomiuri.co.jp/science/20140830-OYT1T50006.html>
(58) 吉田元所長の指揮に評価、調書公開で名誉回復を
  　　<http://www.yomiuri.co.jp/national/20140830-OYT1T50097.html>
  　　2014.8.30
(59) 福島・吉田調書　「撤退」も命令違反もなかった
  　　<http://www.yomiuri.co.jp/editorial/20140830-OYT1T50146.html>
  　　2014.8.31

　そして、最終的に朝日新聞は9月11日に記者会見を行ない、東京電力社員が吉田氏の指示に反して職場放棄を行ない福島第一原発から福島第二原発に避難したという記事について、事実とは異なるもので誤りであると認めて取り消し謝罪した。

(60) 「吉田調書」の記事めぐり、朝日新聞・木村社長が会見
  　　<http://digital.asahi.com/articles/ASG9C6F64G9CUTIL055.html>
  　　2014.9.11
(61) 吉田調書「命令違反で撤退」記事取り消します　朝日新聞
  　　<http://digital.asahi.com/articles/ASG9C63FTG9CUTIL04Q.html>
  　　2014.9.11
(62) 「吉田調書」報道で誤り認め訂正へ…朝日新聞
  　　<http://www.yomiuri.co.jp/national/20140911-OYT1T50120.html>
  　　2014.9.11
(63) 吉田調書：朝日新聞が報道を訂正へ
  　　<http://mainichi.jp/select/news/20140912k0000m040014000c.html>2014.9.11
(64) 「吉田調査」報道で朝日新聞が今夕会見、事実関係説明へ
  　　<http://sankei.jp.msn.com/affairs/news/140911/crm14091111460011-n1.htm>2015.9.11

この謝罪会見では従軍慰安婦問題と池上彰氏の執筆したコラムの掲載を拒否した事件[6]についても謝罪が行なわれた。

(65)　【朝日新聞会見詳報（2）】慰安婦報道にも言及「誤った報道、謝罪が遅れたこと、おわび申し上げます」　木村社長
　　　<http://sankei.jp.msn.com/affairs/news/140911/crm14091120440031-n1.htm>2014.9.11
(66)　【朝日新聞会見詳報（4）】池上コラム拒否、木村社長「編集担当の判断に委ね」「言論封殺という思わぬ批判を」
　　　<http://sankei.jp.msn.com/affairs/news/140911/crm14091121240033-n1.htm>2014.9.11

　朝日新聞の認識としては、一連の謝罪の対象は「みなさま」であり、(67)の記事を読むと「読者及び東電福島第一原発で働いていた所員の方々をはじめ、みなさま」となっていた。英語による謝罪記事も配信されたが、その記事見出しには「読者と関係者の皆様へ（to our readers and other people concerned）」という謝罪対象が明示されている。また、(68)には「読者の信頼傷つけた」という表現も確認できる。

(67)　みなさまに深くおわびします　朝日新聞社社長
　　　<http://digital.asahi.com/articles/ASG9C6V5QG9CUHMC00L.html>2014.9.12
(68)　「読者の信頼傷つけた」朝日新聞社長会見、主なやりとり
　　　<http://digital.asahi.com/articles/ASG9C628PG9CUTIL04J.html>2014.9.12
(69)　I apologize to our readers and other people concerned By TADAKAZU KIMURA/President of The Asahi Shimbun
　　　<http://digital.asahi.com/articles/SDI201409125171.html>2014.9.12

この記者会見に関する記事は各社から多数配信されたが、朝日新聞の謝罪対象と謝罪認識を確認したので、本章では紙幅の都合もありこれ以上は引用しない。同日、政府は吉田調書を内閣官房HPで公開した[7]。

(70) 吉田調書：HPで公開　菅直人氏ら18人の調書も…政府
<http://mainichi.jp/select/news/20140911k0000e040206000c.html>
2014.9.11

2.4. 吉田調書公開後の経緯

調書の公開を受けて、吉田調書そのものを丁寧に読み解く記事や公開の意図を探る記事が出てきた。

(71) 吉田調書：公開　当時の混乱伝える証言　生々しく
<http://mainichi.jp/feature/news/20140912mog00m040001000c.html>
2014.9.12

(72) 【吉田調書公開】新発見につながるか　初公開、現場指揮官の肉声「歴史的資料」解読を
<http://sankei.jp.msn.com/affairs/news/140912/dst14091217000010-n1.htm>2014.9.12

(73) 原発事故調書　危機管理強化へ重い教訓だ
<http://www.yomiuri.co.jp/editorial/20140913-OYT1T50008.html>2014.9.12

(74) 吉田調書：解説…証言を比較、教訓を探れ
<http://mainichi.jp/select/news/20140912k0000m040091000c.html>
2014.9.11

(75) 吉田調書公開：「原発撤退」報道否定狙う…政府
<http://mainichi.jp/select/news/20140912k0000m010098000c.html>
2014.9.11

(76) 原発事故調書19人分公開　情報入らず誤認の連鎖

<http://www.tokyo-np.co.jp/article/politics/news/CK2014091202000139.html>2014.9.12

 その一方で、朝日新聞への批判を続ける記事も多数あった。たとえば、菅官房長官や稲田政調会長、高市総務相、石破地方創生担当相、塩崎厚労相など現在の政府与党関係者などの発言が記事になったが、その中には、謝罪の内容や態度などを批判して朝日新聞にしかるべき行動を取るように要求する記事がいくつもあった。

(77) 政界から厳しい声　吉田調書巡る朝日新聞記事取り消し
   <http://digital.asahi.com/articles/ASG9D40WXG9DUTFK006.html>2014.9.12
(78) 朝日新聞：菅官房長官「誤報があれば速やかに訂正を」
   <http://mainichi.jp/select/news/20140912k0000e040218000c.html>2014.9.12
(79) 朝日謝罪に「毀損された名誉の回復に最善を尽くして」　菅長官
   <http://sankei.jp.msn.com/politics/news/140912/plc14091213400006-n1.htm>2014.9.12
(80) 菅氏「責任持ち名誉回復を」　朝日記事取り消しで強調
   <http://www.tokyo-np.co.jp/s/article/2014091201001153.html>2014.9.13
(81) 朝日には「日本の信頼回復の措置を」…稲田氏
   <http://www.yomiuri.co.jp/politics/20140912-OYT1T50072.html>
(82) 「世界中で失われた日本の名誉回復措置を講じていただきたい」　自民・稲田氏が朝日新聞に
   <http://sankei.jp.msn.com/politics/news/140912/stt14091212550006-n1.htm>2014.9.12
(83) 「朝日記者の国語能力疑問」　石破氏TV番組で批判
   <http://sankei.jp.msn.com/politics/news/140912/plc14091209030007-n1.htm>2014.9.12

(84) 高市総務相は「紙面等での誤り訂正に期待」 朝日新聞の吉田調書報道撤回で
<http://sankei.jp.msn.com/politics/news/140912/plc14091212480004-n1.htm>2014.9.12

(85) 朝日の訂正・謝罪、「事実に基づいてしっかり報道を」 塩崎厚労相
<http://sankei.jp.msn.com/affairs/news/140912/crm14091213030015-n1.htm>2014.9.12

　それとは対照的に、事故当時の政府与党であった民主党の海江田氏や福山氏や細野氏などは吉田氏とその関係者を弁護するような発言を行なった。海江田氏は事故当時、原子力行政に大きく関わる経済産業大臣であった。福山氏は朝日新聞の「福山調書」で語り手となった人物であり、細野氏は(12)の記事のように朝日新聞の取材に対し自分自身の調書を公開すべきだと主張していた人物である。皆、事故の当事者である。

(86) 【吉田調書公開】「あの50人は本当に勇気ある行動をとっていたと思います」 当時の経産相・海江田万里氏
<http://sankei.jp.msn.com/life/news/140911/trd14091121540019-n1.htm>2014.9.11

(87) 【吉田調書公開】「吉田さんが撤退する気ないこと、把握していた」 当時・官房副長官の福山哲郎氏
<http://sankei.jp.msn.com/life/news/140911/trd14091121560018-n1.htm>2014.9.11

(88) 吉田所長ら19人の調書公開　細野氏、菅元首相の視察に「今考えたら、ものすごく大きなリスクだ」
<http://sankei.jp.msn.com/politics/news/140911/plc14091121140021-n1.htm>2014.9.11

　ジャーナリストや大学教授など有識者の発言も複数配信された。(89)と

終章　吉田調書をめぐるできごとを読み解く　257

(90)は社説やコラムに該当するものである。

(89)　【主張】朝日新聞のおわび　原発所員の名誉回復急げ
　　　<http://sankei.jp.msn.com/life/news/140912/trd14091208220014-n1.htm>2014.9.12
(90)　【産経抄】往生際が悪い朝日　9月13日
　　　<http://sankei.jp.msn.com/affairs/news/140913/crm14091306470002-n1.htm>2014.9.13
(91)　朝日新聞謝罪会見、川村二郎・元週刊朝日編集長の談話「謝罪の仕方を知らない集団」
　　　<http://sankei.jp.msn.com/politics/news/140912/plc14091223590016-n1.htm>2014.9.12
(92)　「朝日は全然、反省していない」　櫻井よしこさんらが誤報を痛烈批判「言論テレビ」感謝イベント
　　　<http://sankei.jp.msn.com/politics/news/140915/plc14091518190007-n1.htm>2014.9.15
(93)　【朝日新聞、訂正・謝罪】「他メディアへの抗議は紙面ですべき。誤り検証を」　田島泰彦・上智大教授
　　　<http://sankei.jp.msn.com/entertainments/news/140912/ent14091210510016-n1.htm>2014.9.12
(94)　【朝日新聞、訂正・謝罪】「遅過ぎる。『なぜ』への説明、十分でない」　藤代裕之・法政大学准教授
　　　<http://sankei.jp.msn.com/affairs/news/140912/crm14091209520008-n1.htm>2014.9.12

　朝日新聞がこれまでに他の週刊誌や新聞社やジャーナリストなどに対して行なった抗議を撤回して謝罪したことを報じる記事などもあった。

(95)　朝日、週刊誌などへの抗議「撤回、おわびする」

<http://www.yomiuri.co.jp/national/20140912-OYT1T50040.html>
2014.9.12

(96) 朝日新聞：作家や週刊誌に「おわび」　吉田調書報道で
<http://mainichi.jp/select/news/20140913k0000e040213000c.html>2014.9.13

(97) 【朝日記事撤回】産経など抗議対象におわびの意思
<http://sankei.jp.msn.com/affairs/news/140913/crm14091311040006-n1.htm>2014.9.13

(98) 【朝日新聞、訂正・謝罪】産経などへの抗議撤回
<http://sankei.jp.msn.com/affairs/news/140913/crm14091311040006-n1.htm>2014.9.13

　日本原子力学会関係者の談話が記事になったこともあった。(99)の諸葛宗男氏の肩書きは、記事内の文章によると日本原子力学会社会・環境部会長であり、原子力研究開発政策が専門の大学特任教授であった。

(99) 【朝日新聞、訂正・謝罪】「訂正は当然。以前からの批判姿勢にひきずられた」　諸葛宗男氏
<http://sankei.jp.msn.com/affairs/news/140912/crm14091209470007-n1.htm>2014.9.12

　また、東京電力関係者の発言を取り上げる記事も散見された。(100)の「福島フィフティー」とは原発事故の最前線で働いた特別チームのような集団を指している。(101)のように、朝日新聞が東京電力に対して「直接訪問しておわびしたい」と伝えたところ謝罪は済んでいるのでそれには及ばないという趣旨の回答があったので紙面で「改めておわびします」と謝罪したことを掲載した記事もあった。朝日新聞の謝罪記事を掲載した海外メディアに東京電力が謝意を表したことも記事になった。

（100）「当初から誤報と思っていた」　朝日報道に呆れる"福島フィフティー"「俺たちは原発に向かった」
　　　<http://sankei.jp.msn.com/affairs/news/140911/crm14091120060029-n1.htm>2014.9.11
（101）朝日、東電に改めておわび…訪問意向示し紙面で
　　　<http://www.yomiuri.co.jp/national/20140917-OYT1T50048.html>2014.9.17
（102）吉田調書で東電社長、NYタイムズに謝意を投稿
　　　<http://digital.asahi.com/articles/ASG9R5T7TG9RUHBI01S.html>2014.9.24
（103）「朝日の撤回」掲載に謝意　東電社長、米紙に投稿「従業員をひどく侮辱した」
　　　<http://sankei.jp.msn.com/world/news/140924/amr14092410050013-n1.htm>2014.9.24
（104）朝日新聞の謝罪、掲載米紙に「感謝」…東電社長
　　　<http://www.yomiuri.co.jp/national/20140924-OYT1T50064.html>2014.9.24

　一連の事態を海外メディアがどう伝えたかを紹介する記事もあった。

（105）朝日新聞：韓国の新聞「また誤報で波紋」
　　　<http://mainichi.jp/select/news/20140912k0000e040195000c.html>2014.9.12
（106）朝日の訂正・謝罪会見、中国の環球時報、「右翼メディアが"深い反省"要求した」
　　　<http://sankei.jp.msn.com/world/news/140912/chn14091211060001-n1.htm>2014.9.12
（107）米紙も朝日会見伝える　NYタイムズ、それでも慰安婦問題「日本が数万人の女性に強いた」

<http://sankei.jp.msn.com/world/news/140912/amr14091211340008-n1.htm>2014.9.12
(108) 朝日、2度目のばつの悪い記事撤回…<u>英紙指摘</u>
<http://www.yomiuri.co.jp/world/20140913-OYT1T50043.html>
2014.9.13
(109) 「吉田調書」謝罪、<u>仏紙「ル・モンド」</u>も報道
<http://www.yomiuri.co.jp/world/20140913-OYT1T50180.html>
2014.9.14

　このように、記事の取り消しと謝罪後も、状況は朝日新聞にとって一層厳しい様相となった。また、吉田調書記事に関することが批判されているのか、従軍慰安婦記事に関する謝罪が問題とされているのかが、記事見出しからは判別できない記事も多く配信された。下の2つもその例である。一例を挙げると、(111)では記事内の小見出しに「国際的に誤解広めた責任は重い」・「東電作業員名誉損なう」・「国益害した慰安婦報道」・「新聞の影響自覚したい」という表現が書かれている。

(110) 朝日新聞「自社主張にそったつまみ食い」に拭えぬ疑問　<u>国益損ねた自覚もなし</u>
<http://sankei.jp.msn.com/life/news/140912/trd14091211190017-n1.htm>2014.9.12
(111) 吉田調書公開　朝日が「撤退」取り消して謝罪
<http://www.yomiuri.co.jp/editorial/20140911-OYT1T50160.html>
2014.9.12

　上の(111)の記事中にもその特徴がよく現れているが、複数の問題・複数の謝罪が同時に批判され、朝日新聞社社長の国会招致が必要だとか、朝日新聞は世界に対する日本の信頼を失墜させたり名誉を毀損させたりしたとか、朝日新聞はその失墜させた日本の信頼や毀損させた名誉の回復に最善を尽く

して策を講じなければならないとかといった、政治的な主張や国家主義的な主張までが見出しの中に現れる記事もあった。

(112) 「日本の信頼回復」要求　朝日誤報、政府・自民　厳しい声
　　　<http://sankei.jp.msn.com/politics/news/140912/plc14091223300014-n1.htm>2014.9.12
(113) 【社説検証】朝日新聞の謝罪　「言論人の使命果たす」と朝日　産経は「世界の誤解を解け」
　　　<http://sankei.jp.msn.com/politics/news/140924/plc14092412510016-n1.htm>2014.9.24
(114) 朝日の慰安婦報道謝罪「社長の国会招致の必要性高まった」　次世代の山田幹事長
　　　<http://sankei.jp.msn.com/politics/news/140912/stt14091214120007-n1.htm>2014.9.12
(115) 百田尚樹氏「朝日は日本人をおとしめる」　九州「正論」懇話会
　　　<http://sankei.jp.msn.com/life/news/140920/trd14092021190009-n1.htm>2014.9.20

　どの新聞社の記事にも朝日新聞を批判する記事が見られたが、特に産経新聞と読売新聞では意見や主張のバリエーションも多く、登場人物も多種多様であった。また、自紙の吉田調書関係記事の中に占めるこの種の批判的記事の割合が他新聞より高いと見受けられた[8]。

2.5.　謝罪後の朝日新聞の取り組みとその経緯
　朝日新聞は失った信頼を回復するため、関係者を解任する人事異動を発令し、内部に検証委員会を設置し、第三者機関「報道と人権委員会」による検証も受けることになった。

(116) 信頼回復へ社内委員会を設置　朝日新聞

　　　　<http://digital.asahi.com/articles/ASG9C72PHG9CUTIL06G.html>
　　　　2014.9.12
(117) 編集担当役員を解任　朝日新聞社人事
　　　　<http://digital.asahi.com/articles/ASG9C7603G9CULZU00R.html>
　　　　2014.9.12
(118) 報道と人権委員会、朝日新聞報道を審理へ　吉田調書
　　　　<http://digital.asahi.com/articles/ASG9C5QYVG9CUTIL03M.html>
　　　　2014.9.12

　11月12日には第三者委員会の見解が示され、14日には社長の辞任決定が発表された。

(119) 吉田調書報道「公正で正確な姿勢欠けた」　報道と人権委
　　　　<http://digital.asahi.com/articles/ASGCD4WQJGCDUEHF00F.html>
　　　　2014.11.12
(120) 朝日新聞：「吉田調書」取り消しは妥当　第三者機関が見解
　　　　<http://mainichi.jp/select/news/20141113k0000m040089000c.html>
　　　　2014.11.12
(121) 吉田調書報道「重大な誤り」…朝日第三者委見解
　　　　<http://www.yomiuri.co.jp/national/20141112-OYT1T50135.html>
　　　　2014.11.12
(122) 吉田調書報道　「公正」求めた朝日の第三者委
　　　　<http://www.yomiuri.co.jp/editorial/20141112-OYT1T50152.html>
　　　　2014.11.13
(123) 「重大な誤り」朝日第三者機関が見解　「吉田調書」報道で
　　　　<http://www.sankei.com/entertainments/news/141112/ent1411120008-n1.html>2014.11.12
(124) 吉田調書報道「重大な誤り」　朝日新聞社の第三者機関
　　　　<http://www.tokyo-np.co.jp/s/article/2014111201001381.html>

2014.11.12

しかし、その後も新聞記事やジャーナリストなどによる批判は続いた。

(125)【朝日社長辞任】識者はこう見る 「会見開いて説明を」「タイミングが問題」「無責任な幕引きだ」
<http://www.sankei.com/affairs/news/141115/afr1411150004-n1.html>
2014.11.15

(126)【門田隆将氏 正論講演詳報】福島第1原発の職員を貶めた「朝日新聞」 ある事件から「軍国新聞」に急旋回、そして「反日新聞」へ
<http://www.sankei.com/politics/news/141202/plt1412020005-n1.html>
2014.12.2

　朝日新聞は12月5日に社長の辞任や責任者・関係者の停職・減給等の処分を行い、再度「おわび」を行なった。以後、吉田調書という文言は筆者が確認してきた新着記事欄ではほとんど見られなくなった。収集できた記事は3つだけである。2つは2014年12月27日と2015年1月5日の朝日新聞記事で、自社の行動計画を報じたものであり、もう1つは2015年1月23日の毎日新聞が、毎日新聞労働組合が朝日新聞問題をテーマにシンポジウムを開いたという記事の中に確認されたものである。毎日新聞はもちろん、朝日新聞記事の見出しを見ても吉田調書の字はない。

(127)改革の取り組み、進めます 朝日新聞社慰安婦報道、第三者委員会報告書を受けて
<http://digital.asahi.com/articles/DA3S11526848.html>
2014.12.27

(128)パブリックエディター制を導入へ 朝日新聞社が行動計画
<http://digital.asahi.com/articles/ASH154S73H15UEHF00N.html>
2015.1.5

(129) 朝日新聞問題：「信頼される新聞とは」毎日労組シンポ
　　　<http://mainichi.jp/select/news/20150124k0000m040107000c.html>
　　　2015.1.23

　なお、9月11日の朝日新聞の謝罪と記事取り消し以後、記事の取り消しや関係者の処分を憂慮する報道は、筆者が新着記事欄で確認した限りでは、弁護士らが懸念を表したという趣旨のものが朝日新聞・毎日新聞・東京新聞・産経新聞において各1回ずつ報じられただけであった。

(130) 吉田調書めぐる報道「誤報でない、処分見送りを」　弁護士ら朝日新聞に申し入れ
　　　<http://sankei.jp.msn.com/entertainments/news/140926/ent14092614420017-n1.htm>2014.9.26
(131) 吉田調書「取り消しは行き過ぎ」　弁護士ら批判声明
　　　<http://www.tokyo-np.co.jp/s/article/2014111701001729.html>
　　　2014.11.17

　本章執筆最終段階で、吉田調書公開を批判する言動が新聞記事として配信された。充分に考察する時間がないが、最後にそれを挙げておく。記事の中で政府の事故調査・検証委員会の畑村洋太郎・元委員長が「委員長の方針として封印したのに、不思議なことが起きて公開された。考え方がとても愚か」と語っている（下線、引用者）。「不思議なことがおきて」という表現に当時の関係者による何らかの意図の存在を感じる。

(132)「吉田調書」公開は「愚か」…畑村氏が政府批判
　　　<http://www.yomiuri.co.jp/national/20150128-OYT1T50123.html>
　　　2015.1.29

3. さまざまな談話行動の実践と反・脱原発という意図

3.1. さまざまな談話行動の実践

　紙幅の都合もあり詳しくは別稿に譲るが、ここまでの展開を筆者なりに考えてみると、そこには名嶋論文で指摘しているさまざまな談話行動の実践と効果を指摘することができる。

　まず、一部の記事では「逃げたのか逃げなかったのか」という点に問題が限定されたことで「焦点のすり替え」が行なわれ、そもそも問題視すべきであった東電による事故対応の不手際や責任問題が見えにくくなり、うやむやになってしまったと言える[9]。また、実際に社員が逃げなかったことが明らかになったことで、吉田氏だけではなく、命令を無視して職場放棄したとされた東電社員も名誉を回復し、「美談」により磨きがかかった[10]。さらにその問題が、一新聞社の報道姿勢という、より大きな話の中に取り込まれて展開していったことで「全体の中の部分化」が生じ、原発事故問題という本来の問題がぼやけてしまった。それはメディアの姿勢というものへの「事態のすり替え」でもある。この問題は、従軍慰安婦問題や池上彰氏のコラム不掲載問題という別の事態と絡み合う形で、最終的には朝日新聞というメディアそのものに関する体制批判へとすり替わり、吉田調書の問題は大きな問題の中の1つになり、見えなくなって行った。そこには名嶋論文で言う「事態のすり替え」と「別事態の焦点化」が観察される。

3.2. 政治家とメディアの相互互恵関係

　それだけに留まらず、官房長官をはじめとする政府与党自民党の政治家や発言に影響力を持つジャーナリスト・有識者・電力会社関係者などが朝日新聞を批判する発言を繰り返し、それを当初から朝日新聞批判を展開してきた産経新聞や読売新聞などのメディアが記事にして報じた点にも着目したい。一見すると、ある新聞社による別の新聞社に対する批判であり健全な行動のように思えるが、批判的な記事を掲載しているのは新聞社であっても、その中で朝日新聞を批判しているのは政治家でありジャーナリスト・有識者など

である。これは、当該記事や新聞社が政治家などの影響力のある人々による発言を広める手段として利用されていると言ってよいのではないだろうか。

しかし考えてみれば、理念的にも異なり商業的にも競合関係にある他新聞社が、朝日新聞を批判する政治家などの影響力のある人々の主張を記事にして自社の新聞紙面に掲載するということは、政治家などによる朝日新聞批判に自らも加担することに他ならない。その上で記事を掲載したということは、政治家などの影響力のある人々に加担するということを充分にわかった上で行なっていると言われてもいたしかたないであろう。つまり、政治家などと新聞社とが、手を取り合い協同して朝日新聞批判を行なっているということである。それどころか、場合によっては逆に、朝日新聞と対立したり競合したりする新聞社は、政治家などの朝日新聞批判の声を積極的に取り上げて記事を書き、それを報道することで、当該新聞社が自らの意見として批判の声を上げることなく朝日新聞を批判するということを巧妙に実践しているとも言える。この場合、利用しているのは新聞社であり、利用されているのは政治家などの影響力のある人々ということになる。

どちらの場合であっても、そこに確認できるのは、利害の一致した両者が互恵関係にあるということであり、その点においてここまで見てきたものは一種の確信犯的な談話行動の実践であると言える。

3.3. 非権威化という実践と反・脱原発という意図

このようにして、吉田調書に関する朝日新聞記事の一部に事実誤認があったという問題は、最後には朝日新聞社長の国会招致や「世界に対する日本の信頼失墜と回復」という政治の問題へと拡散・拡張していった。その動きの背景には、朝日新聞は「誤っている」、「世界に対する日本の信頼失墜」させた張本人である、だから「正しい我々」が、その「責任を厳しく問い」、「信頼回復」のための「取り組みを行なわせなければならない」という、一種の断罪者としての姿勢と矯正を行なう指導的な姿勢とがあったように読み取れる。それは、3.2節で述べたように、社会に対して声を上げることができる力を持った政治家やジャーナリストや有識者や電力会社関係者などが、特定

のメディアと関わることで別のメディアをコントロールしようとしているようにも、また、特定のメディアが、それらの力を持った主体者と関わることで別のメディアをコントロールしようとしているようにも見える。

　ここで見逃してはならないことは、強い立場に立った組織が弱い立場に立った組織を繰り返し批判し改善を要求し指導するという一連の展開を通して、朝日新聞の評価や信頼性が著しく低められる結果になったという事実である。一般に、謝罪や取り消しという行為の主体は社会において否定的評価を受けるため、朝日新聞は、誤報のために謝罪し記事を取り消し懲戒懲罰人事を行ったことにより、当初の新聞記事の内容と吉田調書の内容との差異がどの程度であれ、一義的に社会において否定的な位置づけを与えられ、それが原発関係の記事であったことも相まって、脱原発のオピニオンリーダー的姿勢を持つ新聞社としての位置づけを失ってしまったと言えよう。その結果、事実誤認のない報道・オリジナリティーのある報道・問題に鋭く切り込む優れた報道などもその信憑性が疑われ、「低評価」を受けることになったと考えられる。たとえば、吉田調書公開直前まで行なわれていた、他調書の特集や電力会社関係者の告白特集などといった類いの連載がその後は配信されなくなったのもその位置づけの変化の１つの現れではないだろうか。

　そのことは先に挙げた毎日新聞労組のシンポジウム開催という記事の見出しからも確かめられる。そこに見られる「信頼される新聞とは」というシンポジウムのテーマは朝日新聞が信頼を失ったことを前提としている。でなければ信頼が重要な新聞社のシンポジウムで朝日新聞問題がテーマになる意味がないからである。ここで朝日新聞は他山の石となっているわけである。

(133) 朝日新聞問題：「信頼される新聞とは」毎日労組シンポ
　　　<http://mainichi.jp/select/news/20150124k0000m040107000c.html>
　　　2015.1.23

　さらに言えば、未来における報道までもが「低評価」を受けることを約束されてしまったとも言える。それはこの問題を受けて朝日新聞の購読を止め

たという人が出てきたことからも確かめられるであろう。(134) の記事はそれを伝えている。なお、この見出しでは吉田調書問題という表現はなく「誤報」と一括されている一方で「慰安婦問題」は現れている。

(134)「購読やめた」朝日新聞、誤報への批判投書欄を拡大特集　慰安婦問題の意見広告も
　　　<http://sankei.jp.msn.com/affairs/news/140918/crm14091809170006-n1.htm>2014.9.18

　これらはすべて名嶋論文で述べている「権威化」という実践の一種であると考えられる。ただし、権威を高めるのではなく貶めてその権威を奪うという逆方向の実践である。「非権威化」と言ってもよいであろう。

4.「原子力ムラ」の存在

　そして私たちは、その「非権威化」を達成すべく、批判と要求と指導とを繰り返してきた強い立場の側に誰が立っていたのかを今一度認識する必要がある。それは個別的には、原発再稼働を進める姿勢を鮮明にしている政府与党自民党・政治家という「官」であり、客観的な姿勢で種々の記事や主張を発信する新聞社やジャーナリストなどの「メディア」であり、学術的・科学的な態度で客観的な意見を述べる学者や学会関係者などの有識者という「民」であり、原発を保有し運転する電力会社という「民」であった。そして、それを全体的に捉えれば、官や民が共通の目標や姿勢や利益などで結びついた集合体であり共同体であった。それはいわゆる「原子力ムラ」に他ならないというのが筆者の考えである。個々の発言者すべてがいわゆる「原子力ムラ」に属していると言っているのではない。そうではない人もいたであろう。しかし全体的に見たときに言えることは、結果的にそれらの言動が、いわゆる「原子力ムラ」に取り込まれ、組み込まれ、利用されていったということである。ここに至り、本書収録の各論文が明らかにしてきたこと、す

なわち、民のことば・官のことば・メディアのことばにおける種々の振る舞いや特徴が「原子力ムラのことば」にまとまることが明らかになった。

このように分析してくると、私たちが取り上げてきた3.11以後のメディア言語にはいわゆる「原子力ムラ」という権力の強大な意図が巧妙に隠されて介在していたと結論づけることができるのではないだろうか。そしてその意図の内実は、本書の各論文が見てきた事実、政府与党自民党や産経新聞・読売新聞という新聞社が原発推進の姿勢を鮮明に示しているのに対し、朝日新聞が脱原発の姿勢をとる新聞社であったという事実から推察することができると思われる。

つまり、そこに存在する意図は、過ちを犯した弱い立場に立つ相手を、正当性を根拠にした強い立場から否定的に位置づけて批判するという、普通によく見られる単純明解な構図で描けるものである。ただ、その弱い立場の相手が「脱原発」姿勢を表していたため、強い立場の側は、相手を否定的に位置づけることで、結果的に「反・脱原発」という意図とその意図に動機づけられた実践を行なうことになった。それは裏返せば、強い立場に立つ側が以前から持っていた「原発推進」という意図を、あからさまに表に出すことなく、しかし着実にその意図に基づいて、さまざまな言動を巧妙に実践したということである。

以上が本章が設定した課題に対する当面の解答である。最初に述べたように、この終章は本書全体のまとめに相当するものであるが、本章で述べている内容はすべて筆者一人が責を負うものであることを最後に明記する。なお紙幅の都合もあり、充分に論じられなかった点や全く言及することができなかった点もある。稿を改めて考えることとしたい。

5. メディア言語に対するこれからの姿勢

原発事故によって一旦はいわゆる「安全神話」の神通力を失った「原子力ムラ」であるが、事故から4年が経過しようとする現在、その権力の再生産と強化が、社会のさまざまなところで、さまざまな談話行動の実践を通し

て着実に進められ、さまざまな影響を及ぼしはじめている。

　これは膨大な情報に流されていく普段の生活の中ではなかなか気づくことが難しいことかもしれない。しかし、幸いにも私たちは本書において、その再生産と強化という意図と実践の一端が、どこにどのような姿で立ち現れるかを明らかにすることができた。それゆえに、これからはそのことを前提として、主体的にメディア言語に向き合い、誰かの意図を注意深く読み解き、特定の方向に誘導されてしまわないよう留意することが大切である。

　本書の内容が読者の皆さんにとって、これから訪れるかもしれない複雑で難しい時代の中で、メディア言語に向き合うときの1つの姿勢や実践につながれば幸いである。

注

1　節ごとに取り上げている時間の幅は異なるが、1つの節の中に挙げられている記事は同時期に配信されたものである。ただし内容を重視したため、配信日が前後して掲載されているものもある。記事の出典情報としてURLと参照日を掲載している。

2　現在も吉田調書の特集連載記事は閲覧可能である。ただし、公開当初の記事ではなく、2014年12月1日付けで一部訂正済みとなっている。また、そのトップページでは「おわび」の文章が掲載されている。
　　<http://www.asahi.com/special/yoshida_report/>2015.1.26

3　内閣官房HPより。
　　<http://www.cas.go.jp/jp/genpatsujiko/20140523_jyoshinsyo/20140523_jyoshinsyo.html>2015.1.16

4　福山調書について朝日新聞はその連載記事「プロローグ」で以下のように説明をしている。一部を抜粋して引用する。
　　朝日新聞は、「吉田調書」に続き、2011年3月の福島原発事故時に官房副長官として住民避難政策の責任者を務めた福山哲郎参院議員が政府事故調査・検証委員会の調べに答えた「調書」を入手した。事故時の住民避難やその後の避難区域設定といった政治的決断の過程を詳しく語っている。今なお13万人もの住民に避難生活を強いる福島原発事故の当初の政治判断の裏側を知ることができる重要な資料だ。

「調書」は 2 編で構成されている。総文字数はおよそ 13 万字。A4 判で 100 ページあまりで、吉田調書のおよそ 4 分の 1 の分量だ。調べは 2012 年 2 月に、2 回に分けておこなわれた。
<http://www.asahi.com/special/kantei_report/>2015.1.27

5 関沼 (2011: 13) によると、いわゆる「原子力ムラ」には 2 つあるという。1 つは「地方の側にある原発及び関連施設を抱える地域」を指すもの、もう 1 つは「中央の側にある閉鎖的・保守的な原子力行政」を指すもので、後者は「原子力行政や研究者によって俗語として用いられてきた」という。本章で言う「原子力ムラ」は後者である。

6 池上彰氏が 2014 年 8 月 29 日付朝日新聞掲載予定のコラム「新聞ななめ読み」の中で朝日新聞の従軍慰安婦報道の検証記事を批判しようとしたところ、編集段階でのやりとりを経て朝日新聞が掲載を見送ったため、池上氏が連載中止を申し入れたという一連のできごとである。より詳しい経緯は朝日新聞の「第三者委員会報告書(要約版)」を参照されたい。
<http://digital.asahi.com/articles/DA3S11520773.html>2015.1.27

7 2014 年 12 月 25 日時点で 202 人分の記録が公開されている。下記の内閣官房 HP よりダウンロードが可能である。
<http://www.cas.go.jp/jp/genpatsujiko/hearing_koukai_3/hearing_list_3.html>
2015.1.15

8 今回は計量的な考察を行なうことができなかった。今後の課題とする。

9 青木 (2015) は「調書は現に存在し、朝日はそれを入手した。この特ダネがなければ調書はいまも隠されていただろう」と述べ、朝日新聞の報道の意義を主張している。また、「仮に『読み解く過程での誤り』があったなら訂正や修正で応じるべきものを、一足飛びで『記事取り消し』としてしまった判断にメディア界から大きな異議の声が挙らない」と述べて現状を憂慮している」(p.19)。なお、青木氏も述べているが、2015 年 1 月 13 日に第 19 回新聞労連ジャーナリズム大賞が決定され、「朝日新聞社木村英昭記者、宮崎知己記者による原発吉田調書をめぐる特報」が特別賞を受賞した。これは朝日新聞の吉田調書連載記事の意義を認めるものであり、かつ、それを覆い隠した者への異議であると言えよう。
<http://www.shinbunroren.or.jp/oshirase/oshirase.htm>2015.1.26

10 たとえば、門田 (2014) は「はじめに」の最後で「朝日新聞によって貶められた吉田氏と、現場の人たちの名誉の回復のために、私はふたたび、その真実の姿を、描かせてもらおうと思う。それが、「東日本壊滅」の危機から日本を救った人々へのせめてもの感謝の気持ちだからである」(p.5) と述べている。

参考文献

青木理(2015)「検証　朝日叩き『国益損ねた』批判がジャーナリズムを殺す」『週刊金曜日』pp.28-29. 株式会社金曜日
門田隆将(2014)『「吉田調書」を読み解く　朝日誤報事件と現場の真実』PHP研究所
関沼博(2011)『「フクシマ」論　原子力ムラはなぜ生まれたのか』青土社

原発事故をめぐる年表

2011年	主体	出来事	避難状況・原発稼動状況など
3月11日	福島第一原発	東日本大震災発生。地震の揺れで1〜3号機自動停止。津波で全交流電源喪失	当初3キロ以内に「緊急避難」指示。3〜10キロ圏に「屋内待機」指示
3月12日	福島第一原発	1号機水素爆発。原子炉へ海水注入	20キロ圏内に「避難」指示
3月13日	福島第一原発	3号機冷却不能となる。消防車から海水注入	
3月14日	福島第一原発	3号機原子炉建屋が水素爆発。2号機の燃料棒全露出	
3月15日	福島第一原発	2号機の圧力抑制室の圧力低下。4号機原子炉建屋が爆発、火災	20〜30キロ圏内に「屋内避難」指示
3月16日	福島第一原発	4号機で火災	
3月22日	福島第一原発	全6基で外部電源回復	
3月25日	福島第一原発	1〜4号機で汚染水が建屋にたまっていることが判明	東京・千葉などで水道水から基準値超の放射性物質検出
4月12日	菅政権	政府が事故評価をチェルノブイリと同じレベル7と認定	
4月21日			20キロ圏内を「警戒区域」に
4月22日			20キロ以遠の区域に「計画的避難区域」を設定。20〜30キロ圏内の一部区域を「緊急時避難準備区域」に設定
5月6日	菅政権	浜岡原発4、5号機に停止命令（1、2号機廃炉、3号機定期点検中）	稼動原発13基
5月10日			警戒区域内20キロ圏内の一時帰宅認める
5月14日	福島第一原発	1号機汚染水の状況確認される	
5月14日	中部電力	浜岡原発4、5号機停止	
5月24日	IAEA調査団	福島第一原発視察	
6月28日	菅首相	記者会見「脱原発」をにおわせる	
7月8日			稼動原発19基（調整運転中を含む）
7月11日	菅政権	全原発にストレステストを指示	
7月13日	菅首相	記者会見で「脱原発」を明言	
9月2日	野田政権	発足	
9月11日	野田首相	国連で演説「原発輸出を明言」	
9月27日	内閣府原子力政策担当室	「新大綱策定会議」パブコメの結果発表（原発ゼロ9割）	
9月30日			20〜30キロ圏内の「緊急時避難準備区域」を解除

10月14日	文科省	「放射線等に関する副読本」発表	
10月31日	野田首相	ベトナムへの原発輸出正式合意	
12月16日	野田首相	原発事故収束宣言	田村市、「警戒区域」を「避難指示区域」に再編
2012年			
1月27日			稼働原発3基
2月13日	原子力安全・保安院	大飯原発、ストレステストの結果を妥当とする審査書提出	
2月27日	民間事故調(福島原発事故独立検証委員会)	報告書提出	
3月23日	原子力安全委員会	大飯原発、ストレステストの結果「妥当」を追認	
4月1日			田村市、川内市、南相馬市などで翌8月までに「警戒区域」を段階的に再編
4月6日	野田首相	新たな暫定基準3つを作成	
4月12日	野田政権	大飯原発は暫定基準に「適合」との「政治判断」	
4月13日	野田政権	再稼動方針を決定	
5月3日		泊3号機が定期点検に入る(全国の原発すべて停止し、原発ゼロ状態へ)	稼動原発ゼロ
5月31日	野田首相	大飯原発3、4号機再稼動の方針を表明	
6月2日	野田政権	大飯原発3、4号機再稼動決定	
6月8日	野田首相	「国民生活を守るため再稼動すべき」と記者会見で発言。国民の理解を求める	
6月15日		官邸前反原発デモ参加者、1万2,000人	
6月16日	野田政権	大飯原発再稼動を正式決定	
6月20日	東電事故調	報告書を提出	
6月27日	8電力会社	株主総会開催。「脱原発」の提案、否決される。原子力利用を明言	
7月1日	関西電力	大飯原発3号機(1日)再稼動、4号機(21日)再稼働(送電開始)	稼動原発2基
7月2日	8電力会社	節電要請期間スタート	
7月5日	国会事故調	報告書提出	
7月12日		内閣府パブコメで原発ゼロが9割(7,000件)	
7月23日	政府事故調	最終報告書提出	
8月10日			楢葉町、大熊町などで「警戒区域」を「避難指示解除準備区域」などに段階的に再編(13年8月8日まで)
9月14日	野田政権	「2030年代に原発稼動ゼロ」政策	

原発事故をめぐる年表　275

9月15日	野田政権	建設中止中の原発(大間、島根)建設続行を指示	
9月18日	野田政権	「もんじゅ」方針に変更なしを明言	
9月19日	原子力規制委員会	発足	
12月16日	安倍政権	発足(総選挙の結果を受けて自民党政権に戻る)	
2013年			
5月3日	安倍首相	トルコへの原発輸出の協定締結で合意	
7月8日	原子力規制委員会	原発の新規制基準施行	
	6電力会社(北電、東電、関電、中国電力、四国電力、九電)	新規制基準への適合性審査を申請(9原発16基)	
9月2日	関西電力	大飯原発3号機、15日4号機定期検査(再び稼動原発ゼロへ)	稼動原発ゼロ
10月1日	小泉元首相	講演で「原発ゼロ」を訴える	
12月6日	安倍政権	特別秘密保護法成立	
12月13日	安倍政権	エネルギー基本計画案発表(原発をベース電源とする)	
2014年			
1月26日	細川元首相	東京都知事選に立候補(小泉元首相が応援。「原発」が都知事選の焦点に)	
2月9日	舛添元厚労省	都知事に当選。2位宇都宮氏、3位細川氏	
2月28日	文科省	「新しい放射線副読本」公表	
3月13日	原子力規制委員会	川内1、2号機の優先審査決定	
3月13日	安倍政権	ベトナムへの原発輸出延期(ベトナム国内の反原発運動、資金技術不足のため)	
3月25日	東京電力	福島第一原発　地下水バイパス計画	
4月1日			田村市都路地区の「避難指示」解除
4月11日	安倍政権	原発を「重要なベースロード電源」とする新エネルギー基本計画閣議決定	

あとがき

　本書のさまざまな手法を用いた報告や論文から、言語学的装置の可能性を感じ、言語に携わる者からの社会に対する視線を読み取っていただけたら幸いである。以下に著者たちの執筆の動機や論文中では扱えなかったことを記し、読者のみなさんへのメッセージとしたい。

高木佐知子
　日常生活の利便性や金銭的利害関係そして安全性といった、さまざまな要因が複雑に絡み合う原子力発電の問題を、「節電要請」の観点から考えてみました。要請では、電力会社のサービスと社会的責任が消費者に伝えられ、実際、その説得力により、電力不足の危機が乗り越えられてきました。今後も節電の必要性は継続するでしょうが、上記のさまざまな要因が「節電要請」のテクストに見え隠れしていることを心しておきたいと思います。

野呂香代子
　原発推進という国策を担う文科省と、子供たちの教育を司る文科省。福島原発事故後、文科省のとった様々な措置が議論されるなか、この両者はどう両立しているのか、それが最初の疑問でした。どのような姿勢で原子力／放射線を扱い、子供達をどのように教育しようとしているのか、「原発」と「教育」が重なる、文科省発行の副読本を、特に言語面を中心に詳細に分析しようと考えました。それにより「官」側の用いる日本語の特徴を描き出したかったのです。

大橋純

　記者会見での政府の発表を信じてしまった国民は、国に騙されたと言っても後の祭り。「官の立場からは事実は語れない。」この知を是非広めていきましょう。騙した政府に矛先を向けても、埒が明かない。騙された自分が悪いと思考した方が、次の予防策が立てられます。それでも騙されてしまう人がたくさんいます。誰が悪い？「官の立場からは事実は語れない」と知っていて、周りに知らせるのを怠った人が悪い。知を広めていきましょう。

庵功雄

　原発にはいくつも問題点がありますが、最大の問題点は「思考停止」ということだと思います。かつて、「原発は安いエネルギーだ」と言われていました。しかし、「安い」のは「事故のコスト」を計算していなかったからです。また、「原発は安全だ」と言われていました。しかし、その「安全神話」が今回のような非常時における対応を決定的に誤らせたのです。これらが「言論操作／誘導」の結果であることは本書の各章で明らかにされていますが、それを信じてしまうのはわれわれ日本人の「弱さ」のためであるということを、自戒を込めて、書き添えておきたいと思います。

神田靖子

　「喉元過ぎれば熱さ忘れる」という通り、昨今の世の中は大震災や原発事故がなかったかのように進んでいます。あの事故は私たち日本人の生き方も考え方も変えなかったのでしょうか。自分たちの都合のよいように持っていきたい人たちがいて、メディアを操作しています。壁は大きく立ちはだかっており、個人の力は小さい。小論が、メディアの言葉の裏に隠された虚偽から大きな意図を見つけ出す方法のヒントとなり、少しでも社会を変える助けになればと願います。

名嶋義直

　仙台で被災・被曝し、時の権力に見放されて今に至ります。自分が今まで

行ってきた研究・教育が3/11後の社会とどう関わっていけるのか。自問自答を繰り返し方向が見えずにもがく中、批判的談話分析に出会いました。これなら研究・教育を通して主体的に社会に関わり、貢献できるのではないか。そのような予感がありました。ごく普通で自然な、それゆえに非常に仕組まれた権力の意図を少しでも目に見える形で白日の下に晒したい。権力は平気で嘘をつくということを発信していきたいと思います。

　これまで言語研究に専心してきた著者たちが、東日本大震災および福島原発事故を機にどうしても書かざるを得なかったという思いを各章から読み取っていただければ幸いである。最後に、出版の機会を与えてくださったひつじ書房房主松本功氏と編集の海老澤絵莉氏に心より感謝の意を表する。

編者

【執筆者紹介】（五十音順）

庵功雄（いおり いさお）　　　　一橋大学国際教育センター教授
大橋純（おおはし じゅん）　　　メルボルン大学（オーストラリア）准教授
神田靖子（かんだ やすこ）　　　大阪学院大学国際学部教授
高木佐知子（たかぎ さちこ）　　大阪府立大学大学院人間社会学研究科教授
名嶋義直（なじま よしなお）　　東北大学大学院文学研究科教授
野呂香代子（のろ かよこ）　　　ベルリン自由大学（ドイツ）専任日本語教師

3.11原発事故後の公共メディアの言説を考える

Analysing Discourses in the Public Media after the 3.11. Fukushima Nuclear Accident

Edited by NAJIMA Yoshinao and KANDA Yasuko

発行	2015年3月11日　初版1刷
定価	2700円＋税
編者	ⓒ 名嶋義直・神田靖子
発行者	松本功
装丁者	渡部文
印刷・製本所	三美印刷株式会社
発行所	株式会社 ひつじ書房
	〒112-0011 東京都文京区千石2-1-2 大和ビル2階
	Tel.03-5319-4916　Fax.03-5319-4917
	郵便振替 00120-8-142852
	toiawase@hituzi.co.jp　http://www.hituzi.co.jp/

ISBN978-4-89476-752-2

造本には充分注意しておりますが、落丁・乱丁などがございましたら、小社かお買上げ書店にておとりかえいたします。ご意見、ご感想など、小社までお寄せ下されば幸いです。

メディアとことば　1　　特集:「マス」メディアのディスコース
三宅和子・岡本能里子・佐藤彰編　　定価 2,400 円＋税
ISBN 978-4-89476-215-2

メディアとことば　2　　特集:組み込まれるオーディエンス
三宅和子・岡本能里子・佐藤彰編　　定価 2,400 円＋税
ISBN 978-4-89476-260-2

メディアとことば　3　　特集:社会を構築することば
岡本能里子・佐藤彰・竹野谷みゆき編　　定価 2,400 円＋税
ISBN 978-4-89476-364-7

メディアとことば　4　　特集:現在(いま)を読み解くメソドロジー
三宅和子・佐竹秀雄・竹野谷みゆき編　　定価 2,400 円＋税
ISBN 978-4-89476-436-1

ブックレット
市民の日本語へ　　対話のためのコミュニケーションモデルを作る
村田和代・松本功・深尾昌峰・三上直之・重信幸彦著
定価 1,400 円＋税
ISBN 978-4-89476-753-9

共生の言語学　持続可能な社会をめざして

村田和代編　定価 3,400 円＋税
ISBN 978-4-89476-730-0